"一带一路"高质量发展智库课题成果

项目单位：浙江大学区域协调发展研究中心
　　　　　浙江大学中国西部发展研究院

# BELT & ROAD

# "一带一路"和
# 人民币国际化（第二版）

## BELT & ROAD AND RMB INTERNATIONALIZATION

孟刚 ◎ 著

中国金融出版社

责任编辑：李　融
责任校对：孙　蕊
责任印制：程　颖

**图书在版编目（CIP）数据**

"一带一路"和人民币国际化/孟刚著．—2 版．—北京：中国金融出版社，2020.7

ISBN 978 − 7 − 5220 − 0481 − 5

Ⅰ.①一⋯　Ⅱ.①孟⋯　Ⅲ.①人民币—金融国际化—研究　Ⅳ.①F822

中国版本图书馆 CIP 数据核字（2020）第 091071 号

"一带一路"和人民币国际化（第二版）

"YIDAIYILU" HE RENMINBI GUOJIHUA（DI − ER BAN）

出版　**中国金融出版社**
发行

社址　北京市丰台区益泽路 2 号
市场开发部　（010）66024766，63805472，63439533（传真）
网 上 书 店　http://www.chinafph.com
　　　　　　（010）66024766，63372837（传真）
读者服务部　（010）66070833，62568380
邮编　100071
经销　新华书店
印刷　北京市松源印刷有限公司
尺寸　169 毫米 × 239 毫米
印张　16.25
字数　300 千
版次　2018 年 6 月第 1 版　2020 年 7 月第 2 版
印次　2020 年 7 月第 1 次印刷
定价　68.00 元
ISBN 978 − 7 − 5220 − 0481 − 5
如出现印装错误本社负责调换　联系电话（010）63263947

# 序

中国经济早已深度融入全球化。一方面，开放格局下外部宏观政策的溢出影响和系统性风险都可能向内部传导，国内货币政策、汇率政策、资本跨境流动管理等需要权衡把握的因素愈加复杂；另一方面，顺应"一带一路"国际合作萌生的市场需求，人民币国际化正在逐步向前推进。《"一带一路"和人民币国际化》一书的作者曾在多个发达国家和发展中国家从事开发性金融国际合作业务。这本著作专注于研究以"一带一路"建设为契机推动人民币国际化，可以说，它既是海外一线金融工作者长期实践探索的感悟，也是金融理论研究者深入思考后形成的重要学术成果。

当前，中国经济发展进入新常态。党的十九大提出，以"一带一路"建设为重点，推动形成全面开放新格局，构建新型国际合作关系，共建人类命运共同体。随着我国比较优势的动态转移，企业"走出去"的步伐明显加快，这必然对金融支持体系的深度和广度提出了更高要求。稳步推进人民币国际化，应当继续坚定不移地推进人民币汇率形成机制市场化改革，充分利用人民币加入特别提款权货币篮子的有利时机，夯实人民币储备货币地位，提高人民币"可自由使用"程度，不断完善与储备货币发行国地位相适应的宏观政策框架，力争宏观调控更加坚定有效，金融体系更加健康稳定，金融基础设施更加先进可靠，借此不断巩固国际社会对人民币的信心。

中国是崛起中的发展中大国。从国际货币发展史的角度看，人民币国际化是大势所趋的历史选择。作为推动我国形成全面开放新格局的重要举措，"一带一路"倡议力图通过政策沟通、设施联通、贸易畅通、资金融通和民心相通在沿线国家和地区实现全面高效的互联互通，其中促进沿线国家和地区间通过加强本币金融合作来实现资金融通，是"一带一路"建设的重要支撑和助力，更是解决"一带一路"建设资金需求问题较为现实可行的路径。"一带一路"资金融通的目标显然有利于我国在资本项目可兑换和人民币国际化方面采取更为积极的策略，因此也必然会进一步加快人民币国际化进程。

在海外工作各方面压力较大，但也是深入了解全球投融资环境的最佳平台。

本书作者在繁忙的工作之余仍然不忘研究探索的精神可许可嘉，这本著作本身也具有十分重要的现实意义。在本书即将付梓出版之际，借以此序祝贺孟刚研究员又出佳作，也祝愿人民币国际化在"一带一路"建设中取得更大突破！

张晓慧

清华大学五道口金融学院院长

中国人民银行原行长助理、党委委员

原货币政策委员会委员

# 前　　言

## 以"一带一路"建设为契机推动人民币国际化[①]

2017年10月18～24日，中国共产党第十九次全国代表大会在北京胜利召开。党的十九大关于《中国共产党章程（修正案）》的决议明确提出，将推进"一带一路"建设等内容写入党章。党章是党的根本大法，是全党最高意志和共同意愿的体现。"一带一路"写入党章，充分体现了在中国共产党领导下，中国高度重视"一带一路"建设，坚定推进"一带一路"国际合作，以"一带一路"建设为重点，推动形成全面开放新格局，构建新型国际合作关系，共建人类命运共同体的决心和信心。纵观人类历史长河，货币国际化反映了该国主权信用在全球的政治经济地位。自2009年我国发布《跨境贸易人民币结算试点管理办法》以来，人民币国际化取得了长足发展。2016年10月1日，人民币正式纳入了国际货币基金组织的特别提款权货币篮子。立足新时代，写入党章的"一带一路"又为人民币国际化带来了新的历史机遇。

"一带一路"是全球化之路，有利于推动人民币货币区的形成。近年来，"去全球化"事件时有发生，主要大国退出"巴黎协定"，贸易保护主义频频抬头。在历史中寻找答案，"去全球化"是逆时代潮流和暂时的，往往会诞生推动"全球化"的新生领导力量。习近平主席倡议的"一带一路"，贯彻共商、共建、共享的和平发展理念，必将在更高层面上推动全球化，孕育世界经济的新增长点。中国是世界第一大贸易国和第二大经济体，在"一带一路"建设中推进人民币国际化，对中国、对世界都是公平的。根据最优货币区理论，在多国区域内形成最优货币区需要具备若干条件，如生产要素流动、经济开放、金融市场一体化、产品多样化、贸易结构互补和政策协调通畅等。随着中国和沿线国家基础设施的互联互通、投资和贸易合作的深化、政策统筹协调能力的增强，"一带一路"建设和人民币国际化的协同推进优势日益突出。

---

[①] 本章部分内容发表于《人民日报》2018年1月17日理论版，题为《以"一带一路"建设为契机推动人民币国际化》（作者：孟刚）。

　　"一带一路"是务实合作之路，主要内容和人民币国际化相辅相成。"一带一路"涵盖亚非欧地区，超过44亿的总人口约占世界人口的63%，经济总量约为全球的30%，65个沿线国家和地区资源禀赋各异、经济互补性强、合作潜力巨大。"一带一路"建设的资金融通、设施联通、贸易畅通、政策沟通、民心相通等主要内容和人民币国际化相辅相成、相互促进。资金融通有助于扩大沿线国家和地区的双边本币互换规模，加强人民币的支付和结算功能，推动全球货币稳定体系和信用体系建设。设施联通需要大量的信贷资金支持，有助于激发对人民币的需求，解决重大项目的资金缺口问题。贸易畅通有助于双边或多边就贸易和投资便利化问题进行商讨，消除投资和贸易壁垒，提高区域经济的循环速度和质量。政策沟通有助于中国同沿线国家和地区对接发展战略，协商合作规划，夯实传统合作领域，深入拓展新的合作空间，打造区域经济一体化。民心相通有助于让民众了解到人民币可以拓宽资金渠道、降低财务成本、规避汇率风险，给沿线国家和地区的企业和民众带来实在的好处。

　　"一带一路"是普惠之路，是人民币国际化的重要推动力。"一带一路"建设资金需求巨大。根据国务院发展研究中心估算，仅"一带一路"基础设施投资需求在未来五年就将达到10.6万亿美元。"一带一路"需要长期稳定的资金投入，有利于人民币在资本项目项下对外输出，在经常项目项下通过跨境贸易形成回流。人民币国际化是从贸易结算开始的。但是可以预测，投资未来将成为人民币国际化的重要推动力。此外，"一带一路"沿线很多国家金融服务相对缺失，中小微企业融资困难，资金价格普遍较高，埃及等国的贷款利率高达10%～20%。缺乏资金导致中小微企业"自我造血"能力减退，产品在市场上没有竞争力，产业结构恶性循环，严重影响所在国的实体经济发展。我国已经成为全球最大的资本输出国之一，加强和"一带一路"沿线国家和地区的资金融通，具有很强的普惠金融意义，在风险可控的前提下，推进人民币国际化有利于开展互利共赢的经济外交，有利于支持中资企业"走出去"，有利于中外产能合作。

　　"一带一路"是绿色之路，是人民币国际化被广泛接受的重要途径。"一带一路"绿色发展理念深得人心，得到了各国政府、企业和公众的支持，符合沿线国家和地区的共同利益。通过在"一带一路"建设中大力发展绿色金融，可以在传统跨境金融产品中植入绿色属性，衍生出各类人民币计价、结算的绿色金融产品需求，为人民币通过绿色金融"走出去"提供更加丰富的选择。绿色信贷是遵循"赤道原则"的金融机构支持重大项目的前提条件，是人民币国际化得以被各国金融机构广泛接受的重要途径，具有引领金融发展意义。绿色债券的市场空间巨大，中国发行的绿色债券已经在世界占有一席之地，未来人民币计价的绿色债券在境外将具有更为广阔的发展空间，能够有力推动人民币国际化。全球碳交易市场日趋活跃，中国的碳市场即将成为全球最大的碳现货市场，随着国际碳排放交易的深化合作，我国可以大力发展碳金融市场，提高人民币碳金融交易的比重。绿色金融必将为在"一带一路"建设中推进人民币国际化提供更多的金融工具品种。

"一带一路"是金融创新之路，是主动克服人民币国际化短板的战略机遇。2017年"一带一路"国际合作高峰论坛和全国金融工作会议着重强调要加强"一带一路"金融创新。笔者先后在多个"一带一路"沿线国家和地区从事开发性金融业务，体会到"一带一路"金融合作存在较为突出的"三多三少"问题。一是以传统的信贷方式支持重大项目较多，但在国际信贷标准引领等顶层设计方面突破较少。二是中资金融机构参与较多，但沿线国家和地区金融机构和国际金融机构参与较少。中资金融机构在海外设立分支机构耗时太久，且很难真正融入当地社会，不能根本性解决资金融通问题。三是跨境投融资对美元和欧元等的货币依赖较大，人民币金融产品较少。金融是国家的核心竞争力，在"一带一路"建设中推进人民币国际化，我国需要加强金融创新的顶层设计，引领制定绿色金融等全球信贷政策，培育中外金融合作机制，鼓励创新以人民币计价的金融产品，务实推进人民币国际化。

展望新征程，人民币国际化应当牢牢抓住"一带一路"建设的历史机遇。第一，稳中求进，始终以国内经济健康发展为前提，确保供给侧结构性改革取得实效，对外投资需严防国内产业空心化。第二，坚持货币政策独立性，坚持有管理的浮动汇率制度，保证人民币币值相对稳定，稳步推进有管理的资本项目开放。第三，力争形成沿线国家和地区央行广泛参与并以人民币为核心的区域性货币合作体系，促进沿线国家和地区尽快完善人民币资金支付系统，扩大货币互换规模，为投融资和贸易合作提供便利化服务。第四，发挥"一带一路"人民币专项贷款和基金的优势，引导社会资金支持重大项目，解决"一带一路"重大项目建设初期的资金缺口和外汇风险等问题。第五，在"一带一路"沿线国家和地区大力推动石油等大宗商品的人民币计价结算，逐步提高国际贸易中人民币的使用程度，实现人民币国际化的重要职能。第六，在条件成熟的"一带一路"沿线国家和地区打造多元化的人民币离岸中心，加快国际结算、外汇买卖、债券发行、国际清算、国际信贷等跨境人民币业务的金融创新，实现人民币国际化的贸易驱动、投资计价驱动及金融产品创新驱动等多层次发展模式。第七，加强金融创新，借鉴国际经验，逐步对接赤道原则、发展绿色金融，搭建转贷平台、推广普惠金融，分享我国的绿色和普惠发展理念与实践，协同促进人民币国际化。

# 目　　录

# 第1章 导 论①

## 1.1 人民币国际化的基本含义

### 1.1.1 人民币国际化的概念

孟刚（2017）研究认为，人民币国际化是指人民币实现境外流通，在国际上被广泛用作计价、结算、投资和储备货币的过程；货币国际化是货币职能逐步发展的过程，遵循一个基本路径：跨境贸易和投资的本币结算（货币计价和结算功能跨境化）→境外持有和交易本币（货币投资功能跨境化）→境外持有者参与本币金融市场（货币资本项目深度开放）→境外持有和储备本币资产（货币储备功能国际化）。成思危（2014）研究认为，一国货币的国际化具体是指，该国所发行的主权货币能够正常地在国际上进行流通以及使用；国际化的货币不仅成为国际上通用的工具货币，而且被赋予了很多新的重要功能，主要包括价值储藏、交易媒介以及记账单位等。人民币国际化需要达到五个目标：一是人民币应该可以在境内和境外自由兑换成外币；二是在国际投资和贸易中可以以人民币为计价单位；三是在国际投资和贸易结算中可以采用人民币作为支付货币；四是人民币可以作为国际金融的投资和融资货币；五是人民币可以作为储备货币。

### 1.1.2 人民币国际化的历史发展

2003 年和 2004 年，我国陆续为香港和澳门地区个人人民币业务提供清算安排。2009 年，我国发布《跨境贸易人民币结算试点管理办法》，逐步解除了跨境贸易人民币使用限制。2011 年，我国发布《境外直接投资人民币结算试点管理办法》和《外商直接投资人民币结算业务管理办法》，允许境内机构以人民币进行对外直接投资和境外投资者以人民币到境内开展直接投资。之后，人民币跨境使用快速发展，在跨境贸易和投资、外汇交易、国际支付、国际债券等方面取得了突破性进展。

---

① 第 1～3 章部分内容发表于《开发性金融研究》2017 年第 3 期，题为《"一带一路"建设推进人民币国际化研究》（作者：孟刚）。

### 1.1.3 人民币国际化的现状

当前，人民币国际化程度与我国的全球经济总量第二和贸易总量第一的地位尚不相匹配。根据《人民币国际化报告 2019》，截至 2018 年人民币已成为中国第二大收付货币，全球第五大支付货币、第三大贸易融资货币、第八大外汇交易货币、第六大储备货币。美元、欧元、日元、英镑依然是全球国际化程度最高的货币。2015 年 11 月，国际货币基金组织（International Monetary Fund，IMF）宣布将人民币纳入特别提款权（Special Drawing Right，SDR）货币篮子，2016 年 10 月 1 日正式生效。人民币成为第五种被纳入 SDR 货币篮子的货币，比重为 10.92%，超过日元和英镑位列第三，美元为 41.73%，欧元为 30.93%，日元为 8.33%，英镑为 8.09%。这是国际社会对中国市场经济改革和人民币国际化程度显著提高的高度认可，有利于提升人民币的公信力和国际影响力，标志着人民币国际化呈现出后来居上的发展趋势。

从货币贸易结算职能分析，2018 年，我国货物贸易进出口总额为 305 050 亿元，其中跨境人民币结算额为 5.11 万亿元，占比为 16.75%，在全球贸易中占比 2% 左右。从货币官方储备职能分析，截至 2018 年底，人民币在全球官方外汇储备中份额为 1.89%，美元在全球官方外汇储备中份额高达 61.7%。毋庸置疑，人民币国际化发展潜力巨大。

### 1.1.4 人民币国际化的困境

人民币国际化潜力巨大，面临的困难也日益凸显。一是拓展人民币的国际货币职能缺乏新的突破口。美元、欧元等国际主导货币在国际投资和贸易、金融交易和外汇储备中具有很强的货币惯性。人民币在占据一定市场规模后，货币替代效应越来越弱。二是全球价值链有利于西方发达国家。中国企业多处于价值链下游，如同当年的日本企业，迫于竞争压力，不得不使用美元和欧元。三是以中国为核心的全球投资和贸易合作程度不够。对外投资和贸易需要优化结构、拓宽领域、挖掘新增长点，扩大人民币"朋友圈"。四是金融机构服务中资企业的能力不足。中资银行需要形成合力为中资企业提供便利，共同服务人民币走出国门的需要。五是人民币离岸金融市场欠发达。境外人民币金融产品创新不够，境外人民币资产的流动性不足，难以调动境外投资者对人民币资产的投资热情。

## 1.2　人民币国际化的重大意义

### 1.2.1　人民币国际化反映了中国的全球政治经济地位

人民币国际化的本质反映了中国主权信用在全球的政治经济地位。纵观人类历史长河，任何主权国家政权的建立、昌盛、衰弱乃至垮台往往伴随着其法定货币的发行流通、逐步走强、弱化乃至废除并淡出历史舞台。从政治经济学角度分析，货币为政权服务并受制于权力。人民币国际化程度高，有利于增强我国在国际金融市场上的竞争实力，有利于我国在经济全球化的发展中占据主导地位。人民币国际化是在国际经济缓慢增长以及本国"新常态"的状态下所提出的，是一种经济性战略部署，与此同时也充分体现了我国的大国实力与使命。在分析国际货币体系后可以发现，国际主导货币的供需不足以及发展失衡矛盾日益突出，对全球经济稳定产生了严重影响。在此背景下，我国作为新兴经济体的领导力量，有义务承担起这方面的责任。

### 1.2.2　人民币国际化有助于国内经济转型

人民币国际化符合中国利益。中国是贸易大国，资源依赖程度高，人民币具备结算职能后，将有利于中国贸易企业提高竞争力，降低大宗商品价格波动对我国产生的影响。人民币在国际市场上的交易职能更加完善后，将使我国能够以更低的利率发行债券，筹资成本将会降低。人民币现在已经被正式纳入SDR 货币篮子并成为多国的储备货币，这将使人民币币值更加趋于稳定，提升我国的国际影响力。中国是世界上最大的发展中国家，也是外汇储备最多的国家。但是由于人民币国际化程度较低，在很多方面受制于人。在中国保持政治局面稳定、经济中高速发展、外贸进出口平衡、人民币汇率基本稳定、外汇储备充裕平衡等有利条件下，加快人民币国际化会显著提升我国的综合国力，在各国普遍接受人民币作为储备货币后，我国还可以享受铸币税红利。

### 1.2.3　人民币国际化有助于增强中国国际竞争力

"一带一路"产能合作和贸易合作的资金需求量更大。回顾历史，美国曾经在"马歇尔计划"中大力推动使用美元，不仅增加了对西欧各国商品和服务的出口份额，还将美元打造成为和西欧国家的主要结算货币，建立和完善了以促进美国和西欧经济一体化为主要内容的新国际体系和秩序。对于中国而言，作为国内生产总值（GDP）和贸易都全球排名前列的经济大国，更大程度上实现人民币国际化是公平的。对于资金接受国而言，则可以节省换汇成本，降低汇率风险，撬动更多的国际资本投入。此外，在全球信用货币体系下，本币金融合作有利于维护"一带一路"区域内乃至于全球范围内的金融体系稳定，促进贸易和投资的全球化、便利化和安全化。

### 1.2.4 人民币国际化可以促进国内金融改革

人民币国际化能够有效加快我国金融市场的改革进程，促进市场经济的稳定发展，对国内金融市场的可持续发展具有一定的现实意义。当前，中国金融体系的现状存在一定的开放度不高、效率较低、竞争力不强等问题，人民币国际化可以起到进一步深化中国金融体系改革的作用。我国可以结合"一带一路"建设实际情况，鼓励中资金融机构加快海外布局，创新以人民币计价的绿色和普惠金融产品，为人民币在投融资领域"走出去"提供政策保障，支撑"一带一路"建设的巨大资金需求。

### 1.2.5 人民币国际化符合国际社会的共同利益

国际社会普遍意识到，如果国际金融市场被某一货币垄断，那么全球经济将会被这个货币的发行国深度影响。20 世纪 70 年代，在经历了两次美元危机后[1]，美国宣布放弃运行 30 年的"布雷顿森林体系"，美元和黄金脱钩，国际货币进入信用货币体系时代[2]，美国印发美元不再受限制。美联储加息，美元变强，全球经济疲软；美联储降息，美元变弱，全球经济景气。在一定程度上，美元成了"流氓货币"。通过量化宽松和紧缩，美元屡次"血洗"发展中国家和新兴经济体，"一带一路"沿线国家和地区更是深受其害。世界各国迫切需要以多元化的外汇储备防范金融风险，人民币脱颖而出成为第五种被正式纳入 SDR 货币篮子的货币，也为"一带一路"沿线国家和地区增加了更多优质国际货币的选择。

## 1.3 研究综述

"一带一路"和人民币国际化是当前构建我国全面开放新格局和促进经济增长的两大重要战略部署，两者既有内在的必然联系，又有巨大的协同发展空间。周小川（2017）认为，通过本币推动"一带一路"建设已有不少可以借鉴的经验，中国可以与沿线国家和地区共同探索扩大本币在投融资中的使用，推动人民币国际化。张旭光（2018）认为，当前，"一带一路"倡议已经进入全面实施

---

① 1960 年，伦敦黄金市场价格猛涨到 41.5 美元/盎司，超过官价 20%，美元大幅贬值，美元作为"布雷顿森林体系"所规定的储备货币第一次显示出信任危机。20 世纪 60 年代中期，美国扩大了侵越战争，国际收支进一步恶化，1968 年 3 月爆发了严重的第二次经济危机，半个多月中，美国的黄金储备流失了 14 亿多美元。

② 又称为"牙买加体系"。主要内容包括：实行浮动汇率制度的改革；推行黄金非货币化，废除黄金官价；增强特别提款权的作用等。

阶段，各领域合作不断向纵深发展。其中，以本币合作为重点的资金融通，是"一带一路"投融资合作可持续推进的前提，更是各国打破互联互通瓶颈和深化发展战略对接的关键。陈雨露（2015）认为，应当通过"一带一路"建设推动人民币国际化，构建国际经济、金融战略协同发展模式。孟刚（2017）基于主要货币的国际化经验，展开了"一带一路"建设推进人民币国际化的系统性研究，认为应当坚持供给侧结构性改革，做好人民币国际化顶层设计，同沿线国家和地区加强经济和金融合作，优化投资和贸易环境，强化人民币的计价、结算、投资和储备职能。

我国资本项目开放总体而言进展顺利，有一个循序渐进的过程，相应的学术研究也更加深入务实。周小川（2012）研究认为，我国要有计划、有步骤地推进人民币资本项目可兑换，可以在多维区间内拟定目标，要更有预见性地推动这一进程，争取做到利大弊小，顺利推进。成思危（2014）研究认为，我国外汇管理已经由"宽进严出"向"双向均衡管理"转变，逐步减少了行政管制，逐步取消了内资企业和外资企业之间、国有和民营企业之间、机构和个人之间的差别待遇。曹远征（2016）研究认为，人民币资本项目开放的实质是发展真正有深度、能够提供安全稳定产品并具有流动性的金融市场，这决定了人民币国际化能走多远。余永定（2016）研究认为，我国资本市场乃至整个金融体系存在脆弱性，政府可以根据需要果断对资本账户可兑换进程做出调整。韩龙（2016）研究认为，实现人民币国际化主要面临资本项目管制、汇率制度和金融市场制度三大障碍。人民币国际化伴随的风险是贯穿人民币国际化始终的突出法律问题，应当通过创新宏观审慎监管制度，辅之以资本项目管制的临时回弹机制加以防范。叶振东（2016）研究认为，应当加快新一轮资本项目开放，重点拓宽人民币回流渠道，推动人民币证券市场建设，激活双向直接投资。

文学国（2016）认为，以上海为核心的长三角城市群是我国参与国际竞争的重要平台，是"一带一路"与长江经济带的重要交汇地带，应当全面提高开放水平，担当国际金融中心的职责，形成与国际通行规则相适应的投资、贸易制度。黄晓勇（2017）从政治经济学的视角剖析了天然气人民币形成的市场动力和政治逻辑，分析了天然气人民币战略的可行性、可以采取的推进措施以及面临的挑战和机遇，探求了推进天然气人民币战略的有效途径。沈剑涯（2013）研究认为，对于货币国际化来说，其实质为货币替代。该理念表示的是外币替代了本币的作用。换言之，即一个国家的公民不再对本币抱有信心，或者本币的资产收益率严重低下，公民开始增加对外币的持有量，逐渐开始减少本币的情况，致使外币在很多方面完全取代了本币的作用。学者科恩（Cohen，1971）则提出了这样的看法，在进行本国交易时，外币替代本币的作用可以称为货币替代，然而在进行国际交易时，本币替代外币的作用则可称为货币国际化。陈森鑫（2002）分析了最优货币区理论，提出了替代性竞争和采用合作的方式而提升货币竞争力的思想理念，认为各个国家可以形成货币联盟，在特定的区域内应用单一的货币模式，或者虽然具备多种货币，但是彼此之间能够随意兑换，稳定本国的物价情况，减少失业率，在国际市场上保持收支均衡。姜波克（2005）认为，学界就一国货币何时可视为国际货币已经可以基本达成共识，即这一货币被广泛地用于世界贸易结算，与其相关的各类金融衍生品被广泛地在外汇市场交易以及以其计价的资产被多国纳为外汇储备。

马骏（2015）认为，随着中国海外投资迅速上升，中国海外投资机构面临的环境和社会风险也在增加，应当推动"一带一路"绿色投资，体现我国投资机构对"绿色化"的承诺，维护中国负责任大国的国际形象。李玫和丁辉（2016）研究认为，应当在"一带一路"战略中坚持绿色化、生态化发展模式，构建绿色金融体系，坚持可持续发展原则，推动金融机构绿色化改革，加强顶层设计，特别是机制与平台建设。周月秋（2017）研究了绿色金融和人民币国际化之间的关系，认为两者应当协同推进。麦均洪等（2015）研究了我国绿色金融的影响因素，认为应当从政策上对金融机构实施绿色金融形成引导和激励。喻奇（2016）研究认为，"一带一路"倡议产生了大量产业产能合作和投融资机会，应当将传统的绿色金融与"一带一路"建设相结合，从战略规划和制度建设等层面建设绿色金融体系。李国华（2017）分析了邮储银行的独特优势，认为金融机构应当在"一带一路"中践行"普之城乡，惠之于民"的社会责任。张光源和刘相波（2017）研究认为，普惠金融是实现经济大融合、发展大联动、成功大共享的"一带一路"建设所迫切需要的。郭田勇和丁潇（2015）对普惠金融从银行服务角度进行了国际比较，认为影响各国普惠金融发展的因素主要包括经济实力、金融水平和信贷价格。李均锋等（2017）对普惠金融应用核心原则指引进行了研究，认为既要将普惠金融纳入包容发展、金融稳定的框架，又要引导普惠金融供给主体加强自我治理，在商业可持续的基础上履行好社会责任。李建军等（2015）比较了互联网借贷平台和商业银行的小微融资，认为互联网金融和移动支付行业等是普惠金融服务的重要提供者。

## 1.4 研究框架

本书兼顾"一带一路"推进人民币国际化的理论和实践，尝试从四个方面建立一个立体的思考和研究框架：一是重视基础理论研究；二是从政策及战略层面进行思考；三是以历史和现状分析做支撑；四是在操作层面提出务实可行的建议。本书共分为18章。前言对以"一带一路"建设为契机推动人民币国际化做了概括性的总结提炼。第1章是导论；介绍了人民币国际化的基本含义、重大意义、研究综述和研究框架。第2章是人民币国际化的理论基础；介绍了货币替代理论、最优货币区理论、三元悖论理论、格雷欣法则理论和货币等级划分理论。第 3 章是"一带一路"和人民币国际化的协同；阐述了"一带一路"和人民币国际化的协同关系，从资金融通、设施联通、贸易畅通、政策沟通和民心相通等层面分析了如何推进人民币国际化，认为要突出贸易合作、投资合作和金融合作。第 4 章是几种主要国际货币的国际化经验；研究了英镑、美元、日元和欧元的国际化历程和贸易、投资、金融及政府合作基础，总结了对人民币国际化的借鉴意义。第 5 章是加强本币合作，缓解当前三个突出矛盾；重点分析了去杠杆和稳增长的矛盾、走出去和保储备的矛盾、货币篮子和美元独大的矛盾，并提出了政策建议。第 6 章是我国全面开放新格局中资本项目开放的路径选择；基于党的十九大的新定位，对资本项目开放的范畴界定、现状和路径选择进行了分析，提出了政策建议。第 7 章是在"一带一路"建设中发展境外人民币离岸金融市场的战略思考；厘清了离岸金融市场的概念，阐述了发展境外人民币离岸市场的重要性，从地理四分法、核心目标和决定因素等角度，提出了多层级发展设想，分析了主要挑战，提出了政策建议。第 8 章是以绿色金融、普惠金融和本币金融引领"一带一路"金融创新；强调金融创新要分享我国的绿色和普惠发展理念与实践，解决建设资金和外汇风险等问题，增进沿线国家和地区政府、企业和公众的理解和支持。第 9 章是在"一带一路"建设中重点发展绿色金融推进人民币国际化；提出"一带一路"沿线国家和地区面临可持续发展的严峻挑战，介绍了绿色金融概念的源起、理论基础、中外绿色金融的定义与政策，认为以绿色金融推进人民币国际化有绿色信贷、绿色债券和碳金融等多种途径和工具，分析了存在的障碍和解决问题的方法。第 10 章是在"一带一路"建设中重点发展石油人民币推进人民币国际化；研究了石油美元体系的形成和弊端，分析了构建石油人民币体系的迫切性、重点国别和当前的现实障碍，提出了政策建议。第 11 章是国别推动研究——俄罗斯；介绍了人民币国际化在俄罗斯的发展现状，研究了俄罗斯政治经济情况，分析了在俄罗斯推进人民币国际化的可行性，提出了推进建议。第 12 章是区域推动研究——阿拉伯联盟国家；介绍了阿拉伯联盟国家人民币国际化现状，研究了在阿拉伯联盟国家推动人民币国际化的合作基础和主要问题，提出了推进建议。第 13 章是域外推动研究——在法国设立人民币海外基金；介绍了欧洲联盟特别是法国的人民币国际化现状，分析了在法国设立人民币海外基金的主要问题、优势和劣势，提出了推进建议。第 14 章是机构推动研究——国家开发银行推动人民币国际化的使命、优势和策略；介绍了国开行的机构定位和使命，分析了国开行推动人民币国际化的优势，并提出了相应的推动策略。第 15 章是项目推动研究——埃及 SAIBANK 项目实现了人民币国际化在埃及的"零突破"；研究了在"一带一路"建设中人民币国际化落地埃及的国别、项目以及借款人的背景情况，分析了推动过程和重大意义。第 16 章是本币合作研究——以中欧日本币合作，破局"美元陷阱"；研究了如何以"一带一路"为纽带，通过深化人民币与欧元、日元的合作来破局"美元陷阱"。第 17 章是法定数字货币和人民币国际化；以阐述互联网金融的深远影响、数字货币的本质和央行法定数字货币的演进为起点，分析了现行国际货币体系的弊端和人民币国际化的市场化及法治化道路，从五个方面论述了法定数字货币如何助力人民币国际化，并给出了本章总结和政策建议。第 18 章是结论："一带一路"推进人民币国际化的政策建议；提出要夯实国内经济基础，稳中求进推进人民币国际化，以"共商共建共享"原则加强经济金融合作，优化"一带一路"投资和贸易合作环境，加强人民币在国际贸易中的计价结算职能，加强人民币的金融交易和储备职能，提高金融服务质量。

# 第2章　人民币国际化的理论基础

从历史演进的进程观察，国际货币竞争的路线可以描述为：其打破了金属货币的限制，逐渐发展成了信用货币，在漫长的发展进程中也产生了多种竞争关系，在此期间也充分体现出了竞争模式的转变，由最初的替代性变化成了合作性，由多元化，到单一化，最后又变成了多元化，在这一历史过程中，各种货币理论也在不断提出和发展。

## 2.1　货币替代理论

1969年3月，美国经济学家卡鲁潘·切提在《美国经济评论》上发表文章，首次提出了货币替代的思想。根据货币替代理论，影响人民币国际化的主要因素包括宏观经济、规模和制度。宏观经济因素是指宏观环境引起持有外币的成本收益发生变化引发货币替换，如本外币真实收益率差异、汇率因素、通货膨胀率、政治经济风险等。规模因素是指在交易动机和预防动机驱动下，贸易方的外币总量会随着国际贸易额增长而增加，如国民收入水平、财富水平、国际贸易规模等。制度因素是指各国因经济制度和汇率制度等存在差异而产生的交易成本差异，如货币的可兑换程度、外汇市场交易成本、市场因素等。

## 2.2　最优货币区理论

1961年，美国经济学家罗伯特·蒙代尔提出了最优货币区的概念，同期的美国经济学家罗纳德·麦金农也对该理论进行了深入阐述。根据最优货币区理论，在多国区域内形成最优货币区需要具备若干条件：一是生产要素流动性；二是经济开放度；三是金融市场一体化；四是产品多样化；五是经济周期同步性；六是通货膨胀率的相似性；七是工资、价格的灵活性；八是贸易结构的相似性；九是政策一体化。目前，人民币在周边国家成为"硬通货"，在边境贸易领域发挥着不可替代的重要作用。随着中国在"一带一路"沿线国家和地区投资和贸易进一步深化，基础设施互联互通，国家间统筹协调进一步增强，在"一带一路"沿线区域实现最优货币区是人民币国际化的努力方向。

## 2.3　三元悖论理论

1998 年，美国经济学家克鲁格曼在亚洲金融危机后，首次提出了"三元悖论"原则，认为一国不可能同时实现货币政策独立性、汇率稳定及资本自由流动三大政策目标，只能同时选择其中的两个。根据"三元悖论"原则，与规模庞大的国际热钱相比，一国外汇储备再巨大也是十分短缺的，一旦全球热钱对该国货币形成强有力的冲击预期，甚至耗尽外汇储备也可能难以维持汇率的稳定性。伴随人民币国际化和境外热钱的冲击，维持人民币汇率稳定和货币政策独立性的难度凸显。在推进人民币国际化的过程中，我国应当坚持货币政策的独立性，而在资本自由流动和汇率稳定之间要有重点选择和过渡过程，即实现资本有管理的可流动以及汇率在基本稳定基础上保持弹性化。

## 2.4　格雷欣法则理论

格雷欣法则反映了在贵金属货币体系下"劣币驱逐良币"现象，由 16 世纪国际知名学者托马斯·格雷欣所阐述，该法则表示的是：当两种货币在同一时间流通时，即使名义价值一致，但是实际价值则存在差异性，那么哪种货币的实际价值高，则会被收藏以及流入其他国家；反之，则会被大众所应用，并得到广泛流通。随着信用货币的流通，格雷欣法则出现逆反，货币在竞争的过程中所呈现出的状态为"良币驱逐劣币"。比如，苏联解体，卢布严重贬值，导致中俄边贸中，交易双方更多地选择人民币交易而不接受卢布。

## 2.5　货币等级划分理论

科恩（Cohen，1998）按照竞争优势的不同，从货币地理学的角度将货币分为 7 个等级，具体内容为：在世界上应用比较普遍即为顶尖货币，比如美元；在特定区域范围内应用比较普遍，但是不在国际市场上起主导作用的高贵货币，比如欧元；受到普遍认可，但是国际影响力度小的杰出货币，比如英镑以及日元；在本国应用广泛，但是国际应用比较少的普通货币，比如韩元等；本币受到外币影响，并逐渐被取代的被渗透货币，比如拉美货币等；本币的应用面临严重威胁的准货币，比如柬埔寨等经济实力较弱国家的货币；名存实亡的伪货币，比如巴拿马货币。

# 第3章 "一带一路"和人民币国际化的协同

"一带一路"建设是打开国际市场的钥匙,是人民币国际化的加速器。随着"一带一路"建设的逐步深入推进和更多中资企业走出去,更多投资和贸易活动将使用人民币进行结算。同时,沿线国家和地区对人民币的需求将越来越大,首先是流动性需求,这点从我国央行同其他各国已经签署的超过3万亿元规模的货币互换协议上可以看出。其次是交易和储备需求,各国央行将有动力投资人民币计价的债券和证券类资产,增加人民币资产流动性,对其储备资产进行风险分担。

中国政府顺应时势提出的"一带一路"倡议,标志着以新兴大国为主的广大发展中国家成为全球经济新引擎和全球治理的重要主体,这为人民币国际化带来了历史性的战略机遇。"一带一路"沿线各国资源禀赋各异、经济互补性较强、合作潜力和空间巨大,政策沟通、设施联通、贸易畅通、资金融通、民心相通和人民币国际化相辅相成,可以协同推进。

## 3.1 "一带一路"是人民币国际化的战略性历史机遇

"一带一路"建设的"五通"内容为系统性推进人民币国际化带来了战略性历史机遇。中国是国际上增长最快的经济体之一。从经济发展规律看,任何一个国家的产业规模达到一定量级并国际化后,该国货币的国际化程度会相应增加。

2017年,"一带一路"国际合作高峰论坛圆满闭幕,在政策沟通、设施联通、贸易畅通、资金融通、民心相通领域共达成了76大项270多项具体成果,特别是在推进人民币国际化方面,国家主席习近平宣布了多项具有引导预期意义的重大举措,如向丝路基金新增资金1 000亿元人民币,鼓励金融机构开展规模初步预计约为3 000亿元人民币的海外基金业务,国开行、进出口银行分别为"一带一路"建设提供2 500亿元和1 300亿元人民币专项贷款。在"一带一路"建设中推进人民币国际化的号角业已吹响,一线金融工作者的行动已在路上。

在"一带一路"建设中推进人民币国际化,应当做好顶层设计,构建沿线国家和地区经济合作框架,成立央行合作组织;增强人民币汇率弹性,推进有管理的资本项目可兑换,加快金融机构布局,推行大宗商品和跨境电商的人民币计价结算,以货币互换推动人民币的交易和储备职能;完善人民币金融基础设施，加大人民币离岸中心和金融产品的多元化建设；等等。

## 3.2 "一带一路"的"五通"有利于推进人民币国际化

### 3.2.1 资金融通有助于深化人民币国际化的程度

资金融通是"一带一路"建设的重要支撑，不仅能深化沿线国家贸易和投资领域的金融合作，加强人民币的支付、结算功能，还能够扩大沿线国家双边本币互换、结算的范围和规模，推动亚洲债券市场的开放和发展，拓宽人民币的投资、储备功能，实现人民币的双向良性流通渠道，更可以加快国内金融体系改革，推动亚洲货币稳定体系和信用体系建设，逐步实现人民币的周边化、区域化，最终形成推进人民币国际化的合力。

### 3.2.2 设施联通有助于激发人民币国际化的需求

设施联通的重点是加强我国同"一带一路"沿线国家和地区的基础设施互联互通。公路、铁路、港口物流、通信管网等基础设施属于典型的公共物品，建设周期普遍较长且经济效应难以在短期内体现，需要大量的信贷资金支持。中国的建材等优质产能资源丰富，加快人民币国际化可以解决基础设施工程的融资缺口问题，进而实现"一带一路"沿线国家和地区互联互通的宏伟目标。因此，"一带一路"建设激发了人民币国际化的巨大需求。

### 3.2.3 贸易畅通有助于夯实人民币国际化的基础

中国正在同"一带一路"沿线国家和地区就贸易及投资便利化问题进行商讨，力争消除投资和贸易壁垒，提高区域经济的循环速度和质量。就国际贸易计价和结算货币的选择因素而言，影响最大的就是这种货币的使用成本。因此，贸易畅通和人民币国际化之间是非常紧密的相互促进关系。中国和"一带一路"沿线国家和地区的贸易合作潜力巨大。贸易畅通不仅有助于促进相关国家经济发展和全球经济复苏，还将为人民币国际化打开巨大合作空间。

### 3.2.4 政策沟通有助于提供人民币国际化的保障

政策沟通使得中国能够同"一带一路"沿线国家和地区对接发展战略，协商制订合作规划，打造区域经济一体化，为在"一带一路"沿线国家和地区推进人民币国际化打下扎实基础。中国在高层互访的推动下，本着"共商、共建、共享"的原则，与"一带一路"沿线国家和地区政治互信，互利共赢，夯实传统合作领域，深入拓展新的合作空间，深化发展金融、货币等领域的多边或双边合作，为推进人民币国际化提供了难得的历史机遇，创造了必要的政策条件。

### 3.2.5 民心相通有助于营造人民币国际化的氛围

国之交在于民相亲。人民币国际化在"一带一路"建设中取得进展的前提，是必须有坚实的民意基础和社会基础。人民币国际化可以提高资金使用效率、降低财务成本、规避汇率风险，对沿线国家和地区企业和个人都有很大益处。从历史规律看，货币国际化进程也是该国文明在全球范围内得到广泛认可的过程。"一带一路"建设高度重视民心相通，具有战略性和全局性眼光，是立足长远、持久发力的英明决策，为人民币国际化营造了良好氛围。

## 3.3 "一带一路"推进人民币国际化要突出贸易、投资和金融合作

### 3.3.1 贸易合作

（1）贸易领域人民币国际化的制约

和我国全球贸易大国地位相比，跨境贸易人民币结算和计价尚属起步阶段，大幅低于美国、德国、英国、日本、澳大利亚等国在本国跨境贸易中的本币结算计价使用程度。我国跨境贸易领域人民币计价结算主要受到如下制约：一是我国企业国际贸易起步阶段是以低端制造业为主，多是依靠境外贸易伙伴，因此长期在全球分工价值链体系中处于下游，定价权较弱，推动人民币贸易计价结算的实力积累有个过程；二是国际贸易往来中存在货币惯性，贸易伙伴的货币替代选择需要时间；三是人民币外汇交易市场和金融衍生产品配套不齐全，不能完全满足企业融资和防范汇率风险的需要；四是企业使用人民币的便利性不够。

（2）"一带一路"贸易合作将有效推动人民币计价结算

通过加强和"一带一路"沿线国家和地区的贸易往来和资本流动，降低关税和非关税壁垒，中国和沿线国家和地区的经济依存度不断深化，为贸易领域人民币计价结算创造出巨大需求。人民币将由周边化扩展至区域化、国际化，进而形成以人民币为主要流通货币的"人民币投资与贸易圈"。以大宗商品和跨境电商为例，大宗商品的人民币计价结算，将可能率先在"一带一路"贸易领域实现规模性重大突破。跨境电商则可以通过人民币和他国本币的双计价机制，产生货币替代效应，为贸易领域人民币计价结算奠定扎实基础。此外，人民币金融市场和金融产品也必将随之跟进甚至超前创新，以满足贸易领域人民币国际化的巨大需求。

### 3.3.2 投资合作

（1）投资领域人民币国际化的制约

2011 年我国推出境外直接投资人民币结算试点之后，人民币国际化步伐大大加快。但是，跨境投资领域人民币的使用依然存在突出制约：一是人民币资

本项目完全可兑换的条件尚不具备，资本项目开放得太快会出现负面问题。对外投资必须要加强监管，增强规范性。近年来，我国企业对外投资中存在一些不规范行为，对美元外汇储备产生了一定冲击。二是我国企业和目的地国使用人民币的便利性不够，人民币双向流动不顺畅。三是人民币有境内和境外两个市场，需要进行有效监管协调，防止过度套利套汇。四是投资目的地国政经状况具有多样性和异质性，跨境资本流动监测和风险管理的难度较大。

（2）"一带一路"投资合作将产生巨大的人民币资本需求

"一带一路"建设强调中国和沿线国家和地区发展战略的对接，在基础设施、能源开发等方面对资本、产能、技术有巨大需求。这些项目的实施需要长期稳定的资金投入，有利于人民币在资本项目项下对外输出，在经常项目项下通过跨境贸易形成回流。人民币国际化是从贸易结算开始的。但是可以预测到，资本项目开放未来将成为人民币国际化的主要动力。完全的资本项目放开并不意味着所有的 11 个子项目分类都必须全部可兑换。"一带一路"沿线国家和地区的资本流动要提防域外干扰和热钱投机。我国资本项目开放一定要稳步推进并审慎监管，坚持有管理的可兑换原则，在合理范围内统筹把握货币政策和汇率政策。

### 3.3.3 金融合作

（1）金融领域人民币国际化的制约

金融是为实体经济服务的。中国和"一带一路"沿线国家和地区贸易和投资合作的深化必然伴随着金融合作的深化。从金融合作角度分析，人民币国际化主要有如下制约：一是中资金融机构的服务范围不能覆盖企业"走出去"的需要，人民币投资和贸易的便利性不够。二是需要加强货币互换创新力度，大力推动外汇储备合作。三是关于人民币汇率的弹性以及资本项目可兑换程度的争议依然存在。四是人民币清算结算系统不够完善，金融基础设施薄弱。五是人民币尚不能占据国际金融市场交易的主导地位，人民币离岸金融市场建设还有很大空间，人民币"走出去"和"流回来"的渠道不够畅通。

（2）"一带一路"金融合作的方向明确

金融合作降低了企业的货币使用成本，便利了投资和贸易合作，能够实现"一带一路"沿线国家和地区收益最大化。在融资方面，亚洲基础设施投资银行、国开行、中国进出口银行等国内金融机构在"一带一路"沿线国家和地区加快搭建银政企平台，支持了大批重要合作项目。在人民币清算方面，中国在20 多个国家和地区确定了人民币清算行，其中 7 个在"一带一路"沿线国家和地区。在货币互换方面，中国与 33 个国家或地区签署了总规模超过 3.3 万亿元人民币的双边本币互换协议。在外汇交易方面，人民币可以与 20 多种货币进行直接交易。在储备货币方面，IMF 首次单独列出人民币持有情况，将极大促进各国在外汇储备配置过程中接受人民币。

# 第4章　几种主要国际
# 货币的国际化经验[①]

英镑、美元、日元和欧元是全球主要国际货币。从贸易、投资、金融、政府等角度研究以上货币的国际化经验，对"一带一路"推进人民币国际化有着重要的启示意义。在"一带一路"建设中推进人民币国际化，中国应当夯实国内经济基础，稳中求进，和沿线国家和地区共商、共建、共享，加强经济和金融合作，优化投资和贸易环境，强化人民币的计价结算、交易和储备职能。

## 4.1　英镑

### 4.1.1　英镑国际化概述

（1）"日不落帝国"的坚实基础

英镑是世界上第一个现代意义上的国际货币，其占全球主导地位的时间，大体上是从英国1816年率先实行金本位制，至1945年"布雷顿森林体系"正式建立为止。英镑的国际化基本结束了之前各国货币各自独立运行的松散状态，标志着全球国际货币体系的最初建立。18世纪60年代到19世纪40年代，第一次工业革命发生，英国的生产力得到了巨大的发展。19世纪中期，英国成为全球最大的工业化国家和宗主国，殖民地遍布欧洲、美洲、大洋洲、亚洲和非洲，史称"日不落帝国"。英镑的国际化，归功于以机器代替手工为主要特征的第一次工业革命为英国奠定的坚实政治经济基础，以及英国通过殖民扩张的方式开展的对外贸易、投资和金融合作。

（2）综合国力和英镑地位的双衰落

第一次世界大战后，英国经济开始走向衰落，随着美国综合实力的不断增强，国际上一度出现英镑和美元共同主导全球货币体系的情况。1945年，"布雷顿森林体系"正式建立，美元确定了霸主地位，成为全球唯一的主导性国际货币。1949年9月，英镑一次性贬值30.5%，英镑兑美元的汇率从1940年的固定汇率1:4.03跌至1:2.8左右。但是英镑并没有就此退出世界货币体系的历史舞

---

① 本章部分内容发表于《全球化》2017年第10期，题为《货币国际化经验对"一带一路"推进人民币国际化的启示》（作者：孟刚）。

台，仍然在区域化基础上居于国际次要位置。1961 年，英国的经济总量被原西德超过，1964 年，被法国超过，1967 年，被日本超过。英镑的国际货币地位也最终落到了这些国家的货币之后。根据 IMF 的统计数据，截至 2016 年 12 月底，英镑兑美元的汇率约为 1:1.23，英镑在国际货币体系中，位列美元、欧元和日元之后，在国际储备货币中占比为 2.1% ~ 4.9%。

### 4.1.2 英镑国际化的对外贸易基础

（1）全球第一的国际贸易地位

1860 年，英国的工业总产值在全球占比达到了近 34%。1870 年，英国的经济总量高达世界的 9.1%。海外殖民地为英国提供了大量的原材料和贸易市场，国内过剩产品得以通过跨境贸易的方式销往海外。英国拥有了雄厚的资金和领先的技术后，向相关国家进行大规模投资，又进一步巩固了贸易大国的地位。1850—1880 年，英国的出口商品价值增加了 4 倍。1880 年，英国的国际贸易总额在全球占比约为 40%。英镑被广泛使用，海外影响力大幅增加，保值能力和交易能力得到各国认可。

（2）英镑的贸易计价结算职能突出

18 世纪 50 年代，英国实现了从重商主义（Mercantilism）[①] 向自由贸易的转型。英国的全球自由贸易政策成为英镑国际化的直接推动力量。1860 年，英国和法国签订了贸易协定《科布登—谢瓦利埃条约》，标志着英国对外自由贸易的开始。随后若干年，英国和欧洲其他国家签订了类似的贸易协定，构筑了以英国为核心的全面区域贸易网络。1870 年，英国在世界贸易总额中的比重为 25%。以贸易便利化为理由，英国的大多数贸易伙伴国家被要求以英镑计价结算。英国对外贸易的快速发展，大大强化了英镑的支付和流通等国际货币职能。

### 4.1.3 英镑国际化的对外投资基础

（1）对外投资是英镑国际化的推动力量

英国通过贸易顺差积累了大量财富，伴随着武力对外扩张，对外投资逐渐走向了全世界，成为推动英镑国际化的重要力量。英国的对外投资可以分为两个阶段：第一个阶段是正式建立欧洲自由贸易网络之前，英国的对外投资，主要是在欧洲大陆国家，投资方式很多是政府贷款，投资领域主要是在铁路、钢

---

① 也称作"商业本位"，产生于 16 世纪中期，盛行于 17 ~ 18 世纪中期，建立在这样的信念上：一国的国力基于通过贸易的顺差，即出口额大于进口额，所能获得的财富；认为一国积累的金银越多，就越富强；主张国家干预经济生活，禁止金银输出，增加金银输入。重商主义者认为，要得到这种财富，最好是由政府管制农业、商业和制造业；发展对外贸易垄断；通过高关税率及其他贸易限制来保护国内市场；利用殖民地为母国的制造业提供原料和市场。

铁和煤炭等行业；第二个阶段开始于 19 世纪 80 年代，英国的对外投资以美洲等英属殖民地为重点，对外投资总额逐渐居于世界首位，截至第一次世界大战前夕，英国的对外投资总额已经超过 40 亿英镑，相当于英国国民财富的 1/4，占当时主要发达国家对外投资总额的一半以上。英国海外投资的年收入从 19 世纪末的 3.85 亿英镑增长至 20 世纪初的 5.16 亿英镑。

（2）对外投资的负面效应

值得注意的是，英国对外投资获得高利润的同时也带来了一定的负面效应。英国由于工业革命开始较早，一些老的工业部门中设备已经陈旧，新技术未被充分利用，大量资本投资海外后，国内的技术装备不能得到及时的更新换代。美国和德国等后起的资本主义国家运用新的科学技术快速发展本国工业，新兴产业迅速赶超了英国。第一次世界大战前的 40 年，英国逐渐丧失了全球工业垄断地位。1872 年，英国的经济总量被美国超过，但是综合国力依然是全球第一。直到第一次世界大战爆发前，英国在世界贸易中仍居首位，伦敦仍是世界金融中心，但英国作为"世界工厂"的地位已经丧失。两次世界大战极大削弱了英国的综合实力，英国的全球政治经济地位被美国全面反超。

### 4.1.4　英镑国际化的金融合作基础

（1）金融国际化带来的英镑优势地位

1694 年，英国成为世界上第一个建立中央银行制度的国家。1816 年，英国政府公布了《金本位制度法案》，率先实行金本位制，规定 1 英镑合 7.32238 克黄金，英镑和黄金可以自由兑换。1826 年，英国政府公布了《银行法》，鼓励设立股份制银行，逐步开始大力推动英镑的跨境贷款。1844 年，英国政府公布了《银行特许法》，将维护英镑的可兑换性确定为中央银行的重要职责，授权中央银行和各国央行开展货币互换等合作。19 世纪初期，伦敦成为世界金融中心。英国在加拿大、澳大利亚、新西兰、斐济、南非等国家和地区形成了一个英镑区。英国金融体系和国际金融市场的建立健全，大大加快了英镑的国际化步伐。

（2）英国央行的重要作用

在英镑国际化过程中，英国央行发挥了巨大作用。英国央行保持较低的黄金储备，充分借助货币发行权力以及货币政策影响英镑的市场利率和流动性，灵活调节国际收支，成功引导了各国对英镑的预期，奠定了英镑的国际货币地位。通过货币互换等金融合作，英国央行有效化解了多起英镑的贬值、支付等信用危机。例如，1825 年、1836 年和 1839 年，英国政府多次发生支付危机，英国央行成功通过金银互换和贷款合作等方式，获得了法国等国央行的紧急流动性支持。英国和其他国家央行等金融机构之间的有效合作，提高了海外非居民使用英镑的积极性，增加了海外各国的英镑货币存量。最终，英镑代替黄金，成为具有计价、支付和储备职能的国际货币。

### 4.1.5　英镑国际化中的政府角色

英国政府在成功推进英镑国际化过程中扮演了重要角色。①政治经济基础。英国政府抓住了第一次工业革命的历史机遇，将英国发展成为近代工业革命领袖，政治经济实力稳居世界第一位，为英镑国际化奠定了扎实基础。②自由贸易。英国政府大力倡导自由贸易主义，将英国的优势产品输出到了国外，形成了以英国为核心的自由贸易体系，自由贸易成了英镑国际化的主要推动力，英镑成为全球贸易的主要计价结算货币。③金融体系。英国政府建立了先进的金融机构体系，将积累的财富以资本的形式对外投资到各国，扩大了英镑的国际影响力，增强了英镑的交易能力和增值能力。④央行作用。英国政府确定了央行推进英镑国际化的重要职能，和其他国家央行开展了有效金融合作，通过货币互换等方式，推进了英镑在政府间的使用，强化了英镑的储备职能，在维护英镑币值稳定的基础上形成了可自由兑换的制度体系，提高了英镑在全球的可兑换性。

## 4.2　美元

### 4.2.1　美元国际化概述

（1）综合国力是美元国际化的基础

直至第二次世界大战之前，英镑仍然保持着很强的货币惯性，是当时全球最重要的国际主导货币。美元的国际化起步于1879年美国实施金本位制，美元币值的稳定性和可兑换性得到了初步确认。1913年，美国建立了美国联邦储备体系（The Federal Reserve System，简称美联储），负责履行美国的中央银行职责[1]，美元的国际化得到了更有力的加强和保障。1944年，"布雷顿森林体系"建立[2]，美元与黄金挂钩，国际货币基金组织会员国的货币与美元保持固定汇率，美元从全球法律制度层面被确认为国际货币体系的核心，实现了真正意义

---

[1]　美国联邦储备体系为美国的中央银行，与其他国家的中央银行相比，美联储作为美国的中央银行诞生得比较晚。历史上，美国曾多次试图成立一个像美联储这样的中央银行，但因为议员及总统担心央行权力过大，或央行会被少数利益集团绑架而没有成功。这种担心主要是由美国的国家形态所决定的。建国之初，美国是由一些独立的州以联邦的形式组成的松散组织，大部分的行政权力主要集中在州政府，而非联邦政府。因此，成立中央银行这样一个联邦机构的想法会引起各州的警觉，他们担心联邦政府想以此为名来扩大自己的权力范围。

[2]　1944年7月，西方主要国家的代表在联合国国际货币金融会议上确立了该体系，因为此次会议是在美国新罕布什尔州布雷顿森林举行的，所以称为"布雷顿森林体系"。"布雷顿森林体系"的运转与美元的信誉和地位密切相关，是以美元和黄金为基础的金汇兑本位制，其实质是建立一种以美元为中心的国际货币体系。此外，"布雷顿森林体系"还建立了国际货币基金组织和世界银行两大国际金融机构。前者负责向成员国提供短期资金借贷，目的为保障国际货币体系的稳定；后者提供中长期信贷来促进成员国经济复苏。

上的国际化，成为凌驾于其他货币之上的特殊国际货币。两次世界大战期间，美国积累了世界上最多的财富，最高峰时拥有世界黄金储备的 70%，成为全球最大也是最强的经济体。美元取代英镑国际化的成功道路，有时代机遇因素，但最根本的原因是美国在经济总量、国际贸易、对外投资、金融合作等领域全面超过了当时的其他发达国家，因此美元的国际化是历史的必然选择。

（2）绝对主导货币地位的削弱

美元实现国际化至今，可以进一步划分为金本位制和美元本位制两个阶段。1973 年，在经历了两次美元危机后，美国宣布放弃运行 30 年的"布雷顿森林体系"。1976 年，在国际货币基金组织（IMF）推动下，各国达成共识，形成了"后布雷顿森林体系"时代的新国际货币体系，美元本位制时代正式到来并延续至今。"布雷顿森林体系"解体后，主要国家货币与美元脱钩，浮动汇率的合法性得到了确认，美元虽然仍是主导的国际货币，但是独自垄断各国外汇储备的地位不复存在，国际地位明显被削弱。另外，美元本位制也给国际货币体系带来了重大隐患，美元不再受美国的黄金储备约束，美元发行在一定程度上完全取决于美联储的意志，可以通过输出美元将美国经济和世界经济紧密捆绑。目前，美元依然是全球最重要的国际货币，在国际贸易和投资中广泛使用，石油和黄金等重要商品仍以美元计价，美元在全球官方外汇储备中比例始终维持在 60% 以上。

### 4.2.2　美元国际化的对外贸易基础

（1）国际贸易的货币依赖

19 世纪下半叶，美国凭借后发优势，加速实现工业化，经济迅猛增长，取代英国成为世界上最大的工业化国家。1913 年，美国的工业产值在全球的工业产值中占比约为 36%，到 20 世纪 40 年代左右，这一比例达到了 50% 以上。伴随着工业化的成功，美国的对外贸易得到了迅速发展，在世界贸易中的占比从1870 年的 8% 上升到 1913 年的 11%。在第一次世界大战之前，美国虽然已经成为全球头号工业大国，但是美元在国际贸易中的使用程度和英镑相比还是有很大差距的。1913 年，全世界 35 个主要国家所持有的外汇中，英镑占比达到38%，美元比例则不足 5%。[①]

（2）历史机遇结束了货币惯性

战争贸易极大地刺激了全球对美国产品的需求。第一次世界大战期间，美国由于特殊的地理位置，远离主要战场，在快速发展本国经济的同时，大做军用物资生意，国际贸易上了更高台阶。1915 年，美国成为世界上最大的贸易出口国。1919 年，美国在国际贸易中盈利 49 亿美元，1920 年盈利则为 35 亿美元。

---

① 刘越飞：《货币国际化经验与人民币国际化研究》，东北财经大学博士学位论文，2015。

第二次世界大战期间，美国出口贸易额从 1937 年的 33.1 亿美元增加到 1945 年的 99 亿美元。形成鲜明对比的是，英国同期的出口贸易额则从 263 亿美元大幅跌落到 18.2 亿美元。[①] 1947 年，23 个国家共同签订《关税及贸易总协定》（General Agreement on Tariffs and Trade，GATT）[②]，进一步巩固了美元在国际贸易中的权威地位。1948 年，美国的出口总额已经是位居第二的英国的 2 倍，占全球出口总额的 21.9%。两次世界大战期间及战后建设时期，美元在国际贸易中的计价和支付职能得以极大加强，国际货币地位大幅提升。

### 4.2.3 美元国际化的对外投资基础

（1）对外投资的关键作用

第一次世界大战期间，英国、法国、德国等主要欧洲国家不得不终止了金本位制度。美国没有参战，为英法等国提供了大规模信贷以购买战争物资，成为国际贷款人，美元仍然可以保证和黄金的自由兑换，成为强势货币。1919 年，美国的对外投资达到世界首位，海外净资产为 125.62 亿美元。第二次世界大战期间，美国对外直接投资快速增长，私人资本输出从 1940 年的 113 亿美元增加到 1945 年的 137 亿美元。此外，美国还向同盟国提供了大约 380 亿美元信贷，是第一次世界大战时的 3 倍多，有效增加了美元的境外流动性。1947 年 7 月，第二次世界大战结束后，美国正式启动了"马歇尔计划"，向欧洲开展了一系列捐赠、资助和贷款活动，最终金额总计达到 131.5 亿美元，相当于 1948 年至1951 年美国 GDP 的 1.2% 左右，其中赠款占总援助的比例高达 88%，其余为贷款。在"马歇尔计划"的直接推动下，美国获得大量对西欧各国的货物、货币、劳务输出的出口份额，美元成为西欧国际贸易的主要结算货币。

（2）"马歇尔计划"效果显著

美国"马歇尔计划"的实施到完成，历经四年时间，有着复杂的政治经济背景，既是为了稳定西欧的政治和经济，防止苏联进一步向欧洲扩张，又有消化国内过剩生产能力，调整畸形的战时经济结构的现实需要。从经贸角度看，西欧当时存在贸易壁垒和保护主义，和美国的资金流、产业流、人才流和技术

---

① 刘越飞：《货币国际化经验与人民币国际化研究》，东北财经大学博士学位论文，2015。

② 20 世纪 30 年代是经济大萧条时期，"贸易保护主义"作为造成第二次世界大战的原因之一被提出反省。为了更加顺畅的国际贸易能够实现，在 1944 年"布雷顿森林体系"的框架下，国际货币基金组织（IMF）和国际复兴开发银行（IBRD）大力协助，许多国家在 1947 年 10 月签署了 GATT，并在 1948 年正式生效。GATT 的原则是自由（GATT 第 11 条将贸易限制措施转为关税，以及降低关税税率）、无差别（最惠国待遇、本国民待遇）、多元化，必须在这三项原则下进行自由贸易往来。第一个版本的 GATT 由澳大利亚、比利时、巴西、缅甸、加拿大、锡兰、智利、中国、古巴、捷克斯洛伐克、法国、印度、黎巴嫩、卢森堡、新西兰、挪威、巴基斯坦、荷兰、叙利亚、南罗德西亚、南非共和国、英国和美国等 23 个国家共同签署。1994 年，GATT 进行了更新，设立了世界贸易组织（WTO）。1995 年 1 月 1 日，75 个GATT 的签约国和欧洲共同体成为 WTO 的创始成员。

流的顺畅交往有一定障碍。从货币角度看，西欧国家当时在战后普遍实力较弱，存在巨大的"美元荒"，各国的外汇管制使"布雷顿森林体系"无法正常运行。"马歇尔计划"实施期间，西欧的国民生产总值大幅增长了 32.5%，从 1 200 亿美元上升到 1 590 亿美元，工业产量提高 40%，美元储备大幅增加。与此同时，为了保障美国投资安全，以促进美国和西欧经济一体化为主要内容的新国际体系和秩序得以逐步建立和完善。总而言之，从经济和货币角度分析，"马歇尔计划"巩固了美国在西方世界的政治经济核心地位，转移和释放了美国的过剩产能，调整和更新了美国国内产业结构，重振了西欧各国的经济实力，进一步强化了美元的国际地位。

### 4.2.4　美元国际化的金融合作基础

（1）坚实的金融合作基础

美元国际化有着坚实的金融合作基础。一是美国在推行"美元战略"初期，实施金本位制，美元币值稳定，可兑换性得以保障。二是美联储发挥了巨大作用，美元国际化措施得当，在美联储 1914 年成立后的 10 年中，美元就跻身于各国官方外汇储备货币行列。三是美国大力支持金融业全球发展，美国金融市场发达完善，在广度、深度、开放程度、基础设施等方面都是世界一流水平。四是美国抓住了两次世界大战和各国战后重建的历史机遇期，快速发展本国经济，大规模输出以美元计价的金融资产，有效增加了美元的境外流动性。五是美国主导了国际货币体系和全球金融体系的建设，从国际汇率安排、货币储备、国际收支机制等制度层面，确立了美元的全球主导性的国际货币地位。

（2）贸易和金融计价结算的突破

20 世纪 20 年代，美元凭借金融合作，首次成功挑战了英镑的国际地位，最重要的一步就是在美联储的大力支持下，大力发展以美元为国际贸易结算单位的贸易承兑汇票，纽约逐步成为与伦敦并驾齐驱的国际金融中心，美元在贸易信贷中的使用超过英镑，美元的国际储备货币地位逐步确立，各国官方外汇储备中美元的比例在 1954 年超过了英镑。在"布雷顿森林体系"中，金融合作对美元国际化的重要支撑得到了充分体现，最终确立了美元绝对权威的国际货币地位。金融合作在"布雷顿森林体系"解散后依然发挥着关键性和决定性作用。由于美国和各国的金融合作基础扎实，资本市场高度开放发达，各国官方外汇储备主要是以美元债券的形式持有，全球私人储备中很大比例也都是美元证券。截至 2016 年 12 月底，美元计价的国际债券和票据余额在全球占比高达 43.73%，在全球官方外汇储备中美元份额高达 63.96%，而人民币在全球官方外汇储备中份额仅为 1.07%。截至 2019 年 10 月底，根据 SWIFT 的统计数据，美元在全球支付货币使用中排名第一，在全球交易中使用占比 40.64%，人民币在全球支付中的份额仅为 1.65%。时至今日，美元依然是绝对领先的国际主导货币。

### 4.2.5 美元国际化中的政府角色

美元国际化从 1879 年启动到 1944 年成功，历经半个多世纪，不仅有历史机遇因素，更归因于美国政府正确的战略思维、积极的推动措施和长期的不懈努力。①坚定推动美元国际化。美国政府在 20 世纪 20 年代初设立"国际货币委员会"，开展了针对货币和银行业体系的探索性研究，出版了一些关于货币与银行业的著名学术成果①。1913 年，美联储作为一项永久性的措施被美国国会采纳，全力促进美元国际化是其重要职责之一。美联储成立后，美国政府开始鼓励金融机构积极设立海外分支机构，为国际贸易、投资及美元的使用提供便利。②大力发展美元金融市场，推动美元成为国际储备货币。在美国成为世界第一贸易大国的同时，美联储支持美国银行业积极发行美元承兑汇票，并以最后购买人的角色确保美元承兑汇票的流动性和利率稳定，极大增强了以美元计价的金融资产的吸引力。1914—1924 年，美元在国际贸易结算、外汇储备中的份额超过了英镑，在纽约流转的债券规模也超过了伦敦。③借助国际规则实现美元国际化。美国政府主导的"布雷顿森林体系"和关贸总协定等国际规则，有效促进了全球贸易自由化，推动了资本和外汇自由流动，强化了美元的国际货币权威地位。④积极干预美元外汇市场。美国政府通过设立外汇稳定基金（Exchange Stabilization Fund，ESF）、货币互换（Currency Swap）和抵押注资（Warehousing）等方式，确保美元供需平衡和币值稳定，努力克服"特里芬难题"（Triffin Dilemma）。②⑤采取各种措施巩固美元在国际贸易和金融领域的核心国际货币地位。如美国政府在"马歇尔计划"等经济援助计划中使用美元，推动欧佩克（Organization of Petroleum Exporting Countries，OPEC）等国际组织以美元作为石油等大宗商品交易计价结算货币，遏制日元及欧元的国际化等。

## 4.3 日元

### 4.3.1 日元国际化概述

（1）日元国际化的"昙花一现"

日元国际化的最大特点是"昙花一现"后走向衰落，其经验教训值得反思。第二次世界大战后，日本经济快速复苏、高速发展。1955—1973 年，日本年平均 GDP

---

① 弗里德曼和施瓦茨的专著《美国货币史》（北京大学出版社 2009 年版）有详细的记载。

② 1960 年，美国经济学家罗伯特·特里芬在《黄金与美元危机——自由兑换的未来》一书中提出"由于美元与黄金挂钩，而其他国家的货币与美元挂钩，美元虽然取得了国际核心货币的地位，但是各国为了发展国际贸易，必须用美元作为结算与储备货币，这样就会导致流出美国的货币在海外不断沉淀，对美国来说就会发生长期贸易逆差；而美元作为国际货币核心的前提是必须保持美元币值稳定与坚挺，这又要求美国必须是一个长期贸易顺差国。这两个要求互相矛盾，因此是一个悖论"。这一内在矛盾称为"特里芬难题"。

增长率为 9.24%，1974—1990 年，年平均 GDP 增长率为 3.81%，1991 年之后的十余年，年平均 GDP 增长率只有 1.25%。1968 年，日本 GDP 位居世界第二，并逐步取代美国成为世界最大贷款国和债权国。20 世纪 80 年代末，全球十大商业银行都是日本银行。日元呈现强势货币态势，在两次美元危机中表现稳健，国际金融市场日益增加对日元的需求。1973 年"布雷顿森林体系"崩溃后，美元当时的国际货币体系"货币锚"①的地位被动摇，各国纷纷选择马克、日元作为替代品避险，进而为日元的国际化带来了重大机遇。遗憾的是，日本政府当时对日元国际化犹豫不决，始终未明确提出将日元国际化作为政府目标。1980 年，日本全面修改《外汇及对外贸易管理法》，日元的国际化进程蹒跚开始。1984 年，日本和美国共同组建的"日元—美元委员会"发布了《日元—美元委员会报告书》。1985 年，日本政府发表了《关于金融自由化、日元国际化的现状与展望》的公告，以经济金融自由化全面启动日元国际化，日元国际化进入快速发展期。

（2）泡沫经济结束了日元国际化道路

1985 年，日本签署《广场协议》，日元持续升值，泡沫经济开始，为经济危机埋下伏笔。1990 年，日本股市崩盘，跌幅超过 40%，绝大多数企业、银行和证券公司出现巨额亏损。之后不久，日本房地产价格暴跌，跌幅超过 46%。股市和房地产泡沫的破灭导致日本经济出现了长达 10 余年之久的经济衰退，日元国际化道路严重受挫。1999 年至 2003 年，日本政府提出"亚元"设想，尝试将日元国际化战略从"世界化"转向"亚洲化"，希望推动日元成为亚洲的区域性货币。但是随着世界政治经济形势的变化，日本支撑日元国际化的政治和经济基础已经不复存在，推动日元国际化的最佳时机已过，再加上美国的遏制，日元国际化道路最终错失良机，始终未能实现预期目标。2013 年，与巅峰时期相比，日元在全球贸易结算中占比从 14% 下降到 4%，在外汇交易市场上的份额从 27% 下降到 19%，日元计价债券在全球债券市场上比重由 17.3% 下降到 2.5%，在全球外汇储备中占比由 8.7% 下降到 3.1%。

### 4.3.2　日元国际化的对外贸易基础

（1）日元国际化的重要制约因素

制约日元国际化道路顺利发展的重要因素，是日元在国际贸易中计价结算职能发展滞后。第二次世界大战后，日本确定了"贸易立国"战略，紧密围绕关贸总协定和世界贸易组织框架，制定和实施其对外贸易政策，特别是非常偏重和美国的贸易往来，大力发展石油化学、钢铁、有色金属及机械等产业，实现了日本经济的重化工业化，成为世界第一大出口国。20 世纪 80 年代，日本为了回避和美欧国家的贸易摩

---

① "货币锚"是指一个国家要获得稳定的货币环境，必须有一个调整国内货币发行的参照基准。迄今为止，世界经历了两种类型的货币锚：实物锚（黄金、白银等实物商品）与信用锚（美元、欧元等国际货币）。

擦，将"贸易立国"战略向"技术立国"和"扩大内需"战略转变，引导电机和汽车等大企业以海外直接投资替代贸易，并采取了把消耗资源和能源、破坏环境的大量产业转移到发展中国家的方针，逐步提高了和亚洲各国的贸易额比重。1970—2004年，日元在日本出口和进口贸易结算中的占比分别从"零基础"发展到了40%和24%左右，之后长期再没有较大突破。日元在国际贸易中的计价结算比例始终大幅低于美元、欧元和英镑等国际货币。以1993年为例，日本出口占全球比重为10%左右，但日元在国际贸易中的计价比重不足5%，同期美国出口几乎全部以美元计价，德国出口约80%以本币计价。国际贸易中的计价结算职能是货币国际化的基础，日元计价结算职能的劣势是日元国际化受挫的重要原因。

（2）在国际贸易中计价结算职能滞后的原因

日元在国际贸易中计价结算职能的滞后，有多重原因。一是日本对外贸易结构不平衡，美元计价结算的依存度过高。进口方面，日本国土狭小，缺乏资源，进口贸易主要是原材料和资源等大宗商品，然而全球大宗商品的计价和结算多被美元垄断。出口方面，日本产品主要销售到欧美地区，计价结算大多是美元。二是日元在东南亚国家的货币交易量没有形成规模上的质变。20世纪80年代开始，日本开始将大量中间品和零部件转移到东南亚国家加工，日元计价结算量大增。但是由于东南亚国家的最终制成品主要出口到美欧国家，且东南亚国家货币绝大部分都是紧盯美元，日元依旧无法取代美元成为计价结算主导货币。三是美元惯性和竞争压迫。由于美元的国际货币惯性，加上日元价格的大起大落，为了应对来自国际市场的竞争压力，日本企业在销售差异性小、国际竞争激烈的出口产品时，不得已选择了美元计价结算。

### 4.3.3 日元国际化的对外投资基础

（1）对外投资风险累积动摇了日元国际化的基础

日本对外投资起步于20世纪60年代，以资源开发和劳动密集型产业为主，为日本换取了大量海外资源，缓解了日本经济的发展"瓶颈"，为日元国际化奠定了基础。70年代，在资源行业继续扩大对外投资的同时，日本加大了在海外制造业和商业领域的投资力度，有效避免了贸易摩擦，积极开拓了海外市场，打开了日元国际化的区域合作空间。但是伴随着制造业的大规模外移，如同当年的英国，日本产业空洞化现象也逐渐产生。80年代中期，在美国的施压下，日本政府大幅升值日元并放松金融管制，日本企业的巨额资金涌入美国，大量购买房产和金融资产，增加了投资风险，导致了90年代日本"泡沫经济"的破灭，彻底终结了日元国际化的道路。

（2）金融自由化太急对日元国际化有害无益

日本企业的海外投资和日本金融行业的"走出去"是紧密结合、相辅相成的，在起步阶段和发展中期非常成功，极大地缓解了国际国内两个市场、两种资源的矛盾。但是，日本政府忽视了国内实体经济的转型升级和长期发展，屈从于美国政府等西方发达国家对日本金融自由化和日元升值的施压，没有及时纠正日本企业在海外过度扩张和盲目投资房地产及高风险金融资产的非理性投资行为。日本政府在宏观管理上存在重大失误，对经济危机的化解措施不得当，从而导致日本经济一蹶不振，是日元国际化失败的重要原因之一。日本的汇率自由化和资本项目开放早已完成，但日元国际化并没有成功，这说明货币的国际化需要以较为稳定的汇率作为保障，且不一定要以资本项目开放作为前提性必要条件。

### 4.3.4  日元国际化的金融合作基础

（1）货币国际化和金融自由化同时启动

日元国际化是和日本金融体系市场化、自由化改革同步进行的。第二次世界大战后到 20 世纪 70 年代末，日本在工业化国家中金融体系管制最为严格。1984 年，日本大藏省在《关于金融自由化、日元国际化的现状与展望》中明确规定，任何人可以不受实体贸易限制地进行外汇期货交易，企业可自由兑换外币和日元，并可将在欧洲日元市场筹集的资金带回日本，这标志着日本围绕日元国际化的金融改革道路全面开始。1986 年，日本建立东京离岸金融市场，取消了对外资流出的限制。1996 年，日本实施"金融体系改革计划"[1]，银行、证券、保险同时放松管制，实现国内和国际市场的一体化。1997 年，日本开始在韩国、菲律宾、泰国、印度尼西亚等周边国家推行货币金融援助和合作。2000年，日本通过《清迈协议》（Chiang Mai Initiative）[2] 奠定了东亚地区区域货币合作框架。伴随着日本金融体系的国际化改革，日元国际化进程取得了快速突破。日元资产在国际金融市场的占比从 1980 年的近 3% 攀升到 1995 年的 12.4%，以日元计价的新发行离岸债券从 1980 年的近 5% 攀升到超过 17%。

（2）金融合作的主要内容

日元国际化的金融合作，主要体现在五个方面：一是加快国内金融市场对外开放。日本货币市场、股票市场和债券市场都走向了国际化、市场化和自由化道路。二是加强日元离岸金融市场建设。日本大力发展欧洲日元离岸市场，并通过离岸市场隔离和保护国内金融体系。1986 年，日本设立东京离岸市场，有效促进了日元在全球金融交易方面的使用。三是完成利率市场化改革。1979

---

① 历史上著名的日本版"金融大爆炸"（Big Bang）事件。国际上首次金融大爆炸事件是指英国在 1986 年由撒切尔政府领导的伦敦金融业政策变革，旨在大幅度减少监管。日本采取了相似的措施，其核心是通过放松金融管制，促进金融自由化。

② 2000 年 5 月 4 日，第九届东盟与中日韩"10+3"财长在泰国清迈共同签署了建立区域性货币互换网络的协议，即《清迈协议》。《清迈协议》是亚洲货币金融合作所取得的重要制度性成果，它对于防范金融危机、推动进一步区域货币合作具有深远意义。《清迈协议》主要包括两部分：首先，扩大了东盟货币互换协议的数量与金额；其次，建立了中日韩与东盟国家的双边货币互换协议安排。

年之前，日本实行利率管制。1979—1994 年，日本按照从大额到小额、从贷款利率到存款利率的原则，彻底完成了利率市场化改革。四是完成资本项目开放。日本在 1964 年才实现经常项目的自由兑换。1980 年，日本基本实现了资本项目的可兑换。1985—1986 年，日本取消对居民和非居民资本流动的管制，彻底完成了资本账户开放。五是尝试日元区域化合作。日本试图实现"亚元"设想，但是由于日本经济衰退和美元使用惯性，日元国际化和区域化道路均未能如愿以偿。可以概括地讲，日元国际化的软肋是国际贸易中的日元计价结算，但是在投资和储备货币方面，日元国际化取得了一定效果。

### 4.3.5　日元国际化中的政府角色

日本政府在日元国际化中的态度和作用可以划分为三个阶段。①20 世纪 60 年代至 70 年代。日本政府担心"日元的国际化将搅乱国内金融政策"，因此对日元国际化持消极态度。这一时期，日本主要通过 1945 年颁布的《外汇及外国贸易管理法》和 1950 年颁布的《关于外资的法律》，对资本流动实行严格的审批制，回避日元国际化问题。②20 世纪 80 年代至 1997 年亚洲金融危机前，在美国政府不断要求日本开放市场的情况下，日本政府认为"日本作为一个经济大国，应对日元国际化和金融市场自由化问题进行不懈的努力"，全面修订了《外汇及外国贸易管理法》，颁布了《关于金融自由化、日元国际化的现状与展望》等重要文件，以美元的国际主导货币地位为标杆，对推动日元国际化持积极态度。③1997 年亚洲金融危机之后至今。日本政府意识到紧盯美元和过度依赖美元的高度风险，特别是在 1999 年欧元诞生的刺激下，日本政府开始积极推动日元成为亚洲区域性货币，力图实现"日元亚洲化战略"。1998 年，日本政府成立了日元国际化委员会，在此基础上于 1999 年设立日元国际化推进研究会，发布了一系列推进日元国际化的研究报告和具体措施。1999 年，日本提出"亚元"设想。2000 年，日本政府通过清迈会议形成东亚地区区域货币合作框架。2002 年和 2003 年，日元国际化推进研究会分别发布两份公告，表示通过对企业跨境贸易计价货币选择的微观研究，认为日元国际化目标很难达到，日本经济衰退和美元使用惯性导致日元国际化搁浅。近年来，日本政府依然积极推动与东盟国家的货币互换安排，意图维护日元在亚洲的影响力。

## 4.4　欧元

### 4.4.1　欧元国际化概述

（1）理论指导下的实践

20 世纪 70 年代至 90 年代，德国经济总量居世界前三位，马克作为重要的国际储备货币，是欧洲地区的核心货币，在 1979 年形成的欧洲货币体系中具有"锚货币"地位，这是欧元得以成功启动的关键前提。1999 年，欧元正式发行，由欧洲中央银行和各欧元区国家的中央银行组成的欧洲中央银行系统负责管理。2002 年，欧元现钞正式流通，并在国际金融市场正式登场。目前，欧元已经取代欧洲 19 个国家（地区）的原有货币，成为欧元区唯一合法货币和世界第二位国际货币。欧元的诞生，得益于欧元之父——美国经济学家罗伯特·蒙代尔的"最优货币区理论"。该理论认为，西欧各国经济水平相近，国家间要素流动性较高，可以组成一个货币区，货币区各成员国货币之间可以实行固定汇率制，甚至可以使用统一货币。欧洲各国的政治家们把这一理论设想变成了现实，欧元成为世界货币史上第一个非主权国家货币，并成功实现国际化。

（2）欧元诞生的区域合作基础

欧元是在欧洲经济一体化进程中最终产生的。第二次世界大战后，欧洲经济百废待兴，欧洲决策者们选择了"统一欧洲"的复兴道路。1951—1957 年，欧洲六国①分别签订《欧洲煤钢共同体条约》《建立欧洲经济共同体条约》《建立欧洲原子能共同体条约》，标志着欧洲经济一体化的开始。1965 年，欧洲煤钢共同体、欧洲经济共同体和欧洲原子能共同体合并为欧洲共同体，成为 1993 年成立的欧洲联盟（以下简称欧盟）的主要支柱。在欧盟主导下，欧元国际化经历了制度准备、初步使用和全面流通三个阶段。1994—1998 年，《关于引入单一货币具体方案的绿皮书》对外发布，正式命名"欧元"并确定时间表和阶段性任务，欧洲中央银行正式成立，开始各项制度准备工作。1999—2002 年，欧元正式启用，欧元区各国将欧元作为官方计价结算货币，各国资本市场开始以欧元标价和交易。2002 年至今，欧元正式取代了欧元区各国原有货币，进入全面流通阶段，逐步成为世界第二大主导货币。

### 4.4.2　欧元国际化的对外贸易基础

（1）区域内贸易活跃是欧元国际化的基础

第二次世界大战后，德国经济全面复苏，出口规模可观，对外贸易顺差持续增加。1980—1991 年，德国出口比重居世界前两位，贸易结构合理，高端制造业产品占出口总额的一半以上，为马克国际化奠定了对外贸易基础。随着欧洲经济一体化的推进，1959—1968 年，欧洲共同体成员国之间的关税同盟得以建立和巩固，工农业产品在区域内有着明显的竞争优势，成员国之间贸易非常活跃。欧共体内部贸易额从 1960 年的 103 亿美元骤增到 1973 年的 1 229 亿美元，在 1999 年欧元诞生之前，则达到了 8 702 亿美元。② 欧元诞生后，欧元区国家紧

---

① 法国、联邦德国、意大利、荷兰、比利时和卢森堡。

② 张小欣：《试论西欧经济一体化对关税同盟理论的影响》，《重庆师院学报》哲学版 2001 年第 3 期。

密配合，采取有效措施增加国际贸易中欧元结算的比重，引导欧洲跨国公司在国际贸易和欧洲境外的并购等商业活动中以欧元结算。2008 年，欧元区内部贸易额增长到了 20 092 亿美元。

（2）欧元对区域贸易合作的促进作用

从国际贸易的角度讲，欧元启动给欧元区国家带来的利益是难以估量的。欧元区国家之间贸易量的剧增也强化了欧元国际化的计价结算职能。欧元流通以后，欧元区内部市场扩大，经济贸易环境更加优化，不稳定因素大大减少，贸易波动幅度被有效控制，贸易增长更加快速和稳定。欧元流通前 10 年，欧元区内部贸易额的年平均增长率约是 2.9%，欧元流通后 10 年，年平均增长率则达到了近 9.7%，占全球贸易总量基本上保持在 15%～30%。1990—1998 年，欧元区内部贸易和对外贸易的增长率基本保持同步，年平均增幅分别约为 16.01% 和 17.12%，内部贸易增长速度稍落后于对外贸易。欧元流通后的 10 年，货币一体化的贸易效应显著，欧元的区域化职能得到强化，欧元区内部贸易的增长速度明显超过了对外贸易，分别约为 25.66% 和 21.27%。

### 4.4.3　欧元国际化的对外投资基础

（1）德国对外投资合作带来了资本流动效应

以德国为主的欧元区国家通过积极对外投资，快速产生资本流动效应，促进了商品和劳务的输出，先后为德国马克和欧元的国际化创造了经济高度融合的国际合作基础。德国对外投资起步于 20 世纪 50 年代初期，规模增长较慢，截至 1980 年底累计为 740 亿马克。80 年代以来，随着资本流动性增强，全球产业转移加速，德国的对外投资快速增长，截至 1999 年底，德国对外投资达 4 054 亿欧元（1 欧元约等于 1.9558 马克），成为世界上最大的资本净输出国之一。其中，大企业和大项目占多数，德国最大的 100 家企业对外投资占投资总额的 2/3，最大的 100 个项目占投资总额的 38.7%。从行业分布角度分析，加工制造业（化工、汽车、电器、机械制造等）居首位，共对外投资 1 552 亿欧元，占德国对外投资总额的 38.3%；金融保险 1 362 亿欧元，占比为 33.6%；外贸批发与商业零售 552 亿欧元，占比为 13.6%；服务业（房地产、房屋租赁、企业服务等）417 亿欧元，占比为 10.3%。

（2）欧元区投资合作奠定了欧元区域化基础

德国对欧盟国家的投资额度始终居首位，促进了欧元区国家经济的高度依赖和相互渗透，奠定了欧元的区域化基础。截至 1999 年底，德国对外投资中，在欧盟国家的投资额最高，达到 1 803 亿欧元，占德国对外直接投资额的 44.5%。德国在英国、比利时和卢森堡等国的投资主要集中在金融行业，在法国、奥地利和西班牙等国的投资主要集中在工业和贸易行业。与此同时，外国在德国的直接投资中 60.3% 来自欧盟国家，达到 1 351 亿欧元。截至 1999 年底，除欧盟国家外，德国对外投资目的地国最大的是美国，共计 1 290 亿欧元，占德国对外直接投资额的 31.8%，重点行业是加工制造业和金融业。与此同时，外国在德国的直接投资中 25% 来自美国，达到 516 亿欧元。此外，截至 1999 年底，德国对欧盟候选国投资 200 亿欧元，占对外直接投资额的 4.9%，主要集中在匈牙利、波兰和捷克等国。20 世纪 80 年代中期，马克和日元都在美国迫使下，面临升值压力，但是和日本泡沫经济相比，德国借助欧洲投融资区域合作分担了压力，通过欧洲货币联动机制将投资资本转移到其他欧洲货币，保持了马克币值的稳定，为欧元顺利诞生和实现国际化奠定了货币基础，使以马克为核心货币的欧元具备了与美元抗衡的优势地位。

### 4.4.4　欧元国际化的金融合作基础

（1）金融合作促进货币国际化

德国通过加强金融合作，实现了马克的国际化，为欧元打下了扎实基础。1954 年之前，德国对外汇实行严格管制。随着国内经济快速复苏和对外贸易发展，德国简化了非居民在国内外汇银行开立账户程序，逐步放宽了对境外投资者的管制，并将自由货币区和非自由货币区分开，启动了新的跨境支付制度。1959 年，德国马克实现完全自由兑换，基本上放开了外汇管制，国内居民和境外资本可以自由流动。其后，德国中央银行的货币政策始终以保持马克货币币值稳定为核心目标，马克成为受各国欢迎的、国际流动性相对较高的储备资产。1950 年，欧洲 16 国①建立了欧洲支付同盟，目的在于解决各国之间货币结算和自由兑换问题。1979 年，在德国和法国倡议下，欧洲经济共同体的 8 个成员国②建立了欧洲货币体系，以德国马克为主，将 8 国货币汇率彼此固定，共同应对美元浮动。这标志着欧洲各国合作又向货币一体化迈进了一大步，为欧元的推出提供了非常重要的货币稳定局面。

（2）欧元区独具特色的金融市场

1997 年，欧盟建立由欧洲中央银行和各成员国的中央银行组成的欧洲中央银行体系。符合标准的欧元区国家开始启用欧元，将本币和欧元汇率固定，从 1999 年欧元启动到 2002 年正式流通设置了 3 年过渡期。欧元区国家授权欧洲中央银行统一行使货币政策，接管外汇储备，维护欧元币值稳定。和美国相比，欧元区国家也拥有广度、深度和流动性都非常好的金融市场，金融合作和开发程度较高，法兰克福和卢森堡等都是世界级的金融中心，为欧元迅速发展成为

---

①　德国、法国、英国、意大利、奥地利、比利时、丹麦、希腊、冰岛、卢森堡、荷兰、瑞典、葡萄牙、瑞士、土耳其和挪威。

②　法国、德国、意大利、比利时、丹麦、爱尔兰、卢森堡和荷兰。

国际储备货币和外汇交易货币创造了条件。① 从外汇储备职能看，德国马克占各国外汇储备比重从 1965 年的 0.1% 攀升到 1989 年的 18%，欧元占各国外汇储备比重从 1999 年的 13.5% 上升到 2003 年的 18.5%。从货币交易职能看，1970 年，以德国马克计价的国际债权比重达到了 31.78%，仅次于美元，2000 年，以欧元计价的国际债权比重由 2000 年的 30.1% 上升到 2008 年的 40.5%，一度超过了美元。

### 4.4.5 欧元国际化中的政府角色

欧元是欧洲各国政府合作推动货币国际化的典范之作，自产生之初就是国际货币，并很快发展成为仅次于美元的全球主导货币。欧元能迅速实现国际化，其主要原因有：①离不开德国等欧洲大国政府的积极推动。德国马克的国际化是欧元国际化得以成功实现的重要前提。为了促进马克国际化，德国政府逐步放松金融管制和外汇管制，采取外汇操作和征收资本流入税等方式应对马克升值压力，力争将法兰克福打造成为国际金融中心，借助欧洲内部贸易往来和货币金融合作，成功促进了马克国际化。②归功于欧洲各国政府的经济联盟。20 世纪 70 年代出现美元危机后，欧洲各国政府为了防范货币风险，主动构建区域性经济和货币合作机制，目标是掌握区域内经济和货币主动权。欧洲煤钢共同体、欧洲经济共同体、欧洲原子能共同体、欧洲共同体和欧洲联盟的相继成立，为欧洲经济一体化奠定了组织机构基础。③成立欧洲中央银行统一协调货币政策。1950 年欧洲支付同盟和 1979 年欧洲货币体系的设立，拉开了欧洲货币一体化的序幕。1969 年，欧共体各成员国政府首脑首次确定了建设"欧洲经济与货币联盟"的目标，提出了建立欧洲中央银行来统一协调货币政策的设想。1998 年，在欧元区各成员国政府团结协作下，欧洲中央银行终于走到了历史的前台，成为欧洲有史以来最强大的超国家金融机构，成功实现了在欧元区内行使统一的货币政策和对外汇率政策的目标，为欧元在国际货币和金融体系中发挥更大作用提供了保障。

## 4.5 货币国际化经验对人民币国际化的借鉴意义

### 4.5.1 政府主导人民币国际化，做好顶层设计

借鉴主要国际货币的国际化经验，"一带一路"建设推进人民币国际化，应当由政府主导，做好顶层设计，持之以恒，不断优化。要加强和"一带一路"

---

① 为提升欧元的国际货币地位，欧洲金融界努力保持欧元币值稳定，完善欧洲金融市场，推出欧洲八大金融证券市场联合的举措，改进欧洲债券市场的交易体系和融资方式，通过联合、并购等方式实现了股票市场和商业银行的结构调整，共同提高欧元在储备货币中的地位。

沿线国家和地区的政策沟通，完善人民币金融基础设施建设，稳步推进资本项目可兑换，以企业为主体在"一带一路"沿线国家和地区大力推动人民币跨境使用，为贸易和投资提供便利，推动人民币作为国际储备货币。

### 4.5.2　加强"一带一路"沿线国家和地区经济合作

日元国际化失败的一个重要因素就是日本对美国依赖过重，早期忽视了和亚洲国家的合作，等到抛出"亚元"概念时，为时已晚。欧元国际化成功的关键则是欧洲经济一体化的成功，使各国间要素流动性较高，货币国际化水到渠成。中国是世界贸易大国，和各国经贸关系紧密，随着中国国内经济结构的健康调整，整个产业在向全球价值链高端迈进，具备了向"一带一路"沿线国家和地区转移优势产能和扩大贸易合作的基础。因此，中国应当借鉴国际货币经验，积极和"一带一路"沿线国家和地区构建经济合作框架，必要时成立促进经济一体化的多边机构，为人民币国际化创造更为有利的区域合作条件。

### 4.5.3　加强"一带一路"沿线国家和地区的央行合作

英镑、美元、日元和欧元的国际化都离不开以本国央行为主的，各国央行紧密合作的推动力量。因此，"一带一路"推进人民币国际化的关键，是要尽快形成沿线国家和地区央行广泛参与，以人民币为核心的区域性货币合作体系。"一带一路"沿线国家和地区和中国的政治经济合作基础扎实，对中国投资、贸易和资本的期望值和依赖程度都很高。中国应当抓住有利时机，成立"一带一路"沿线国家和地区央行合作组织，推动形成以沿线国家和地区央行为主的区域性货币合作体系，促进"一带一路"沿线国家和地区投融资和贸易合作的便利化，加快实现人民币的国际化职能。

### 4.5.4　增强人民币汇率弹性

从美元与欧元、日元的国际货币之争的历史经验看，在保持基本稳定的基础上增强人民币汇率弹性，有利于维护人民币在全球货币体系中的稳定地位，增强国际投资者对人民币资产价值的信心，这是人民币国际化顺利推进的前提条件。随着中国融入世界的广度和深度不断加强，影响人民币汇率的因素和机制日趋复杂。在"一带一路"沿线国家和地区推进人民币国际化，必然面临人民币汇率的稳定问题。要不断完善人民币国际化指数和"一带一路"人民币汇率指数等统计方法，跟踪人民币与"一带一路"沿线国家和地区货币的汇率变动情况，反映人民币对沿线国家和地区货币币值的整体变动趋势，及时有效地采取措施保持人民币汇率的稳定。

### 4.5.5　稳步实现人民币资本项目可兑换

主要货币的国际化历史经验表明，坚持有管理的资本项目可兑换，有利于减少国际资本大规模进出我国的冲击，有利于保持经济金融的稳定，有利于更好地把握经济发展的主动权。按照 IMF 的划分标准，资本项目账户下细分为 7 大类 11 项 40 个子项。最新评估是人民币资本项目已经实现完全可兑换的项目有 10 个，占 1/4，部分可兑换是 27 个，完全不能兑换的仅有 3 个。随着"一带一路"沿线国家和地区区域经济一体化的推进，为了强化人民币的投资交易和价值储备职能，人民币资本项目必然要逐步实现更大程度上的可兑换。在"一带一路"建设中，需要防范沿线国家和地区的国际金融风险传递，不能盲目加快资本项目可兑换步伐，必须坚持有管理地稳步推进人民币资本项目可兑换。

### 4.5.6　便利人民币投资和贸易

"一带一路"沿线多为发展中国家，其中不少国家没有我国金融机构的分支网点，人民币和该国货币需要通过美元和欧元等实现在银行间外汇市场的兑换，交易成本高，汇率风险大，货币依赖性强。企业在投资和贸易活动中即使有人民币需求，也由于兑换非常不便利而不得不选择美元或者欧元等。中资金融机构，尤其是国际化程度比较高的大型中资银行，能够提供跨境清算、结算、中间业务、投融资等全方位的金融服务。因此，在"一带一路"建设推进人民币国际化的进程中，迫切需要加快我国金融机构在沿线国家和地区的合理布局，服务"走出去"的中资企业和员工的金融需求，突出以人民币国际化占主导地位的金融产品和金融业务，为投资和贸易合作提供更便利化的人民币金融服务。

### 4.5.7　推动大宗商品人民币计价结算

从美元的国际化经验看，在大宗商品领域实现人民币计价结算，不仅有利于争取大宗商品的定价权，还可以加快实现人民币国际化。在"一带一路"建设中，我国应当加强和沿线国家和地区以人民币为主要计价结算货币开展大宗商品合作，并大力推进境内原油期货人民币计价结算，加快铁矿石等人民币计价商品合约的国际化交易，为大宗商品交易提供必要的人民币金融衍生产品支持。

### 4.5.8　以货币互换推动储备职能

英镑等货币的国际化都得益于货币互换。中国人民银行已与"一带一路"沿线超过 21 个国家和地区央行签订了双边本币互换协议，总规模超过万亿元。我国和"一带一路"沿线国家和地区签订货币互换协议，除了能够互相提供流动性支持外①，还能够促进人民币作为双边贸易结算货币，促进以人民币作为计价货币进行直接投资和金融资产投资，并在此基础上推动"一带一路"沿线国家和地区增加人民币外汇储备。近年来，许多"一带一路"沿线国家和地区出现了严重的美元流动性不足情况，因此对我国提供流动性支持的需求很强烈。建议和沿线国家和地区协商扩大货币互换的适用范围，同时推动人民币和沿线国家和地区货币的直接交易兑换，引导"一带一路"沿线国家和地区将人民币作为投资货币和国际储备货币。

### 4.5.9　完善人民币金融基础设施

借鉴主要国际货币的国际化经验，我国应当加快境外人民币清算中心等金融基础设施建设，健全人民币登记、托管和交易制度，完善支付清算系统功能，将人民币交易系统的报价、成交、清算以及交易信息发布等功能延伸到沿线国家和地区的金融机构，逐步形成支持多币种清算的人民币全球化支付体系。② 应当借鉴美国的清算所银行同业支付系统（Clearing House Interbank Payment System，CHIPS），以商业化运营模式，进一步健全人民币跨境支付系统（Cross - border Interbank Payment System，CIPS），并通过中国现代化支付系统（China National Advanced Payment System，CNAPS）进行最终清算，提高清算效率，降低清算成本，全面监控人民币境内外交易，为"一带一路"建设推进人民币国际化提供必要的金融基础设施保障。

### 4.5.10　加大人民币离岸中心建设

从主要货币的国际化经验可以得出结论，随着"一带一路"建设的深入，与贸易和投资相关的人民币离岸市场和人民币金融产品需求必将凸显，比如企业可以用离岸市场的银行人民币固定存款或债券等固定收益类金融资产进行人民币跨境贸易融资，银行可以在离岸市场开发人民币货币基金产品、人民币计价衍生产品和人民币外汇交易类产品等，满足全球客户的投资需求，吸引境外银行、非银行机构投资者和个人投资者。因此，中国应当在条件成熟的"一带一路"沿线国家和地区打造多元化的人民币离岸中心，在国际结算、外汇买卖、债券发行、国际清算、国际信贷等传统跨境业务的基础上，加快发展人民币投资和融资类相关产品，实现人民币国际化的贸易驱动、投资计价驱动及金融产品创新驱动等多层次发展模式。

---

① 1997 年亚洲金融危机爆发后，许多东亚国家认识到，很难依靠自身的力量防止危机的深化和蔓延。2000 年，东盟与中日韩达成了以共同建立和扩大区域性货币互换网络为主要内容的《清迈协议》，以加强地区金融合作，保持金融市场稳定，防止金融危机再度发生。

② 根据现代货币及其清算原理，除民间现钞外，所有跨境货币都存放在银行体系内，通过各国银行间账户完成跨境代理结算和清算，并以其发行国央行的清算为最终清算，这是在"一带一路"沿线国家和地区完善人民币清算结算体系的前提条件。

# 第5章 加强货币合作，缓解当前三个突出矛盾

"一带一路"倡议已经进入全面实施阶段，各领域合作不断向纵深发展。在"一带一路"建设中加强本币合作，稳步推进人民币国际化，是当前形势下缓解去杠杆和稳增长、走出去和保储备、货币篮子和美元独大等三个突出矛盾的关键。

## 5.1 去杠杆和稳增长的矛盾

一是去杠杆直接关系到防范化解重大风险等三大攻坚战的成败，必须以结构性去杠杆为基本思路，分情况提出不同要求，有保有压，避免硬着陆。二是最新的货币政策总基调是稳健并松紧适度，保持适度的社会融资规模和流动性合理充裕，疏通货币信贷政策传导机制，落实好已出台的各项措施。三是在"一带一路"建设中，加强以人民币为核心的本币合作，分类施策，着力解决好铁路、公路、港口、机场等准公益性基础设施项目的融资困难，在政策和法律框架内形成风险可控的境外投融资新模式，有利于引导社会资金投向境外中长期项目，保障我国优势产能跨境转移，防止国内 $M_2$ 大起大落，缓解去杠杆和稳增长的矛盾。四是本币合作可以促进人民币在资本项目项下对外输出，在经常项目项下通过跨境贸易回流，有助于人民币以投资方式跨境双向循环，实现"引进来"和"走出去"并重的目标。

## 5.2 走出去和保储备的矛盾

一是外汇储备的使用问题多年来是争论的焦点。目前，我国外汇储备中70%左右是美国国债等美元资产，黄金储备约占2%，其余多为欧元、日元和英镑资产。不合理的外汇储备结构，对国内经济造成了通货膨胀等影响。此外，由于美国货币政策的外溢性，美元汇率波动较大，我国外汇储备长期处于持续贬值状态。二是支持我国优质企业"走出去"和国际产能合作，特别是支持并购海外能矿资源和高端制造业，是解决外汇储备结构性问题的可选方案，既服务了实体经济，又有利于外汇储备的保值增值。另外，在能够获得合理回报的同时，这种外汇储备"走出去"投资方式也存在流动性差、不易变现的缺点。

一旦有国际热钱炒作，会造成我国外汇储备大幅波动的局面，导致国际金融市场对我国外汇刚兑能力产生错误预期。三是以人民币本币合作支持"走出去"战略，将外汇储备适度转化为黄金储备，是一个可以优先考虑的战略性方案。黄金具有明显的逆经济周期属性，长期处于持续升值通道且变现能力强，符合外汇储备的安全性、流动性和收益性要求。可以借鉴"布雷顿森林体系"，在"一带一路"区域内构建人民币、黄金和石油等大宗商品为基础的金汇兑本位制，实现人民币国际化的全球良性循环。

## 5.3　货币篮子和美元独大的矛盾

一是在信用货币体系时代，"特里芬难题"日益突出。美元向全球供给主要通过持续逆差方式，这与美元币值稳定产生了深层次矛盾，易引起全球美元信用危机，危及国际货币体系安全。美元主导了全球财富再分配，美国政府通过无节制地发行美元缓解了进口债务危机，发展中国家和新兴经济体则不得不以借款方式偿还对外债务，充分体现了美元霸权主义。二是多元化的国际货币体系有利于形成多个竞争合作关系的国际区域货币，避免对某种主权货币过度依赖。从趋势分析，国际储备货币多元化体现了自然选择过程，是世界多极化和经济全球化的合理反映。根据 IMF 统计，截至 2018 年第一季度末，美元占全球外汇储备的比重约为 62.5%，欧元、日元、英镑、加元和澳元占比分别约为 20.4%、4.8%、4.7%、1.9% 和 1.7%，人民币占比约为 1.4%。非美元货币占比接近 40%，具备了抗衡美元独大和构建多元化国际货币体系的可能性。三是未来较长时间内，美元作为国际主导货币的地位很难被撼动，应当通过加强本币合作，优化全球货币篮子的构成，力争形成更加平等互利的国际货币治理体系，加快"去美元化"进程。在"一带一路"建设中，可以主动加强人民币和欧元、日元、英镑等国际货币的合作，提升人民币作为金融交易货币对于全球资金的吸引力，通过构建多元化的人民币离岸中心，鼓励全球金融机构更加活跃地开展人民币资金交易，创新人民币掉期交易和远期交易等金融衍生产品。

## 5.4　政策建议

一是宏观层面，始终以国内经济健康发展为前提，夯实以"三去一降一补"为切入点的供给侧结构性改革成果，对外投资要严防国内产业空心化。二是微观层面，不断提高我国关键核心技术创新能力，争取在全球产业价值链中的高端地位，从根本上转变出口和顺差在中国，附加值和利益在欧美的被动局面。三是国内层面，坚持货币政策独立性，以宏观审慎监管政策防控跨境资本流动风险，确保人民币币值稳定，稳步推进资本项目开放。四是国际层面，力争形成沿线国家和地区央行广泛参与的以人民币为核心的区域性货币合作体系，完善人民币跨境支付系统（CIPS）等金融基础设施，扩大货币互换规模，为跨境投融资和贸易合作提供货币便利。五是投资层面，发挥国开行和丝路基金等金融机构的"一带一路"人民币专项贷款和基金优势，引导社会资金支持基础设施、产能和金融合作等重大项目，突破"一带一路"建设的资金缺口、汇兑损失和外汇风险等瓶颈。六是贸易层面，在沿线国家和地区大力推动石油等大宗商品的人民币计价结算，逐步提高全球国际贸易中人民币的使用程度，强化人民币的重要国际化职能。七是金融层面，在条件成熟的沿线国家和地区打造多元化的人民币离岸中心，强化人民币金融市场的深度和广度，加强外汇买卖、债券发行、国际信贷、衍生产品、结算清算等跨境人民币业务的金融创新，实现人民币国际化的投资驱动、贸易驱动及金融创新驱动等多层次发展模式。

# 第 6 章　我国全面开放新格局中资本项目开放的路径选择①

人民币逐步实现可自由兑换，特别是要实现资本项目可兑换是人民币国际化的应有之义。只有这样，境外政府、机构和个人等非居民投资者才会有不断增持人民币资产的愿望和可能性。资本项目的完全可自由兑换不是人民币国际化的前提，但是对资本项目的长期管制则必然会对人民币国际化进程产生重大影响或造成"瓶颈"性制约。党的十九大报告指出，要以"一带一路"建设为重点，形成全面开放新格局。在此框架下，本章回顾了我国资本项目开放的历史，论述了我国资本项目开放的内在规律、现状和目标，并就路径选择提出了政策建议：以"一带一路"建设推动人民币国际化为重点，以提高金融服务实体经济的能力为主线，以实现利率市场化为前提，以坚持有管理的浮动汇率制度为原则，以鼓励人民币计价的金融产品创新为突破，以构建资本项目宏观审慎管理体系为保障。

## 6.1　我国全面开放新格局对金融对外开放的新要求

### 6.1.1　"一带一路"建设是新时代全面开放新格局的重点

党的十九大报告明确指出，新时代要以"一带一路"建设为重点，坚持"引进来"和"走出去"并重，遵循共商共建共享原则，加强创新能力开放合作，形成陆海内外联动、东西双向互济的全面开放新格局。新时代赋予了"一带一路"建设重要使命，将在促进国际产能合作，形成面向全球的贸易、投融资、生产、服务网络，培育国际经济合作和竞争新优势中发挥不可替代的作用。孟刚（2017）认为，"一带一路"是全球化之路、务实合作之路、普惠之路、绿色之路和金融创新之路。从推动人民币国际化的角度而言，"一带一路"建设的"五通"内容和人民币国际化相辅相成，相互促进。资金融通有助于深化人民币国际化的使用程度，设施联通有助于激发对人民币的巨大需求，贸易畅通有助于夯实人民币国际化的基础，政策沟通有助于提供人民币国际化的保障，民心相通有助于营造人民币国

---

① 本章部分内容发表于《武汉金融》2018 年第 4 期，题为《"一带一路"开放新格局中资本项目开放的路径选择》（作者：孟刚）。

际化的氛围。资本项目开放是人民币国际化的内在需求。随着"一带一路"建设和人民币国际化的深入推进，资本项目必然要实现更大程度上的开放。

### 6.1.2 新时代我国金融对外开放的新要求

党的十九大报告对我国金融对外开放做出了最新战略部署："深化金融体制改革，增强金融服务实体经济能力，提高直接融资比重，促进多层次资本市场健康发展，健全货币政策和宏观审慎政策双支柱调控框架，深化利率和汇率市场化改革，健全金融监管体系，守住不发生系统性金融风险的底线。"这是新时代我国金融对外开放需要遵循的纲领性要求。金融是重要的国家核心竞争力，不断扩大对外开放有利于以竞争促进金融的优化和繁荣。资本项目开放作为金融对外开放的重要内容，应当放在我国全面开放新格局的整体中去定位。周小川（2017）对新时代我国金融对外开放做了进一步解读，认为要靠加快金融改革开放主动防控系统性金融风险，更好实现"三驾马车"的对外开放：一是贸易和投资的对外开放；二是积极有为、顺势而为、扎实推进人民币汇率形成机制改革；三是减少外汇管制，稳步推进人民币国际化，为对外经济活动提供便利，稳妥有序地实现资本项目可兑换。

## 6.2 资本项目开放的范畴界定

资本项目开放是指放松对国际收支平衡表（Balance of International Payments）中资本和金融项目下的交易管制。国际收支平衡表是对一个国家和其他国家进行经济合作过程中所发生的贸易、非贸易、资本、投资以及储备资产的动态往来变化所做的财务记录，本质上是反映一个国家在一定时期内同其他国家的全部经济往来的收支流量表。1993 年之前，国际收支平衡表中只有经常项目和资本项目两大基本账户。1993 年，《国际收支手册》① 将资本项目定义为资本与金融项目。目前广泛使用的资本项目开放是资本与金融项目开放的概念。在国际收支平衡表中，经常项目是主要项目，反映一国与其他国家之间通过贸易、服务或无偿转让等方式实现实际资源的转移，包括货物、服务、收益和经常转移等，其项下的外汇流动一般不会出现大规模的投机交易。资本与金融项目是国际收支平衡表的第二大类项目，反映的是一国与其他国家之间长期或短期的资本流出和流入，包括资本转移、非生产和非金融资产的交易、直接投资、

---

① 为了各国的国际收支平衡表内容能够大体一致，国际货币基金组织（International Monetary Fund，IMF）负责编制《国际收支手册》（Balance of Payments Manual），为各国的国际收支平衡表提供范本。2008 年，《国际收支手册》更名为《国际收支和国际投资头寸手册》（Balance of Payments and International Investment Position Manual）。

证券投资、其他投资和储备资产等，项下的外汇流动体现了资本的逐利性、流动性和投机性等特点。

## 6.3　我国资本项目开放的现状分析

### 6.3.1　我国资本项目开放的历史溯源

人民币经常项目和资本项目的开放进程是在我国改革开放实践中逐步探索前行的。1986 年，国务院颁布《关于鼓励外商直接投资的规定》，放开外商直接投资的流入。1993 年，党的十四届三中全会在《中共中央关于建立社会主义市场经济体制若干问题的决定》明确提出"改革外汇管理体制，建立以市场供求为基础的、有管理的浮动汇率制度和统一规范的外汇市场，逐步使人民币成为可兑换货币"。1996 年 12 月，我国接受了《国际货币基金组织协定》第 8 条第 2、3、4 款的相关规定①，从整体上实现了经常项目项下的人民币自由兑换。2003 年，党的十六届三中全会在《中共中央关于完善社会主义市场经济体制若干问题的决定》中明确提出："在有效防范风险的前提下，有选择、分步骤放宽对跨境资本交易活动的限制，逐步实现资本项目可兑换。"2005 年和 2010 年，"逐步实现资本项目可兑换"目标先后写入了国家"十一五"和"十二五"发展规划。2013 年，《中共中央关于全面深化改革若干重大问题的决定》提出了"加快实现人民币资本项目可兑换"的政策意向。在经历 2015 年前后的股市和离岸人民币市场震荡后，我国金融对外开放政策更加重视防控风险和审慎原则。2017 年，全国金融工作会议特别强调："要扩大金融对外开放，深化人民币汇率形成机制改革，稳步推进人民币国际化，稳步实现资本项目可兑换。"

### 6.3.2　我国资本项目开放的现状分析

IMF 对经常项目可兑换有明确的定义，即前文中的 IMF 协议第 8 条，但是对资本项目可兑换则始终没有出台公认的严格定义。由于 IMF 没有依据统一标准对资本项目开放程度进行裁决，各国就有很大的自由裁量和自主选择空间，并和 IMF 存在识别资本项目可兑换程度的标准差异。截至目前，在资本项目账户

---

①　按照国际货币基金组织（IMF）的定义，一国若能实现经常账户下的货币自由兑换，该国货币就被列入可兑换货币。由于自由兑换的条款集中出现在《国际货币基金组织协定》的第 8 条，所以经常账户下货币自由兑换的国家又被称为"第八条款国"。具体而言，自由兑换的要求集中出现在第 8 条第 2、3、4 款，其内容为：1. 避免限制经常性支付（第 2 款 a）；2. 避免实施歧视性货币措施（第 3 款），第 8 条会员国须事先取得基金的批准，否则诸如多种汇率制度、多边贸易协定等安排均可被认为具有歧视性，从而构成对该款的违反；3. 除个别的例外情况，会员国有义务兑付外国持有的本国货币，只要要求兑换的国家表示需要兑换该货币用以支付经常性交易（第 4 款）。

下的 7 大类 11 项 40 个子项目中，根据中国人民银行和国家外汇管理局的数据，我国已经实现完全可兑换的项目有 7 个，部分可兑换的 27 个，完全不能兑换的 6 个，85% 的资本项目交易已经实现了不同程度的可兑换。但是，根据 IMF 在最近的《汇率安排与汇兑限制年报》中的统计口径，我国只在结汇、信贷业务项下的商业信贷和直接投资清算项目中基本上不存在限制，其他的资本项目交易都存在不同程度的资本交易限制或管制。显而易见，我国将有部分限制或部分管制的开放统归为资本项目开放，和 IMF 的识别标准不尽相同。

表 6-1　　　　我国资本项目开放现状一览表（截至 2016 年 2 月）

| 7 大类 | 11 项 | | 40 个子项目 | 现状评估 | 备注 |
|---|---|---|---|---|---|
| 一、资本和货币市场工具 | 1. 资本市场证券 | 股票或参股性质的其他证券 | 1. 非居民境内买卖 | 部分可兑换 | 合格机构投资者 |
| | | | 2. 非居民境内发行 | 不可兑换 | 无法律明确允许 |
| | | | 3. 居民境外买卖 | 部分可兑换 | 合格机构投资者 |
| | | | 4. 居民境外发行 | 可兑换 | — |
| | | 债券和其他债务证券 | 5. 非居民境内买卖 | 基本可兑换 | 银行间债券市场对境外机构投资者全开放 |
| | | | 6. 非居民境内发行 | 部分可兑换 | 准入条件与主体限制 |
| | | | 7. 居民境外买卖 | 部分可兑换 | 合格机构投资者 |
| | | | 8. 居民境外发行 | 基本可兑换 | 登记管理 |
| | 2. 货币市场工具 | | 9. 非居民境内买卖 | 部分可兑换 | 合格机构投资者 |
| | | | 10. 非居民境内发行 | 不可兑换 | 无法律明确允许 |
| | | | 11. 居民境外买卖 | 部分可兑换 | 合格机构投资者 |
| | | | 12. 居民境外发行 | 可兑换 | — |
| | 3. 集体投资类证券 | | 13. 非居民境内买卖 | 部分可兑换 | 合格机构投资者 |
| | | | 14. 非居民境内发行 | 部分可兑换 | 内地与香港基金互认 |
| | | | 15. 居民境外买卖 | 部分可兑换 | 合格机构投资者 |
| | | | 16. 居民境外发行 | 部分可兑换 | 内地与香港基金互认 |
| 二、衍生工具和其他工具 | 4. 衍生工具和其他工具 | | 17. 非居民境内买卖 | 部分可兑换 | 可投资产品包括股指期货、特定品种商品期货、外汇衍生品等 |
| | | | 18. 非居民境内发行 | 不可兑换 | 无法律明确允许 |
| | | | 19. 居民境外买卖 | 部分可兑换 | 合格机构投资者与其他符合监管要求企业 |
| | | | 20. 居民境外发行 | 不可兑换 | 无法律明确允许 |

| 7 大类 | 11 项 | 40 个子项目 | 现状评估 | 备注 |
|---|---|---|---|---|
| 三、信贷业务 | 5. 商业信贷 | 21. 居民向非居民提供 | 基本可兑换 | 余额管理与登记管理 |
| | | 22. 非居民向居民提供 | 部分可兑换 | 中资企业借用外债有严格审批条件和约束 |
| | 6. 金融信贷 | 23. 居民向非居民提供 | 基本可兑换 | 余额管理与登记管理 |
| | | 24. 非居民向居民提供 | 部分可兑换 | 中资企业借用外债有严格审批条件和约束 |
| | 7. 担保、保证和备用融资便利 | 25. 居民向非居民提供 | 基本可兑换 | 事后登记管理 |
| | | 26. 非居民向居民提供 | 基本可兑换 | 额度管理 |
| 四、直接投资 | 8. 直接投资 | 27. 对外直接投资 | 基本可兑换 | 行业与部门仍有限制 |
| | | 28. 对内直接投资 | 基本可兑换 | 需经商务部门审批 |
| 五、直接投资清盘 | 9. 直接投资清盘 | 29. 直接投资清盘 | 可兑换 | — |
| 六、不动产交易 | 10. 不动产交易 | 30. 居民在境外购买 | 基本可兑换 | 与直接投资要求一致 |
| | | 31. 非居民在境内购买 | 部分可兑换 | 商业存在与自住原则 |
| | | 32. 非居民在境内出售 | 可兑换 | — |
| 七、个人资本交易 | 11. 个人资本转移 | 个人贷款 33. 居民向非居民提供 | 不可兑换 | 无法律明确允许 |
| | | 34. 非居民向居民提供 | 不可兑换 | 无法律明确允许 |
| | | 个人礼物、捐赠遗赠和遗产 35. 居民向非居民提供 | 部分可兑换 | 汇兑额度限制 |
| | | 36. 非居民向居民提供 | 部分可兑换 | 汇兑额度限制 |
| | | 外国移民在境外的债务结算 37. 外国移民境外债务的结算 | — | 无法律明确规定 |
| | | 个人资产的转移 38. 移民向国外的转移 | 部分可兑换 | 大额财产转移需审批 |
| | | 39. 移民向国内的转移 | — | 无法律明确规定 |
| | | 博彩和中奖收入的转移 40. 博彩和中奖收入的转移 | — | 无法律明确规定 |

资料来源：中国人民银行，国家外汇管理局；作者在巴曙松和郑子龙（2016）统计基础上进一步整理。

## 6.4　我国资本项目开放的路径选择

### 6.4.1　我国资本项目开放的内在规律

回顾历史，我国实现资本项目开放的目标清晰明确，但推动过程严谨慎重，并能根据实际情况及时做出政策调整，基本上在按照"最迫切的先开放、风险大的后开放"和"先流入后流出，先长期后短期，先直接投资后证券投资，先机构后个人"的内在规律，有计划、有步骤地审慎推进。中国人民银行调查统计司课题组（2012）对我国资本项目开放提出了非常具体的设想，对未来10年做出了短期、中期和长期规划。短期（1~3年），放松有真实交易背景的直接投资管制，鼓励企业"走出去"。中期（3~5年），放松有真实贸易背景的商业信贷管制，助推人民币国际化。长期（5~10年），加强金融市场建设，先开放流入后开放流出，依次审慎开放不动产、股票及债券交易，逐步以价格型管理替代数量型管制。实现上述"三步走"方案内容意味着我国资本项目的基本开放。个人资本交易、与资本交易无关的金融机构信贷、货币市场工具、集合投资类证券、担保保证等融资便利、衍生工具等资本账户子项，可以择机开放。外汇兑换交易自由化和资本交易关联甚微，可以放在最后。短期外债项目的投机性很强，可以长期不开放。

### 6.4.2　我国资本项目开放的目标设定

2015年，在第31届国际货币与金融委员会系列会议上，中国人民银行行长周小川首次提出人民币资本项目开放的目标为"有管理的可兑换"，即我国的人民币资本项目开放后，仍将视情况对资本项目交易进行管理。按照惯例，全球把资本项目100%可以兑换叫作完全可自由兑换。很多中等收入的市场经济国家出于达到西方市场经济标准或加入有关国际组织的需要，把70%~80%可以兑换就称作资本项目开放，实际上其中一些国家的资本项目可兑换程度还远不及我国。由此可见，只要IMF或其他国际组织不出面干预或裁决，我国在金融对外开放过程中，特别是在资本项目开放的改革过程中，就应当本着有利于经济发展和对外开放全局的原则，依据转轨中新兴市场经济国家的自身定位，设定符合我国利益的资本项目开放目标，而不能自绑手脚，将资本项目开放的目标设定得高不可及、不切实际。我国国情复杂，区域经济发展不平衡，还有"一国两制"等全球独一无二的政治经济制度体系。从宏观审慎政策角度出发，我国应当始终坚持对热钱或者过度投机性的资本流动进行适当管理，而不应该定义为资本项目开放程度不够。

## 6.5　新时代我国资本项目开放路径选择的政策建议

### 6.5.1　以"一带一路"建设推动人民币国际化为重点

我国资本项目开放进程应当为"一带一路"建设服务，坚持"引进来"和"走出去"并重，深化双向投资合作，应当能够促进资本等要素更加自由流动，力争形成"一带一路"沿线国家和地区广泛参与并以人民币为核心的区域性货币合作体系，优化"一带一路"投融资和贸易合作环境，推动实现资本等要素的高效配置乃至全球市场的深度融合。在现行的全球信用货币体系下，我国倡议的"一带一路"建设依赖美元等域外国际货币是高风险且不可持续的，必须推动以人民币为主导的本币金融合作，加强"一带一路"区域内的货币稳定体系和信用体系建设。"一带一路"覆盖亚洲、非洲和欧洲的65个国家和地区，约占世界人口的63%，资源禀赋各异，经济互补性强，发展潜力巨大。据估算，仅"一带一路"基础设施建设的投资需求未来5年就将达到10.6万亿美元。人民币国际化是从贸易结算开始的，但是可以预测，投资未来将成为人民币国际化的重要推动力。"一带一路"建设可以实现人民币在资本项目项下对外输出，在经常项目项下通过跨境贸易形成回流。我国是世界第一大贸易国和第二大经济体，在"一带一路"建设中推进人民币国际化，对我国和世界都是公平和有益的。

### 6.5.2　以提高金融服务实体经济的能力为主线

作为金融对外开放的重要内容，资本项目开放的目标、步骤和进程都应当以提高金融服务实体经济的能力为主线。服务实体经济是金融业安身立命之本，也是防范金融风险的根本举措。回顾我国资本项目开放的历史，不论是主动改革还是被动调整，都是由实体经济发展的现实需要决定的。随着经济的快速发展和综合实力的大幅提高，我国已经具备了把控局势的能力和水平，可以更好地加强前瞻性顶层设计，有计划、有步骤地推动资本项目开放目标的实现。按照党的十九大报告的要求，要以"一带一路"建设为重点，形成全面开放新格局，这也是推动我国实体经济在国际国内两个市场齐头并进的行动指南。当前，在"一带一路"建设和推动人民币国际化进程中，资本项目开放应当根据实体经济的发展需求，为人民币在跨境投资和贸易活动中的使用提供便利，增强人民币的计价、结算、支付、投资和储备等职能，推动创新发展人民币金融资产品种，推动建设人民币在岸和离岸金融中心，推动完善人民币跨境支付的金融基础设施，突破金融在服务实体经济中存在的"短板"。在国内外对资本项目开放呼声日益高涨的舆论环境下，我国要保持清醒头脑，切勿操之过急导致对国内经济稳健发展带来冲击，要健全货币政策和宏观审慎政策双支柱调控框架，牢固树立国内经济优先稳健发展的理念，保证供给侧结构性改革取得实效，对外投资要严防国内产业空心化，稳步推进有管理的资本项目开放。

### 6.5.3　以实现利率市场化为前提

利率市场化是价格信号的客观体现，发挥着引导资金资源合理流动的作用。理论界对利率市场化、汇率自由化和资本项目开放的顺序有不同观点。渐进派的代表人物麦金农（Mckinnon，1991）等认为，发展中国家应该按照宏观经济稳定、国内金融自由化、汇率自由化和资本项目开放的顺序推进经济改革。激进派的代表人物——休克疗法创始人萨克斯（Sachs，1994）等认为，不必过于考虑次序问题，资本项目开放可与利率、汇率市场化同步推进，甚至先行实现。综合派的代表人物约翰斯顿（Johnston，1998）等认为，资本项目开放和利率、汇率改革应当协调推进，三者没有绝对的先后顺序。孟刚（2017）认为，在利率管制的情况下，如果我国先完全开放资本账户，会有很多弊端，如出现资本外逃、货币替代等，我国的货币政策有效性也会受到较大影响，如果资本流入量或流出量大幅增加，还会引起汇率剧烈波动。特别要指出的是，在经济全球化背景下，金融风险的传播速度快、隐蔽性强、传染性高、危害性大，发达国家以本国利益为核心的货币政策外溢性加大，资本项目开放的国家易遭受重大冲击。刚过去的国际金融危机给了我们重要启示，实施有效资本管制的国家在危机中受到的冲击最小。因此，我国应当充分发挥政府主导型市场经济改革模式的优势，力争国内问题可控、国际问题可防，可以综合采纳渐进派和综合派的观点，统筹协调推进利率市场化、汇率自由化和资本项目开放，但是在顺序上必须先内后外，先完成利率市场化，并始终坚持有管理的浮动汇率制度，最后实现有管理的资本项目开放。

### 6.5.4 以坚持有管理的浮动汇率制度为原则

我国自2005年7月21日实行"有管理的浮动汇率制度"以来，人民币实际汇率大体上处于合理均衡区间，对促进宏观经济平稳运行和人民币国际化进程作出了巨大贡献。从国际经验看，币值稳定对经济健康发展和货币国际地位的确定至关重要。英国政府通过货币互换等方式和其他国家央行开展了有效金融合作，维护了英镑的币值稳定，大大加快了英镑的国际化步伐。美国政府为了维护美元的国际地位，努力克服"特里芬难题"，始终以确保美元供需平衡和币值稳定为目标。德国中央银行的货币政策以保持马克的币值稳定为核心目标，并借助欧洲投融资区域合作分担汇率波动压力，最终奠定了欧元的国际地位。日本的汇率自由化和资本项目开放虽然早已完成，但是因为币值的剧烈波动导致日元国际化受挫，经济倒退10年。以史为鉴，我国应当保持人民币汇率在合理均衡水平上的基本稳定，管理好人民币币值预期，监控跨境资本投机行为，防范人民币汇率大幅异常波动风险。当前，我国的境外资产中，比例最大的是收益率较低的美元国债等储备资产，比例较小的是收益率较高的直接投资和股权投资。从我国的对外负债看，付息率较高的直接投资占比最高。这样的对外资产负债结构显然不利于稳定人民币汇率。我国应当以"一带一路"建设为契机，通过市场化运作方式，加大直接投资的资本输出力度，改善国际收支结构，提高对外资产的收益率，保持人民币汇率的相对稳定。

### 6.5.5　以鼓励人民币计价的金融产品创新为突破

随着"一带一路"建设的深入，与贸易和投资相关的人民币金融产品需求凸显。为了提高金融服务实体经济发展的能力，资本项目开放应当本着有利于中资企业"走出去"和人民币国际化的原则，鼓励创新推出在国际金融市场上能够被广泛接受的以人民币计价的金融产品。当前，我国资本项目开放的子项目中，信贷和直接投资项目开放程度最高，证券投资类项目开放程度居中，个人资本交易类项目开放程度最低。学界基本上达成共识，个人资本交易类项目可以等到今后我国的市场经济体系更加成熟后再放开。证券投资类项目开放程度不高，特别是衍生产品类项目的开放程度较低，则暴露出了我国金融体系的"短板"，反映了和金融发达国家的差距。我国新时代的资本项目开放，应当鼓励中资金融机构以"一带一路"建设为契机，积极开发人民币计价的基金产品、衍生产品和外汇交易类产品等，实现人民币国际化的贸易驱动、投资驱动及金融产品创新驱动等多层次发展模式，满足全球客户的人民币需求。此外，为了引导全球资金支持"一带一路"建设，应当逐步降低境内中资企业借用外债的门槛，在统一外债管理部门、主体资格审批、长短期借债模式、资金用途的多样性、归还外债的具体要求等方面，力争突破目前严格的审批管理和政策约束，以市场机制激励和约束中资企业的国际化投融资行为。

### 6.5.6　以构建资本项目宏观审慎管理体系为保障

学术界和业界广泛达成共识，宏观审慎政策是针对系统性金融风险的一剂良药。2010 年 11 月，20 国集团领导人峰会上，各国对宏观审慎政策的定义达成了共识，即利用审慎性工具防范系统性金融风险，避免实体经济遭受冲击的政策。在此基础上，2016 年 8 月，国际货币基金组织（International Monetary Fund，IMF）、金融稳定委员会（Financial Stability Board，FSB）和国际清算银行（Bank for International Settlements，BIS）联合发布了《有效宏观审慎政策要素：国际经验与教训》，从降低金融危机发生频率和影响程度的角度再次明确了宏观审慎政策的重要性。为避免资本项目开放引发系统性金融风险，我国应当健全货币政策和宏观审慎政策双支柱调控框架[①]，构建资本项目宏观审慎管理体系，综合运用好宏观审慎调控工具。例如，我国可以按照宏观审慎监管的"监测→分析→预警→干预"流程步骤（林宏山等，2017），整合和升级各监管部门和金融机构

---

① 国际金融危机以来，货币政策和宏观审慎政策更紧密融合成为全球趋势。货币政策是传统金融调控框架的核心，侧重经济增长和物价稳定，主要针对整体经济和总量问题。宏观审慎政策直接关注金融体系，侧重防范金融风险和维护金融稳定，抑制杠杆过度扩张和顺周期行为，和货币政策是相互补充和强化关系。

的业务系统，加强大数据分析能力，建立跨境资本流动监测分析指标体系，更精确地锁定异常跨境资金波动，有效实现预警功能和干预职能。此外，根据 IMF 的政策建议（葛奇，2017），涉及跨境资本流动管理的工具还可以分为两大类：一是传统意义上的资本管制，即资本流动管理以跨境金融交易者的居住地为依据，运用于居民和非居民之间的交易，如对非居民的股票和债权投资征税等；二是以交易的币种而非居住地为依据的宏观审慎政策等，如对银行的外币非存款负债征税等。总之，我国应当构建好资本项目宏观审慎管理框架，综合运用好审慎调控工具，为应对跨境资本流动风险提供更全面的政策保障。

# 第7章 在"一带一路"建设中发展境外人民币离岸金融市场的战略思考[①]

本部分厘清了离岸金融市场的含义、发展和分类，认为在"一带一路"建设中发展境外人民币离岸金融市场，有利于推动人民币国际化、搭建"一带一路"合作平台、引领全球金融创新和提高我国在全球金融体系治理中的话语权，从地理"四分法"、核心目标和决定因素等角度出发，提出了多层级发展设想，分析了面临的主要挑战，提出了政策沟通和法律对接等政策建议。

## 7.1 引言

"一带一路"建设是我国推动形成全面开放新格局的重点。党的十九大胜利召开，"一带一路"写入党章，表明了党中央通过"一带一路"建设构建新型国际合作关系，共建人类命运共同体的决心和信心。在"一带一路"建设中发展境外人民币离岸金融市场，有利于引导社会资金投入"一带一路"建设，形成投资"虹吸效应"，解决资金缺口问题，扩大境外人民币的资金池和流动性，促进完善人民币资金支付系统，稳步推进人民币国际化。当前，"一带一路"建设正在沿着"顶层设计→具体实施→不断完善→全面深入"的路径螺旋式前行。立足新时代，如何在"一带一路"建设中发展境外人民币离岸金融市场，在共商共建共享基础上促进本币金融合作，成为顶层设计的重要课题。

## 7.2 离岸金融市场的含义、发展和分类

### 7.2.1 离岸金融市场的基本含义

（1）离岸金融市场的传统概念

离岸金融市场（Offshore Financial Market）最早是于20世纪50年代末在伦敦形成的美元市场，所以初期也曾被称为境外金融市场（External Financial Market）、欧洲货币市场（Euro Currency Market）或欧洲美元市场（Euro Dollar Mar-

---

① 本章部分内容发表于《中国货币市场》2018年第2期，题为《在"一带一路"建设中发展境外人民币离岸市场的战略思考》（作者：孟刚）。

ket）。传统概念上讲，离岸金融市场是指有关货币在货币发行国境外进行各种金融交易或资金融通的场所。离岸性，就是指有关货币交易或融通在货币发行国境外进行，如欧洲美元市场或者亚洲美元市场都是美元在发行国——美国之外进行交易。离岸金融市场的交易主体包括机构和个人两类，机构主要包括银行、非银行金融机构、企业、政府部门和国际组织等。银行是离岸金融市场最主要的参与主体，银行间业务往来在离岸金融市场占比80%以上。银行在离岸金融市场提供的金融服务主要包括吸收存款、发放贷款、发行债券、短期拆借、提供互换和票据等金融衍生产品等。

（2）离岸金融市场的现代概念

随着各国金融创新的发展[1]，离岸性特指在境外的这一属性已经被淡化，境外不再成为区别离岸和在岸的标准。离岸金融是指非居民从事的金融活动，和在岸金融的主要区别在于适用法律不同，如居民和非居民之间的交易属于在岸金融的涉外金融业务，是传统国际金融业务。现代意义上的离岸金融市场概念是指货币发行国的货币在国内金融体系之外由非居民进行金融交易的国际金融市场，地理位置上可以在货币发行国境内也可以在境外。非居民性，就是指特定的金融交易由某一司法管辖区内的金融机构代表居住在其他司法管辖区域的客户来执行。[2] 1999年，我国《现代金融辞典》将离岸金融市场定义为非居民之间从事国际金融业务的场所。2000年，国际货币基金组织将离岸金融市场定义为：离岸金融市场是指那些离岸金融活动（由银行或其他金融机构主要向非居民提供的一种金融服务）发生的金融市场。

### 7.2.2 离岸金融市场的发展历程

第二次世界大战后，以凯恩斯主义为代表的干涉主义思潮盛行，金融行业被严格监管，为了摆脱束缚，伦敦的欧洲美元市场开始进入起步发展阶段。吴念鲁（1981）研究认为，离岸金融最初是指欧洲美元，即美国境外银行（包括美国银行境外分支机构）的不受美国金融监管的生息美元存款。随着欧洲美元市场的不断发展壮大，离岸金融市场的地域概念也进一步扩大到了亚洲、南美洲和大洋洲等地。单个离岸金融市场的货币币种呈现多元化发展趋势，除美元之外的主要国际货币的离岸金融市场不断增多，如伦敦和卢森堡的欧元离岸金

---

① 1981年，美国在纽约设立了离岸金融市场，对非美国居民开办美元存款业务，美元成为主要交易币种。1986年，日本在东京设立了离岸金融市场，日元成为主要交易币种。此外，西欧各国也陆续在本国建立了离岸金融市场，既经营市场所在国发行的货币，也经营市场所在国之外的货币。

② IMF 2003年的最新释义。资料来源：Salim M. Darbar，R. Barry Johnston，and Mary G. Zephirin，"Assessing Offshore，Filling a Gap in Global Surveillance"，Finance & Development，September，2003.

融市场,日本东京的日元离岸金融市场、中国香港的人民币离岸金融市场。[①] 境外人民币离岸金融市场就是指在其他国家或地区设立的以人民币为主要交易币种的离岸金融市场。[②]

### 7.2.3 离岸金融市场的职能分类

当前,以监管和功能划分,全球离岸金融市场大体可以分为三种类型:一是内外一体型。以伦敦和香港为代表,离岸金融和在岸金融是一个整体,居民和非居民均可以从事各种货币的金融业务。二是内外分离型。以纽约、东京和新加坡为代表,通过银行账户而不是地域将离岸业务和在岸业务分离,账户之间不能混淆。三是避税型。以开曼和百慕大等岛国为代表,开设银行账户的目的是不纳税,主要发挥记账中心的作用。按照币种划分,离岸金融市场可以划分为离岸美元金融市场、离岸欧元金融市场、离岸日元金融市场、离岸英镑金融市场和离岸人民币金融市场等。按照行业划分,离岸金融市场可以划分为离岸银行业务、离岸证券业务、离岸保险业务等。其中,存款、贷款和贸易融资等银行业务在离岸金融市场交易量占比最大,中长期债券的发行和交易是离岸证券业务的主要构成,跨国投资保险、人寿保险、再保险和附属保险等是离岸保险业务的主要内容。

## 7.3 发展境外人民币离岸金融市场的重要性

### 7.3.1 有利于推进人民币国际化

2009年,中国启动跨境贸易人民币结算,人民币资金开始大规模输出海外,人民币国际化正式起航。对于中国而言,作为全球经济的领头羊,更大程度上使用人民币是公平的;对于资金接受国而言,则可以降低汇率风险,节省换汇成本,建立更多的国际资金来源渠道。美国通过"马歇尔计划"实现欧洲美元的布局,日本通过"黑字还流"计划促进日元国际化取得突破,都离不开离岸金融市场的巨大贡献。在"一带一路"建设中大力发展多层级的境

---

① 近20年来,离岸金融市场发展迅猛,如纽约、伦敦、东京、香港、新加坡、卢森堡、巴黎、法兰克福、瑞士、列支敦士登、巴林、摩洛哥、菲律宾、百慕大、巴哈马、巴拿马、开曼群岛等。

② 我国境内离岸金融业务是从美元等外币开始起步的,主要是指在境内的中资银行被批准开展主要外汇的离岸金融业务。深圳是我国银行业最早开办离岸金融业务的地区。1989年,招商银行成为我国第一家被批准开展离岸金融业务的银行。之后,深圳发展银行和广东发展银行等多家国有银行的深圳分行获得离岸银行业务牌照。1998年,受亚洲金融危机影响,中国人民银行和国家外汇管理局叫停了所有离岸金融业务。2002年,深圳的离岸金融业务得以恢复,上海也开始发展离岸金融市场。目前,随着中国自由贸易区等改革措施创新推动,境内的人民币离岸金融业务也开始蓬勃发展,这个不在本书中论述。

外人民币离岸金融市场，有利于打造人民币的资金运用平台、资产管理平台、清算结算平台和风险管理平台（鄂志寰，2016），对推进人民币国际化具有重要意义。

### 7.3.2 搭建"一带一路"建设的合作平台

"一带一路"建设中，资金融通至关重要，是设施联通、贸易畅通、政策沟通乃至民心相通成功的关键。近年来，美元出现了强势回流，引发的全球货币危机使"一带一路"沿线的发展中国家和新兴市场经济体深受其害。在此背景下，纳入 IMF 的 SDR 货币篮子的人民币，作为币值稳定的强势货币，具备了以本币合作方式支持"一带一路"建设的可能性。在"一带一路"建设中发展人民币离岸金融市场，可以促进有关国家加强以人民币为主的本币金融合作，有利于中国从政治经济安全角度突破美元区的包围，帮助发展中国家减少外汇危机对经济发展带来的巨大冲击，是支持"一带一路"建设的重要战略性合作平台。

### 7.3.3 在支持经济发展中引领全球金融创新

金融创新是"一带一路"建设取得成功的重要保障。2017 年的"一带一路"国际合作高峰论坛和全国金融工作会议，都着重强调了绿色、普惠和本币金融创新的极端重要性。孟刚（2017）研究认为，近年来，中国积极促进绿色金融在"一带一路"国际项目融资中的应用和普及；中国的普惠金融已经融入了互联网金融、移动支付、共享经济等诸多创新元素，可以为"一带一路"金融创新有效供给中国智慧；人民币资金可以解决"一带一路"建设的巨大资金需求。境外人民币离岸金融市场为绿色、普惠和本币金融合作的机制及产品创新提供了平台，是"一带一路"金融创新的最前沿孵化器。

### 7.3.4 提高我国在全球金融治理体系中的话语权

王鸿刚（2017）研究认为，既有的全球金融治理体系存在严重缺陷，应当以扩大"一带一路"合作推动全球治理体制的优化，促进解决全球主导货币的权利义务失衡问题。"一带一路"建设的核心内容就是引导社会资金服务沿线国家和地区实体经济发展需要，为世界经济复苏提供新动能，对全球金融治理体系具有正向再平衡作用。在"一带一路"建设中发展境外人民币离岸金融市场，有助于解决国际金融市场的效能失灵问题，引导社会资本支持重大项目，提高人民币在国际货币体系中的地位，分散西方国家的政策外溢效应对发展中国家经济的冲击，防范区域性金融风险。

## 7.4　发展境外人民币离岸金融市场的设想

### 7.4.1　地理四分法的设想

孟刚（2017）参考杰弗里·琼斯（Geoffrey G. Jones，1992）提出的国际金融中心地理三分法，将发展人民币离岸金融市场体系做了地理四分法规划设想：全球性人民币离岸金融市场—区域性人民币离岸金融市场—次区域性人民币离岸金融市场—重要国别的人民币离岸金融市场。重要国别和次区域性离岸金融市场侧重于中国与东道主国及周边国家的人民币金融合作。区域性离岸金融市场侧重于为整个地区提供人民币金融服务。全球性离岸金融市场侧重于提供全球范围的人民币金融服务。在我国广泛推动和"一带一路"有关国家深度合作的基础上，这种四分法设想具备了可行性，对我国团结凝聚广大发展中国家和新兴经济体形成人民币国际圈，突破传统西方世界主导的全球金融治理体系具有务实创新意义。

### 7.4.2　发展境外人民币离岸金融市场的核心目标

"一带一路"建设正处于主要以投资和贸易推动人民币"走出去"的发展阶段，需要境外人民币离岸金融市场能够发挥服务实体经济的基本职能。此外，从现代金融业的创新发展角度看，全球投融资和国际资本流动规模都超过了国际贸易规模，离岸金融市场都在努力提供多元化的金融服务。因此，当前发展境外人民币离岸市场的核心目标应当是培育引领全球金融发展和创新的内在动力，既能为商品和服务贸易提供人民币计价的支付、结算、信贷和信用担保等基础性金融服务，又能提供金融投资产品和金融衍生产品等多元化的金融服务。这应当也是判断境外人民币离岸市场能否具有长久生命力和可持续发展能力的重要标准。

### 7.4.3　发展境外人民币离岸金融市场的决定因素

在 2009 年左右人民币走出国门时，中国的金融服务业水平正在上升通道的初期，境外对人民币的需求正在培育，跨境人民币金融基础设施比较薄弱，因此难以形成独立的人民币离岸市场，更多的是依赖香港、新加坡和伦敦等较为成熟的全球或区域性金融中心发展人民币离岸业务。随着中国经济实力的增强、中资金融机构的发展壮大、人民币金融产品创新能力不断提高、全球跨境人民币金融基础设施网络日益成熟，中国具备了在"一带一路"建设中更加主动发展境外人民币离岸市场的综合实力。发展境外人民币离岸市场的决定性因素应当包括以下几个方面：中国在全球的强大政治经济地位；离岸金融市场东道主国的政策和法律保障；完善的跨境金融基础设施；足够的市场需求；不断创新的金融产品和众多系统性或国际性重要金融机构的积极参与。

### 7.5 发展境外人民币离岸金融市场的挑战

#### 7.5.1 "一带一路"受到全球政治经济惯性走势影响

从世界范围来看，现有的全球金融市场受西方政治经济影响根深蒂固，美国等发达国家坚决维护经济和金融霸权，"修昔底德陷阱"说不绝于耳，以 IMF 为核心的全球金融治理体系改革难以速见成效，发展中国家和新兴经济体的地位和发言权尚待提高。新时代赋予了"一带一路"建设更多的重要使命，将促进各国重构新型国际合作关系，形成区域化的贸易、投融资、生产和服务网络，培育全球经济合作和竞争新格局。在"一带一路"建设中发展境外人民币离岸金融市场，需要中国和有关国家对接发展战略并创新形成新型合作模式，对现有的全球金融治理体系是一个突破，要提防域内外反对势力的影响和干扰。

#### 7.5.2 "一带一路"金融合作的顶层设计亟待深化

境外人民币离岸金融市场取得成效的关键，是要加强"一带一路"金融合作的顶层设计，构建沿线国家和地区间金融合作框架，创新人民币金融产品，以完善的人民币金融基础设施作为支撑，特别是需要统筹国内外的金融合作。笔者先后在多个"一带一路"沿线国家和地区工作，体会到"一带一路"金融合作存在较为突出的"三多三少"问题。一是当前更多重视以传统信贷方式支持"一带一路"重大项目，在引领国际信贷标准的顶层设计方面突破较少。二是中资金融机构参与较多，但如何和沿线国家和地区的金融机构及国际性金融机构加强合作的顶层设计较少。三是金融产品对美元和欧元等的货币依赖较大，人民币金融产品较少。

#### 7.5.3 在岸和离岸金融市场的相互影响不容忽视

在资本项目未完全放开的情况下，发展"一带一路"境外人民币离岸金融市场，面临着国内外金融市场需要兼顾的严峻挑战。随着人民币在境外离岸金融市场的规模逐步扩大，在岸和离岸金融市场的任何形式的金融事件，都有可能产生连锁反应。以"8·11"汇改为例。[1] 根据陈植和何晶晶（2016）的研究，

---

[1] 2015 年 8 月 11 日，中国人民银行宣布调整人民币对美元汇率中间价报价机制，做市商参考上日银行间外汇市场收盘汇率，向中国外汇交易中心提供中间价报价。

"8·11"汇改之后,国际投机资本累计掀起了三轮人民币沽空潮①,人民币汇率持续下行,导致我国的外汇储备出现大幅波动。境外机构在 2015 年 6 月至 2016 年 9 月期间,减持股票、债券、贷款和存款等人民币金融资产高达 1.29 万亿元(边卫红,2017),对境外离岸金融市场的人民币流动性产生了较大影响。

## 7.6 政策建议

### 7.6.1 以政策沟通和法律对接提供必要的保障

现代意义上的离岸金融市场普遍具有法律制度健全、国际化程度高、资金融通成本低、税收政策优惠、市场交易自由、严格保护客户隐私及其他合法权益等特点,需要从政策和法律层面提供必要的保障。境外人民币离岸市场建设应当先行在政策沟通顺畅的"一带一路"有关国家重点推进。如果合作国有非常强烈的合作意愿,有建设人民币离岸金融市场的政策和法律依据,那就提高了推进效率,减少了不必要的阻力。在政策沟通和法律对接方面,中国香港的人民币离岸金融市场建设是可以借鉴推广的成功案例。回顾历史,在 2011 年起步阶段,中国政府积极发展香港人民币离岸金融业务的八项政策,被认为是全面建设香港人民币离岸金融市场的保障,可以为"一带一路"建设中发展境外人民币离岸金融市场提供经验借鉴。

表 7-1　　　　　香港人民币离岸金融业务起步阶段的八项政策

|  | 政策 | 后来出台的相关法规 | 法规发布部门 |
|---|---|---|---|
| 1 | 跨境人民币直接投资 | 《关于跨境人民币直接投资有关问题的通知》 | 商务部 中国人民银行 |
| 2 | 扩大跨境贸易人民币结算地区 | 《关于扩大跨境贸易人民币结算地区的通知》 | 中国人民银行 等六部委 |
| 3 | 推动境外合格机构投资银行间债券市场 | 《关于境外人民币清算行等三类机构运用人民币投资银行间债券市场试点有关事宜的通知》 | 中国人民银行 |

---

① 第一波是在 2015 年 8 月汇改后的三天内,国际资本借央行与市场沟通不畅,纷纷揣测中国政府有意默许人民币贬值而大举沽空人民币,令人民币兑美元汇率一度暴跌约 3 000 个基点,直接跌入 6.4 区间。第二波是在 2015 年底至 2016 年初,在中国央行放松托盘人民币汇率后,国际投机资本再度掀起人民币沽空浪潮,令人民币兑美元汇率中间价下跌逾 900 个基点,降幅超 1%。第三波是从 2016 年 4 月起,国际投机资本借美联储加息预期升温与英国"脱欧"等一系列金融市场黑天鹅事件发酵,对人民币发动新一轮沽空浪潮,截至 2016 年 6 月底,人民币兑美元汇率下跌幅度超过 2 400 个基点,一度跌破 6.7 关口。

续表

| | 政策 | 后来出台的相关法规 | 法规发布部门 |
|---|---|---|---|
| 4 | 增加赴港发行人民币债券的境内金融机构主体 | 《国家发改委 2012 年 1 月 11 日公告》 | 国家发展改革委 |
| 5 | 试点外资银行人民币增资 | — | — |
| 6 | 允许境外合格机构投资境内证券市场 | 《关于实施〈基金管理公司、证券公司人民币合格境外机构投资者境内证券投资试点办法〉有关事项的通知》 | 中国人民银行 |
| 7 | 将在港发行人民币国债长期化并扩大规模 | — | — |
| 8 | 鼓励香港创新发展离岸人民币产品 | — | — |

资料来源：根据相关资料整理。

### 7.6.2 以设立人民币清算行及货币互换的国家和地区为重点

当前，全球的人民币离岸金融市场尚未系统化，但是已经有了很好的发展基础。已经设立人民币清算行的国家或地区，人民币合作基础较好，政策和法律层面契合度高，和中国的投资、贸易及金融合作活跃，可以作为深化发展境外人民币离岸金融市场的重点。这些国家或地区中，中国香港、中国台湾、英国伦敦、美国纽约、法国巴黎、韩国首尔、新加坡、卢森堡等城市已经成为主要的境外人民币离岸金融市场。我国可以在人民币市场已经初步形成的国家和地区，先行设立人民币清算行，再逐步建设境外人民币离岸金融市场。此外，我国和"一带一路"沿线国家和地区签署货币互换协议，除了互相提供流动性支持外，还能够促进人民币作为双边贸易结算货币，促进以人民币进行直接投资和金融资产投资，推动人民币成为沿线国家和地区的官方外汇储备。因此，我国扩大和"一带一路"沿线国家和地区的货币互换合作规模，有利于为境外人民币离岸金融市场提供必要的人民币金融产品。

表 7 - 2　　已经设立人民币清算行的国家和地区（截至 2017 年 12 月）

| 国家或地区 | 清算行 |
|---|---|
| 中国香港、中国澳门、中国台湾、哈萨克斯坦、德国、法国、匈牙利、澳大利亚、菲律宾、柬埔寨、马来西亚、美国、南非、赞比亚 | 中国银行 |
| 卢森堡、新加坡、老挝、柬埔寨、卡塔尔、泰国、加拿大、阿根廷、俄罗斯 | 中国工商银行 |
| 英国、瑞士、智利 | 中国建设银行 |
| 韩国 | 交通银行 |

资料来源：中国人民银行网站。

表7-3 中国人民银行和其他中央银行或货币
当局双边本币互换一览表（截至2019年6月）

| 序号 | 国别和地区 | 协议签署日期 | 互换规模 | 期限 |
|---|---|---|---|---|
| 1 | 韩国 | 2009年4月20日 | 1 800亿元人民币/38万亿韩元 | 3年 |
| | | 2011年10月26日（续签） | 3 600亿元人民币/64万亿韩元（续签） | |
| | | 2014年10月11日（续签） | 3 600亿元人民币/64万亿韩元（续签） | |
| | | 2017年10月11日（续签） | 3 600亿元人民币/64万亿韩元（续签） | |
| 2 | 中国香港 | 2009年1月20日 | 2 000亿元人民币/2 270亿港元 | 3年 |
| | | 2011年11月22日（续签） | 4 000亿元人民币/4 900亿港元（续签） | |
| | | 2014年11月22日（续签） | 4 000亿元人民币/5 050亿港元（续签） | |
| | | 2017年11月22日（续签） | 4 000亿元人民币/4 700亿港元（续签） | |
| 3 | 马来西亚 | 2009年2月8日 | 800亿元人民币/400亿马来西亚林吉特 | 3年 |
| | | 2012年2月8日（续签） | 1 800亿元人民币/900亿马来西亚林吉特（续签） | |
| | | 2015年4月17日（续签） | 1 800亿元人民币/900亿马来西亚林吉特（续签） | |
| | | 2015年8月20日（续签） | 1 800亿元人民币/1 100亿马来西亚林吉特 | |
| 4 | 白俄罗斯 | 2009年3月11日 | 200亿元人民币/8万亿白俄罗斯卢布 | 3年 |
| | | 2015年5月10日（续签） | 70亿元人民币/16万亿白俄罗斯卢布（续签） | |
| | | 2018年5月10日（续签） | 70亿元人民币/22.2万亿白俄罗斯卢布（续签） | |
| 5 | 印度尼西亚 | 2009年3月23日 | 1 000亿元人民币/175万亿印度尼西亚卢比 | 3年 |
| | | 2013年10月1日（续签） | 1 000亿元人民币/175万亿印度尼西亚卢比（续签） | |
| | | 2018年11月19日（续签） | 2 000亿元人民币/440万亿印度尼西亚卢比（续签） | |
| 6 | 阿根廷 | 2009年4月2日 | 700亿元人民币/380亿阿根廷比索 | 3年 |
| | | 2014年7月18日（续签） | 700亿元人民币/900亿阿根廷比索（续签） | |
| | | 2017年7月18日（续签） | 700亿元人民币/1 550亿阿根廷比索（续签） | |
| 7 | 冰岛 | 2010年6月9日 | 35亿元人民币/660亿冰岛克朗 | 3年 |
| | | 2013年9月11日（续签） | 35亿元人民币/660亿冰岛克朗（续签） | |
| | | 2016年12月21日（续签） | 35亿元人民币/660亿冰岛克朗（续签） | |
| 8 | 新加坡 | 2010年7月23日 | 1 500亿元人民币/300亿新加坡元 | 3年 |
| | | 2013年3月7日（续签） | 3 000亿元人民币/600亿新加坡元（续签） | |
| | | 2016年3月7日（续签） | 3 000亿元人民币/640亿新加坡元（续签） | |
| | | 2019年5月13日（续签） | 3 000亿元人民币/610亿新加坡元（续签） | |
| 9 | 新西兰 | 2011年4月18日 | 250亿元人民币/50亿新西兰元 | 3年 |
| | | 2014年4月25日（续签） | 250亿元人民币/50亿新西兰元（续签） | |
| | | 2017年5月19日（续签） | 250亿元人民币/50亿新西兰元（续签） | |
| 10 | 乌兹别克斯坦 | 2011年4月19日（已失效） | 7亿元人民币/1 670亿乌兹别克斯坦苏姆 | 3年 |

| 序号 | 国别和地区 | 协议签署日期 | 互换规模 | 期限 |
|---|---|---|---|---|
| 11 | 蒙古 | 2011 年 5 月 6 日 | 50 亿元人民币/1 万亿蒙古图格里克 | 3 年 |
| | | 2012 年 3 月 20 日（扩大） | 100 亿元人民币/2 万亿蒙古图格里克（扩大） | |
| | | 2014 年 8 月 21 日（续签） | 150 亿元人民币/4.5 万亿蒙古图格里克（续签） | |
| | | 2017 年 7 月 6 日（续签） | 150 亿元人民币/5.4 万亿蒙古图格里克（续签） | |
| 12 | 哈萨克斯坦 | 2011 年 6 月 13 日 | 70 亿元人民币/1 500 亿哈萨克斯坦坚戈 | 3 年 |
| | | 2014 年 12 月 14 日（续签） | 70 亿元人民币/2 000 亿哈萨克斯坦坚戈（续签） | |
| | | 2018 年 5 月 28 日（续签） | 70 亿元人民币/3 500 亿哈萨克斯坦坚戈（续签） | |
| 13 | 泰国 | 2011 年 12 月 22 日 | 700 亿元人民币/3 200 亿泰铢 | 3 年 |
| | | 2014 年 12 月 22 日（续签） | 700 亿元人民币/3 700 亿泰铢（续签） | |
| | | 2017 年 12 月 22 日（续签） | 700 亿元人民币/3 700 亿泰铢（续签） | |
| 14 | 巴基斯坦 | 2011 年 12 月 23 日 | 100 亿元人民币/1 400 亿巴基斯坦卢比 | 3 年 |
| | | 2014 年 12 月 23 日（续签） | 100 亿元人民币/1 650 亿巴基斯坦卢比（续签） | |
| | | 2018 年 5 月 23 日（续签） | 100 亿元人民币/3 510 亿巴基斯坦卢比（续签） | |
| 15 | 阿联酋 | 2012 年 1 月 17 日 | 350 亿元人民币/200 亿阿联酋迪拉姆 | 3 年 |
| | | 2015 年 12 月 14 日（续签） | 350 亿元人民币/200 亿阿联酋迪拉姆（续签） | |
| 16 | 土耳其 | 2012 年 2 月 21 日 | 100 亿元人民币/30 亿土耳其里拉 | 3 年 |
| | | 2015 年 9 月 26 日（续签） | 120 亿元人民币/50 亿土耳其里拉（续签） | |
| 17 | 澳大利亚 | 2012 年 3 月 22 日 | 2 000 亿元人民币/300 亿澳大利亚元 | 3 年 |
| | | 2015 年 3 月 30 日（续签） | 2 000 亿元人民币/400 亿澳大利亚元（续签） | |
| | | 2018 年 3 月 30 日（续签） | 2 000 亿元人民币/400 亿澳大利亚元（续签） | |
| 18 | 乌克兰 | 2012 年 6 月 26 日 | 150 亿元人民币/190 亿乌克兰格里夫纳 | 3 年 |
| | | 2015 年 5 月 15 日（续签） | 150 亿元人民币/540 亿乌克兰格里夫纳（续签） | |
| | | 2018 年 12 月 10 日（续签） | 150 亿元人民币/620 亿乌克兰格里夫纳 | |
| 19 | 巴西 | 2013 年 3 月 26 日（已失效） | 1 900 亿元人民币/600 亿巴西雷亚尔 | 3 年 |
| 20 | 英国 | 2013 年 6 月 22 日 | 2 000 亿元人民币/200 亿英镑 | 3 年 |
| | | 2015 年 10 月 20 日（续签） | 3 500 亿元人民币/350 亿英镑（续签） | |
| | | 2018 年 11 月 12 日（续签） | 3 500 亿元人民币/400 亿英镑（续签） | |
| 21 | 匈牙利 | 2013 年 9 月 9 日 | 100 亿元人民币/3 750 亿匈牙利福林 | 3 年 |
| | | 2016 年 9 月 12 日（续签） | 100 亿元人民币/4 160 亿匈牙利福林（续签） | |
| 22 | 阿尔巴尼亚 | 2013 年 9 月 12 日 | 20 亿元人民币/358 亿阿尔巴尼亚列克 | 3 年 |
| | | 2018 年 4 月 3 日（续签） | 20 亿元人民币/432 亿阿尔巴尼亚列克（续签） | |
| 23 | 欧央行 | 2013 年 10 月 8 日 | 3 500 亿元人民币/450 亿欧元 | 3 年 |
| | | 2016 年 9 月 27 日（续签） | 3 500 亿元人民币/450 亿欧元（续签） | |

续表

| 序号 | 国别和地区 | 协议签署日期 | 互换规模 | 期限 |
|------|-----------|-------------|---------|------|
| 24 | 瑞士 | 2014 年 7 月 21 日 | 1 500 亿元人民币/210 亿瑞士法郎 | 3 年 |
| | | 2017 年 7 月 21 日（续签） | 1 500 亿元人民币/210 亿瑞士法郎（续签） | |
| 25 | 斯里兰卡 | 2014 年 9 月 16 日 | 100 亿元人民币/2 250 亿斯里兰卡卢比 | 3 年 |
| 26 | 俄罗斯 | 2014 年 10 月 13 日 | 1 500 亿元人民币/8 150 亿俄罗斯卢布 | 3 年 |
| | | 2017 年 11 月 22 日（续签） | 1 500 亿元人民币/13 250 亿俄罗斯卢布（续签） | |
| 27 | 卡塔尔 | 2014 年 11 月 3 日 | 350 亿元人民币/208 亿里亚尔 | 3 年 |
| | | 2017 年 11 月 2 日（续签） | 350 亿元人民币/208 亿里亚尔（续签） | |
| 28 | 加拿大 | 2014 年 11 月 8 日 | 2 000 亿元人民币/300 亿加拿大元 | 3 年 |
| | | 2017 年 11 月 8 日（续签） | 2 000 亿元人民币/300 亿加拿大元（续签） | |
| 29 | 苏里南 | 2015 年 3 月 18 日 | 10 亿元人民币/5.2 亿苏里南元 | 3 年 |
| | | 2019 年 2 月 11 日（续签） | 10 亿元人民币/11 亿苏里南元 | |
| 30 | 亚美尼亚 | 2015 年 3 月 25 日 | 10 亿元人民币/770 亿德拉姆 | 3 年 |
| 31 | 南非 | 2015 年 4 月 10 日 | 300 亿元人民币/540 亿南非兰特 | 3 年 |
| | | 2018 年 4 月 11 日（续签） | 300 亿元人民币/540 亿南非兰特（续签） | |
| 32 | 智利 | 2015 年 5 月 25 日 | 220 亿元人民币/22 000 亿智利比索 | 3 年 |
| | | 2018 年 5 月 25 日（续签） | 220 亿元人民币/22 000 亿智利比索（续签） | |
| 33 | 塔吉克斯坦 | 2015 年 9 月 3 日 | 30 亿元人民币/30 亿索莫尼 | 3 年 |
| 34 | 摩洛哥 | 2016 年 5 月 11 日 | 100 亿元人民币/150 亿摩洛哥迪拉姆 | 3 年 |
| 35 | 塞尔维亚 | 2016 年 6 月 17 日 | 15 亿元人民币/270 亿塞尔维亚第纳尔 | 3 年 |
| 36 | 埃及 | 2016 年 12 月 6 日 | 180 亿元人民币/470 亿埃及镑 | 3 年 |
| 37 | 尼日利亚 | 2018 年 4 月 27 日 | 150 亿元人民币/7 200 亿奈拉 | 3 年 |
| 38 | 日本 | 2018 年 10 月 26 日 | 2 000 亿元人民币/34 000 亿日元 | 3 年 |

资料来源：中国人民银行网站。

### 7.6.3　金融产品创新要符合当地市场实际需求

建设多层级的人民币离岸金融市场，应当实施"一国一策"机制，特别是要有针对性地开展金融产品创新。在金融市场欠发达的发展中国家，应当突出提供人民币跨境结算、存款、贷款等金融产品，不能嫌弃交易量小，重点是要立足长远，培育人民币使用需求。在金融市场发达的国家，应当在常规性金融产品基础上，突出提供人民币债券、衍生金融产品、绿色金融产品等，参与和引领全球金融产品的制度性安排，推动形成人民币交易量的更大突破，积极建设有更大影响力的人民币离岸金融市场。

表7-4    境外人民币离岸金融业务的主要金融品种

| 业务分类 | 主要金融品种 |
|---|---|
| 存款业务 | 人民币存汇款、兑换及信用卡等 |
| | 人民币存款证 |
| | 人民币结构性存款 |
| 贷款业务 | 人民币贸易融资贷款 |
| | 人民币流动资金贷款 |
| | 人民币银团贷款 |
| | 人民币项目融资贷款 |
| 证券业务 | 人民币主权债券 |
| | 人民币金融债券 |
| | 人民币企业债券（中国企业发行） |
| | 人民币企业债券（外国企业发行） |
| | 人民币股权类IPO |
| 资金交易业务 | 人民币外汇掉期交易 |
| | 人民币同业拆借 |
| | 可交割人民币期权 |
| | 可交割人民币利率互换 |
| | 可交割人民币远期 |
| | 可交割人民币利率互换期权 |
| 资产管理业务 | 人民币基金业务 |
| | 人民币保险业务 |

资料来源：根据相关资料整理。

### 7.6.4　统筹引导中资金融机构开展业务合作

在境外人民币离岸金融市场建设中，要发挥体制性优势，统筹引导中资金融机构开展业务合作。比如在信贷领域，可以借鉴中资金融机构成功在埃及实行的"三行一保"合作机制（孟刚，2017）。2015年6月，中国和埃及政府在开罗召开了中埃产能合作机制工作组第一次会议，国家开发银行、中国进出口银行、中国工商银行和中国出口信用保险公司决定在埃及的大型产能合作项目中实施"三行一保"合作机制，后中国银行也积极加入该机制。按照"统一规划、共担风险、资源整合"原则，该机制以银团方式统一对外，确保对埃及的融资机构、价格、管理和服务的"四统一"。该机制获得了我国商务部和发展改革委的高度评价，认为这是中资金融机构在服务国际产能合作领域的突破创新，可有效避免恶性竞争，有利于中外双方互利共赢。人民币离岸金融市场离不开中资金融机构的广泛参与，必须要引导到位，总结出避免中资金融机构恶性竞争的合作机制。

### 7.6.5 加快人民币金融基础设施建设

为了发展境外人民币离岸市场，我国应当加快跨境人民币金融基础设施建设，将人民币交易系统的报价、成交、清算以及交易信息发布等功能延伸到沿线国家和地区的金融市场，形成支持多币种清算的人民币全球化支付体系。当前，人民币跨境支付采取的是多渠道并行方式，如代理境外银行进行跨境人民币收付的"人民币清算行"模式，与其他国家建立往来账户提供跨境人民币服务的"代理行"模式，在境内银行开立非居民人民币结算账户（Non-Resident Account，NRA）的"NRA"模式等。这些方式大多依赖环球同业银行金融电讯协会（Society for Worldwide Interbank Financial Telecommunications，SWIFT）系统，对中国经济金融安全存在较大的系统性风险隐患。2015 年 10 月，人民币跨境支付系统（Cross-border Interbank Payment System，CIPS）一期正式投入使用。这个全新的人民币跨境支付系统参考了美元和日元等国际先进的跨境清算体系，提高了清算效率，便于对人民币跨境资金流动进行监管，是我国跨境人民币支付清算基础设施的重要升级。在"一带一路"建设中发展境外人民币离岸市场，要力争 CIPS 系统加快完善和同步跟进，特别是要发展独立的报文系统，尽早实现我国人民币国际清算系统的独立自主运营。

# 第8章　以绿色金融、普惠金融和本币金融引领"一带一路"金融创新①

金融是国家核心竞争力，在"一带一路"建设中应当加强金融创新。2017年"一带一路"国际合作高峰论坛和全国金融工作会议着重强调要加强"一带一路"金融创新，鼓励发展绿色和普惠金融，推动本币金融合作，稳步推进人民币国际化。在"一带一路"建设中，应当借鉴国际经验，逐步对接赤道原则、发展绿色金融，搭建转贷平台、推广普惠金融，倡导本币金融合作、稳步推进人民币国际化，分享我国的绿色和普惠发展理念与实践，解决"一带一路"建设资金和外汇风险等问题，增进沿线国家和地区政府、企业和公众的理解和支持，以绿色、普惠和本币金融共同引领创新，在服务"一带一路"建设中推进人民币国际化。

## 8.1　"一带一路"和金融创新

### 8.1.1　"一带一路"是推动全球化的新生领导力量

几次工业革命极大地推动了全球化的历史车轮，特别是互联网时代的到来，使得全球经济融合发展成为必然趋势。但是近年来，"去全球化"事件时有发生，主要大国退出"巴黎协定"，恐怖主义此起彼伏，地区冲突范围扩大，贸易保护主义日益抬头。纵观历史寻找答案，"去全球化"都是逆时代潮流和暂时的，在全球经济增长乏力时发生的概率较大，结束则大多是以世界政治经济格局重构为标志，并往往会诞生推动"全球化"的新生领导力量。中国倡导的"一带一路"建设，贯彻"共商、共建、共享"的和平发展理念，以推进区域一体化为基础，主要内容是设施联通、资金融通、贸易畅通、政策沟通和民心相通，将为世界经济培育新的增长点，在更高层面上推动全球化发展。

### 8.1.2　金融创新是"一带一路"取得成功的保障

金融创新是"一带一路"建设可持续发展和最终取得成功的重要保障。

---

① 本章部分内容发表于《新金融》2017年第11期，题为《以绿色、普惠和本币金融引领"一带一路"金融创新》（作者：孟刚）。

2017 年，国家主席习近平在"一带一路"国际合作高峰论坛和全国金融工作会议上，着重强调要加强"一带一路"金融创新，鼓励发展绿色金融和普惠金融，推动本币金融合作。在"一带一路"建设中大力发展绿色金融和普惠金融，可以分享我国的绿色和普惠发展理念与实践①②，增进沿线国家和地区政府、企业和公众的互相理解和支持，不仅是"一带一路"打造利益共同体、责任共同体和命运共同体的重要方式，更是以新兴经济体为主的广大发展中国家引领全球经济和参与全球治理的核心内容。打造绿色和普惠的"一带一路"建设之路，资金需求量巨大，在当前全球信用货币体系下，使用美元等外汇的汇率风险突出，应当大力推动"一带一路"沿线国家和地区开展本币金融合作，并加强"一带一路"区域内的货币稳定体系和信用体系建设。

## 8.2　范畴界定和关联结构

### 8.2.1　绿色金融的范畴界定

绿色金融③（Green Finance）是指为支持环境改善、应对气候变化和资源节约高效利用的经济活动，即对环保、节能、清洁能源、绿色交通、绿色建筑等领域的项目融资、项目运营、风险管理等所提供的金融服务。④ 近年来，世界各国金融机构积极发展绿色金融。⑤ 其中，最有影响力的是被全球近百家银行宣布实施的自愿性行业规则——"赤道原则"（The Equator Principles，EPs），已经成为国际项目融资的参考标准、行业惯例和发展方向，要求在项目融资活动中分析和评估其对自然、环境及地区的影响，并采取措施使生态系统和社区环境免

---

① 2017 年，中国推进"一带一路"建设工作领导小组办公室发布《共建"一带一路"：理念、实践与中国的贡献》，表示中国将致力于建设"绿色丝绸之路"，用绿色发展理念指导"一带一路"合作。2017 年 5 月，国家主席习近平在"一带一路"国际合作高峰论坛上提出，要践行绿色发展的新理念，倡导绿色、低碳、循环、可持续的生产生活方式，加强生态环保合作，建设生态文明，共同实现 2030 年可持续发展目标。

② 沈夏珠（2017）认为，"一带一路"沿线国家和地区，因自然条件或国内外政治经济文化原因，在经济全球化大潮中发展相对滞后，面临诸多问题，需要通过国际合作加强基础设施建设、提振国内经济发展、改善国民生活状况。在经济全球化发展不平衡和西方国家固守其全球事务主导权的矛盾环境下，"一带一路"倡议适应沿线国家和地区需要，通过"共商、共建、共享"，努力实现政策沟通、设施联通、贸易畅通、资金融通、民心相通，让沿线各国人民共享"一带一路"成果，是将全球化推向纵深的普惠共赢工程。韩庆祥（2017）认为，习近平主席在"一带一路"国际合作高峰论坛上的演讲，通篇贯穿的哲学精髓、核心理念、一条红线，就是"一带一路"本质上是"普惠之路"。

③ 下一章将对绿色金融进行专门论述。

④ 概念依据 2016 年中国人民银行等七部委颁布的《关于构建绿色金融体系的指导意见》。

⑤ 20 世纪 90 年代初期，联合国环境规划署设立的金融自律组织（UNEPFI）发布了《银行界关于环境可持续发展的声明》和《金融业环境暨可持续发展宣言》等重要文件，促进绿色金融的推广和普及。

受破坏。

### 8.2.2 普惠金融的范畴界定

普惠金融（Inclusive Finance）是指广泛提供金融服务，能够为社会最广大阶层和群体提供合理、便捷和安全的金融服务的一种金融体系。普惠金融概念最早由联合国于 2005 年提出，已经逐步成为世界各国特别是发展中国家高度关注的重要金融领域。普惠金融是在小额信贷和微型金融基础上发展起来的，演化过程始终体现着金融创新的理念。时至今天，中国的普惠金融已经融入了互联网金融、移动支付、共享经济等诸多创新元素，可以为"一带一路"金融创新有效供给中国智慧。

### 8.2.3 本币金融的范畴界定

本币金融，主要是指以本币开展投融资合作，推动"一带一路"建设。根据国务院发展研究中心估算，仅"一带一路"基础设施投资需求在未来五年就将达到 10.6 万亿美元。"一带一路"产能合作和贸易合作的资金需求量更大。回顾历史，美国曾经在"马歇尔计划"中大力推动使用美元，不仅增加了对西欧各国商品和服务的出口份额，还将美元打造成为和西欧国家的主要结算货币，建立和完善了以促进美国和西欧经济一体化为主要内容的新国际体系和秩序。对于中国而言，作为 GDP 和贸易都排名全球第二的经济大国，更大程度上实现人民币国际化是公平的。对于资金接受国而言，则可以节省换汇成本，降低汇率风险，撬动更多的国际资本投入。此外，在全球信用货币体系下，本币金融合作有利于维护"一带一路"区域内乃至全球范围内的金融体系稳定，促进贸易和投资的全球化、便利化和安全化。

### 8.2.4 绿色金融、普惠金融和本币金融的关联结构

三角形是世界上最稳固的结构。绿色、普惠和本币金融完全可以形成支撑和引领"一带一路"金融创新体系的"铁三角"。绿色金融指引未来发展，普惠金融促进资金融通，本币金融服务现实需要。笔者先后在多个"一带一路"沿线国家和地区从事开发性金融业务，和中资金融机构及本地主要银行合作较多，体会到"一带一路"金融合作存在较为突出的"三多三少"问题。

一是以传统的信贷方式支持重大项目合作较多，但在国际信贷标准引领等顶层设计方面突破较少。因此，我国可以在"一带一路"建设中，制定各国易达成共识的绿色金融信贷政策，引领全球金融合作的浪潮。

二是中国的金融机构参与较多，但沿线国家和地区的金融机构和国际性金融机构参与较少。中资金融机构在"一带一路"沿线国家和地区增设分支机构耗时太久，且很难真正融入当地社会，因此不能根本性解决资金融通问题。我

国可以加强"一带一路"普惠金融合作机制，强化中外金融机构的合作，在互利共赢的前提下充分调动合作各方金融机构的积极性。

三是沿线国家和地区包括中国的金融机构对美元和欧元等的货币依赖较大，中资金融机构的人民币金融产品较少。我国可以结合"一带一路"建设实际情况，鼓励中资金融机构创新以人民币计价的绿色和普惠金融产品，为人民币在投融资领域"走出去"提供政策保障，支撑"一带一路"建设的巨大资金需求。

## 8.3　"一带一路"沿线国家和地区面临的挑战

### 8.3.1　可持续发展问题严峻

可持续发展是世界各国普遍达成的发展共识和共同面对的重大课题。"一带一路"沿线国家和地区在可持续发展方面面临的挑战更为严峻和迫切。中国科学院（2017）研究认为，大多数"一带一路"沿线国家和地区经济增长方式粗放，生态环境脆弱，不少国家位于干旱或半干旱地区，森林覆盖率较低，单位GDP能耗、木材和物质消耗、二氧化碳排放等高出世界平均水平50%以上，单位GDP钢材、水泥、有色金属、水和臭氧层消耗是世界平均水平的2倍或2倍以上。中国也是"一带一路"沿线国家和地区，改革开放之初的粗放式发展，使得污染问题日益突出。中国为整治环境付出了巨大代价，迄今为止还被空气、水、土壤等污染问题困扰，自然资源的可持续使用面临重大挑战。"一带一路"绿色发展理念深得人心，可以得到各国政府、企业和公众的支持，符合沿线国家和地区的共同利益，应当在"一带一路"建设中大力推广绿色金融。

### 8.3.2　金融服务普及程度有限

"一带一路"沿线多是经济发展相对落后、金融服务相对缺失的国家或地区。沿线国家和地区中小微企业融资困难现象普遍存在，银行资金借贷过程复杂，信贷资金利率普遍较高，埃及等国家贷款利率甚至达到10%～20%。缺乏资金支持导致中小微企业"自我造血"能力减退，产品在市场上没有竞争力，产业结构恶性循环，严重影响所在国的实体经济发展。我国已经成为全球最大的资本输出国之一，加强和"一带一路"沿线国家和地区的资金融通，具有很强的普惠金融意义，在风险可控的前提下，有利于互利共赢地开展经济外交，有利于支持中资企业"走出去"，有利于在"一带一路"框架下促进投资和贸易合作的便利化。此外，"一带一路"沿线国家和地区的移动支付能力落后，普通民众能享有的金融服务的普及程度有限，互联网经济和互联网金融有巨大的市场空间。中国的电商经济、移动支付、互联网金融等都处于世界领先水平，必将在"一带一路"沿线国家和地区大有可为，可以有效促进普惠金融发展和人民币国际化。

### 8.3.3 美元外储体系风险凸显

20世纪70年代，在经历了两次美元危机后[①]，美国宣布放弃运行了30年的"布雷顿森林体系"，美元和黄金脱钩，国际货币进入信用货币体系时代，美国印发美元不再受限制。美联储加息，美元变强，全球经济疲软；美联储降息，美元变弱，全球经济景气。在一定程度上，美元成了"流氓货币"。通过量化宽松和紧缩，美元屡次"血洗"发展中国家和新兴经济体，"一带一路"沿线国家和地区更是深受其害。世界各国迫切需要以多元化的外汇储备防范金融风险，人民币脱颖而出成为第五种被纳入SDR货币篮子的货币，也为"一带一路"沿线国家和地区增加了更多优质国际货币选择。根据货币替代理论，货币一旦成为国际主导货币后，具有很强的使用惯性。因此，"一带一路"建设的"去美元化"将是一个长期的过程，本币金融合作面临不小的挑战。

## 8.4 经验分析和借鉴

### 8.4.1 绿色金融：赤道原则

赤道原则是2002年10月由世界银行下属的国际金融公司和荷兰银行牵头，花旗银行等多家主要世界金融机构根据国际金融公司和世界银行的政策和指南建立的，旨在判断、评估和管理项目融资中的环境与社会风险的非强制性金融行业基准，被认为是全球绿色金融的行动指南。截至2015年，全球已有36个国家的82家金融机构宣布接受"赤道原则"。这些金融机构统一被称为赤道金融机构，多为跨国银行，项目融资业务在全球占比80%以上。兴业银行是中国唯一一家正式对外宣布采纳赤道原则的银行（唐斌、赵洁和薛成容，2009）。中国银监会（2017）鼓励国开行等国内金融机构树立绿色信贷理念，在授信过程中借鉴"赤道原则"等国际良好做法，严格遵守环保和产业等领域的法律法规，充分评估项目的环境和社会风险，将评估结果作为授信决策的重要依据。

赤道原则的核心内容有10条，列举了赤道金融机构做出投资决定时需要依据的特别条款和条件，是承诺贷款的前提条件。第一条是项目风险的分类依据，即赤道金融机构对贷款项目的分类要遵循国际金融公司的环境与社会筛选标准

---

① 1960年，伦敦黄金市场价格猛涨到41.5美元/盎司，超过官价20%，美元大幅贬值，美元作为"布雷顿森林体系"所规定的储备货币第一次显示出信任危机。20世纪60年代中期，美国扩大了侵越战争，国际收支进一步恶化，1968年3月爆发了严重的第二次经济危机，半个多月中，美国的黄金储备流失了14亿多美元。

（见表 8 - 1）。第二条要求要对 A 类项目和 B 类项目执行社会与环境评估
（SEA）并给出了评估的具体要求。第三条规定了社会与环境评估报告应该包括
的主要内容。第四条要求借款人就 A 类和 B 类项目准备《行动计划》（AP），要
根据该计划建立一个社会和环境管理系统（SEMs）来实施计划内容。第五条规
定了公开征询意见和信息披露制度。第六条确定了申诉机制。当地群体可以申
诉，帮助借款人随时了解项目对社会和环境的各种影响，以便采取相关措施。
第七条规定了独立审查服务，对 A 类项目（在适当情况下包括 B 类项目），赤道
金融机构应该聘请独立的社会和环境专家全面审查《评估报告》《行动计划》和
征询文件等。第八条要求借款人必须在融资文件中做出承诺，包括遵守东道国
社会和环境方面的所有法律法规和许可，在项目建设和运营期遵守《行动计
划》，定期向赤道金融机构提交项目报告等。第九条规定了独立检测和报告制
度。赤道金融机构在整个贷款期间，对于全部 A 类项目和部分 B 类项目，应该
聘请或要求借款人聘请独立的社会和环境专家来验证所有信息。第十条规定了
赤道金融机构的报告制度，应当至少每年向公众披露其实施赤道原则的成绩、
经验等。

表 8 - 1　　　　　　　　　赤道原则的贷款项目分类标准

| 赤道原则的分类定义 | 对社会或环境等的影响标准 |
| --- | --- |
| A 类项目：有可能对社会或环境造成多种多样的、不可逆转的或前所未有的重大负面影响的项目 | 1. 对地方社区有重大影响（比如土地征用、非自愿迁移、土著居民等） |
| | 2. 对生物多样性和自然栖息地有重大影响 |
| | 3. 对文化遗产有重大影响 |
| | 4. 多种多样的实质性影响（即单独的某方面影响没有 A 类项目中那样严重，但是它们累计在一起可以计入 A 类） |
| B 类项目：有可能对社会或环境造成一定程度的负面影响的项目，但这些影响数量较少，基本上只覆盖本地区，很大程度上可以逆转，并且通过缓解措施容易得以改善 | 1. 潜在的影响没有 A 类项目那样严重 |
| | 2. 潜在的负面影响只是覆盖本地区，可以制订出合理措施防治和控制污染 |
| C 类项目：对社会或环境只造成最小程度的影响或没有影响的项目。除了筛选之外，对 C 类项目不需要采取其他措施 | 对社会和环境只造成最小程度的影响或没有影响 |

资料来源：*The Equator Principles*。

### 8.4.2　普惠金融：转贷平台

转贷款多为国际融资贷款，是指银行作为债务人，对外签署贷款协议借入

资金，同时又作为债权人，将此资金转贷给国内企业。"一带一路"沿线多为发展中国家，经济体量较小，中国的中小企业贷款的规模在这些国家就可以称为大型贷款项目。目前，中资金融机构在"一带一路"沿线国家和地区多是就某个项目进行贷款，尽职调查和信贷审批的周期较长，不能高效率实现"一带一路"资金融通的目标，在这些国家设立分支机构更是耗时较长，且即使设立了分支机构，贷款等金融服务能力也非常有限。因此，中资金融机构给"一带一路"沿线国家和地区的金融机构授信，打造转贷平台，推动普惠金融，是实现"一带一路"资金融通目标的良策，也是"一带一路"金融创新的体现，可以为"一带一路"沿线国家和地区的中小微企业、最广大阶层和群体提供合理、便捷和安全的金融服务。

国开行在建设国际转贷平台方面具有丰富的经验。以埃及为例，国开行已经向埃及中央银行、埃及国民银行和埃及银行等发放了超过 20 亿美元转贷款，用于电力、能源、交通、中小企业和社会民生等领域。此外，国开行负责落实2 500 亿元"一带一路"人民币专项贷款，其中 500 亿元用于金融合作领域。2017 年 9 月，国开行和埃及阿拉伯国际银行（SAIBANK）签署了 2.6 亿元人民币专项贷款合同，实现了人民币贷款首次落地埃及，支持具有中资因素的中小微企业。东道主国的转贷款合作行，往往是该国的主要银行，是中资金融机构的优质客户，信用评级较好，可以获得较为优惠的转贷款。这些转贷款合作行的客户因为规模较小，评级水平一般不能达到中资金融机构的客户门槛标准，不受中资金融机构青睐，如果直接找中资金融机构贷款，或者是不够申请贷款的资格，或者是贷款价格过高。中资金融机构在对东道主国主要银行的转贷款合作中加入了中资因素等条件，要求将转贷款用于和中国相关的项目或企业，这样既降低了中资金融机构自身的运营成本，有效防控了信贷风险，又服务和促进了中外产能和实体经济合作，推动了"一带一路"普惠金融发展。

### 8.4.3　本币金融：马歇尔计划

1947 年 7 月，美国启动了"马歇尔计划"，向欧洲开展了一系列捐赠、资助和贷款活动，是第二次世界大战后美国实施的对战争破坏后的西欧各国进行经济援助、协助重建的计划。在这段时期内，西欧各国接受了美国包括金融、技术、设备等各种形式的援助，最终金额总计达到了 131.5 亿美元，其中赠款占总援助的比例高达 88%，其余为贷款。"马歇尔计划"的实施到完成，历经四年时间，有着复杂的政治经济背景，既是为了稳定西欧的政治和经济，防止苏联进一步向欧洲扩张，又有消化国内过剩生产能力，调整畸形的战时经济结构的现实需要。

美元在欧洲的广泛使用归功于"马歇尔计划"对欧洲国家的发展和世界政治经济格局产生的深远影响。"马歇尔计划"长期以来被认为是促成欧洲和美国

一体化的重要因素之一，消除或减弱了历史上长期存在于西欧各国和美国之间
的关税及贸易壁垒，使西欧各国和美国的经济联系日趋紧密。在"马歇尔计划"
的推动下，美国获得了大量对西欧各国的货物、货币、劳务输出的出口份额，
美元成为西欧国际贸易的主要结算货币，以促进美国和西欧经济一体化为主要
内容的新国际体系和秩序得以逐步建立和完善。

表 8 - 2　　　　　"马歇尔计划"中西欧各国接受援助情况　　单位：亿美元

| 国家 | 1948—1949 年 | 1949—1950 年 | 1950—1951 年 | 总数额 |
|---|---|---|---|---|
| 奥地利 | 2.32 | 1.66 | 0.7 | 4.88 |
| 比利时与卢森堡 | 1.95 | 2.22 | 3.6 | 7.77 |
| 丹麦 | 1.03 | 0.87 | 1.95 | 3.85 |
| 法国 | 10.85 | 6.91 | 5.2 | 22.96 |
| 德国 | 5.1 | 4.38 | 5 | 14.48 |
| 希腊 | 1.75 | 1.56 | 0.45 | 3.66 |
| 冰岛 | 0.06 | 0.22 | 0.15 | 0.43 |
| 爱尔兰 | 0.88 | 0.45 | — | 1.33 |
| 意大利 | 5.94 | 4.05 | 2.05 | 12.04 |
| 荷兰 | 4.71 | 3.02 | 3.55 | 11.28 |
| 挪威 | 0.82 | 0.9 | 2 | 3.72 |
| 葡萄牙 | — | — | 0.7 | 0.7 |
| 瑞典 | 0.39 | 0.48 | 2.6 | 3.47 |
| 瑞士 | — | — | 2.5 | 2.5 |
| 土耳其 | 0.28 | 0.59 | 0.5 | 1.37 |
| 英国 | 13.16 | 9.21 | 10.6 | 32.97 |

资料来源：维基百科等互联网信息。

## 8.5　"一带一路"金融创新的思路和建议

### 8.5.1　以绿色金融指引未来发展

中国正在构建绿色金融体系，可以充分发挥后发优势，学习借鉴世界先进
规则，优化各种金融制度和机制安排，并和广大发展中国家同步分享成果经验，
在"一带一路"建设中引领绿色金融创新，从投融资前端加以引导，在重大项
目融资中自始至终贯彻绿色标准，并将资金等资源优先配置到绿色产业。

（1）倡导绿色金融理念

"一带一路"金融创新应当以倡导绿色金融发展理念为核心内容，加大对绿

色金融的政策支持力度，加强绿色金融的机构和机制建设，加快绿色金融立法，主动对接"一带一路"沿线国家和地区的社会和环境保护制度，引导社会资金支持沿线国家和地区民众关心的重要绿色产业项目。

（2）逐步对接"赤道原则"

"赤道原则"已经成为比较成熟的国际通用环保信贷准则，但是具有非强制性、鼓励性和引导性特点。中资金融机构应当结合"一带一路"沿线国家和地区实际情况，高举绿色金融旗帜，分国别分领域分项目实行差异化标准，逐步对接"赤道原则"，最终实现引领全球金融创新的目标。

（3）高度重视信息披露

信息披露既是自我监督也是弘扬正能量。中资金融机构应当高度重视对外界的定期信息披露，加强与"一带一路"沿线国家和地区政府、非政府组织、借款人、媒体和社会公众的对话，在交流和沟通中正面引导舆论，让绿色金融理念深入人心，促进民心相通。

### 8.5.2 以普惠金融促进资金融通

"一带一路"沿线国家和地区大多是发展中国家或新兴经济体，涉及区域既有城市又有农村，涉及领域既有基础设施建设和产业转移，又有中小微企业合作等，很多金融需求与普惠金融是高度重叠的。因此，大力发展普惠金融是"一带一路"建设的应有之义和金融创新的核心内容。

（1）正确理解普惠金融的本质含义

普惠金融曾被视为公益工程，甚至被误解为是帮扶责任。随着中国经济和金融事业大发展，越来越多的普惠金融产品实现了市场化运作。普惠金融的公平性、广泛性、便捷性、可获得性的本质含义得到了最终认可，更是和"一带一路"建设的大融合、大联动、大共享的目标高度相同。

（2）将转贷平台建设机制化

创新源自一线。国开行等中资金融机构在"一带一路"沿线国家和地区的成功转贷经验说明，转贷平台建设能够有效解决中资金融机构的境外分支机构不足问题，有效控制风险，有效将资金配置到实体经济中去，最终实现"一带一路"的资金融通目标。应当及时总结实践经验，将国际转贷平台建设机制化，打造成可复制可推广的"一带一路"普惠金融运作模式。

（3）支持移动支付和互联网金融行业"走出去"

我国的移动支付和互联网金融行业处于全球领先水平，在跨境电商、旅游、小额支付等方面积累了丰富的运营和监管经验，供给了大批市场化运作的普惠金融产品，得到社会广泛认可。这为与"一带一路"沿线国家和地区开展普惠金融合作提供了宝贵经验。我国应当大力支持移动支付和互联网金融行业"走出去"，推动"一带一路"普惠金融创新。

### 8.5.3　以本币金融服务现实需要

在"一带一路"建设中，以双边本币结算代替第三国货币将达到双赢效果。中国已经是世界第二大经济体和贸易国，人民币国际化不仅对中国是公平的，对和中国投资贸易合作关系密切的各国也是便利化的选择，有利于"一带一路"沿线国家和地区，特别是中外企业降低汇兑成本、防范汇率风险、吸引更多投资。

（1）做好推动人民币国际化的顶层设计

在"一带一路"建设中推进人民币国际化，应当做好顶层设计，构建沿线国家和地区经济和金融合作框架，增强人民币汇率弹性，推进有管理的资本项目可兑换，推行大宗商品和跨境电商的人民币计价结算，以货币互换推动人民币的交易和储备职能，完善人民币金融基础设施，加快人民币离岸中心建设。

（2）落实好"一带一路"人民币专项贷款

以本币开展对外投资和援助，是英镑、美元、日元和欧元实现国际化的共同道路。落实好人民币专项贷款，不仅能解决"一带一路"建设的资金缺口问题，还可以促使沿线国家和地区完善人民币资金支付系统，引导境内外民间资本投入"一带一路"建设，扩大境外人民币的资金池和流动性，形成投资"虹吸效应"。

（3）创新人民币计价的绿色和普惠金融产品

随着"一带一路"建设的深入，与贸易和投资相关的人民币金融产品需求凸显。[①] 应当在国际结算、外汇买卖、债券发行、国际清算、国际信贷等传统跨境金融产品的基础上，加快发展以人民币计价的绿色和普惠金融产品，实现人民币国际化的贸易驱动、投资计价驱动及金融产品创新驱动等多层次发展模式。

---

　　① 比如，企业可以用离岸市场的银行人民币固定存款或债券等固定收益类金融资产进行人民币跨境贸易融资，银行可以在离岸市场开发人民币货币基金产品、人民币计价衍生产品和人民币外汇交易类产品等，满足全球客户的投资需求，吸引境外银行、非银行机构和个人投资者。

# 第9章 在"一带一路"建设中重点发展绿色金融推进人民币国际化[①]

## 9.1 绿色金融

### 9.1.1 绿色金融概念的源起

学术界对"绿色金融"的概念研究各有侧重。例如，萨拉查（Salazar，1998）研究认为，绿色金融指的是有助于环境保护的创新型金融；Cowan（1998）认为，绿色金融是绿色经济和金融学学科交叉的产物。2000 年，《美国传统词典》将绿色金融定义为"环境金融"或"可持续金融"，认为绿色金融的功能在于应用多样化金融工具，实现环境和经济的协调发展；拉巴特（Labatt）和怀特（White，2003）认为，绿色金融是一种金融工具，它的目的在于提高环境质量。在我国国内，许多学者对绿色金融也有研究报道。王军华（2000）认为，绿色金融是指通过金融的社会资金配置功能，引导资金进入环保领域，促进经济与生态的协调发展。李心印（2006）则强调绿色金融应该与环保产业的发展紧密联系起来。

与传统金融相比，绿色金融更加强调保护自然环境，要求企业承担环境和社会责任。例如在开展项目融资业务时，绿色金融要求银行评估项目的环境外部性，考虑项目污染处理情况、资源利用效率和生态效应等因素。

表 9-1        传统金融与绿色金融的比较

|  | 传统金融 | 绿色金融 |
|---|---|---|
| 经营目标 | 利润最大化。以商业银行为例，其经营原则为安全性、流动性和盈利性 | 管理环境风险与机遇，保护和改善自然环境，服务于经济可持续发展 |
| 政策支持 | 市场需要政府监管规范，其中政策性金融需要政策支持 | 环境污染问题是市场失灵的表现，绿色金融需要政策引导 |
| 金融产品 | 信贷、债券、股票、期货、基金、保险等 | 基本金融产品与传统金融相同，但具有绿色属性 |

资料来源：根据互联网信息整理。

---

① 本章部分内容发表于《北京金融评论》2017 年第 6 期，题为《以绿色金融推进人民币国际化研究》（合作作者：孟刚、周大启、方舟）。

### 9.1.2　绿色金融的理论基础

绿色金融的理论基础包括两方面：一方面是基于可持续发展理论赋予的"绿色"理论基础；另一方面则是来自环境经济学理论，即更加具有"金融"特色的理论基础。

（1）绿色金融与可持续发展理论

可持续发展已经是全世界的共识，这个共识的达成经历了一系列进程。1987年，在具有重大历史意义的布伦特兰委员会上，可持续发展的概念被赋予新的定义，它包含了"既要满足当代人的需要，又不会对子孙后代满足其需要的能力构成危害的发展"两个方面的含义。1992年在里约热内卢召开的联合国环境与发展会议（以下简称"环发会议"）上，《21世纪议程》用40章的篇幅充实了可持续发展的概念。与环发会议相比较，2002年在约翰内斯堡召开的可持续发展问题世界首脑会议，在系统解析经济、社会及环境三方面概念和相互关系的基础上，将可持续发展理论中的三个要素及其相互作用进一步加以明确。

在可持续发展理论中，经济、社会和环境是构成理论的三大要素。通常人们看待可持续发展仅仅将其与环境保护相等同。实际上，可持续发展是经济、社会和环境三者的互动协调关系，其含义较自然环境保护要丰富得多。不同的群体看待可持续发展的角度会有所不同，比如已经完成工业化的国家更加注重自然环境的保护，而发展中国家则更加看重经济和社会的可持续发展。再如，主流环保组织倾向于强调可持续发展的环境因素，而工商业则更加注重经济政策的公平开放。

发展绿色金融，能够有效协调经济、社会和环境三要素，符合可持续发展的要义和宗旨，促进环境、社会和经济效益的提高，具体体现在以下三个方面。

一是绿色金融能够推动环境和经济共同发展。

绿色金融能够兼顾环境保护和经济发展。通过将环境损失的经济价值内化，体现在金融评价和资源配置领域，进而优化金融评价体系，使用价格和市场手段，在金融资源配置上倾斜有利于自然环境的项目，提高污染项目的融资门槛，从而促进经济环境的共同发展。

二是绿色金融能够促进产业升级转型，提升经济效率。

供给侧结构性改革要求淘汰落后产能，推动产业结构升级。在常规行政手段去产能的同时，绿色金融可以通过绿色投资信贷工具、设置准入门槛、差异化利率等手段，抑制过剩产能扩张，推动新动能发展，促进产业升级转型，提升经济效率。

三是绿色金融引领可持续发展理念形成社会认同。

金融业是社会的重要组成部分，金融机构通过发展绿色金融，在履行社会责任的同时，引领带动社会提升对绿色发展和可持续发展理念的认可，促进企业社会责任感和公众社会责任感的提升。

（2）绿色金融与环境经济学理论

环境经济学理论指出，环境问题具有很强的外部性[1]。一方面，企业生产经营活动对环境造成污染，却没有对社会和居民的生态损失支付补偿，导致社会成本远高于私人成本，污染企业没有动力去改善污染情况，体现为环境问题的负外部性。另一方面，环境治理具有明显的社会效益，社会效益远高于私人效益，在受益方众多而无法确定收入来源的情况下，环境治理企业难以获得利润，从而没有动力从事环境保护事业，体现为环境问题的正外部性。环境问题的正负外部性均导致资源配置偏离社会最优水平，需要通过相关措施纠正外部性导致的市场失灵，主要方式包括政府管制和市场交易。

一是政府管制：庇古税理论[2]。

按照庇古的观点，纠正外部性需要政府发挥作用。政府通过增加税收或者给予补贴，从而矫正经济当事人的私人成本。政府可通过规章政策手段，将环境污染的社会成本附加到企业的成本，通过成本提高抑制企业过度污染排放行为。例如，政府可通过对污染企业征收税收直接提高污染成本，从而抑制污染行为，实现保护自然环境的目的；另外，政府还可以通过正向激励措施，比如出台相关政策，增加绿色投资收益，对于绿色投资行为，无论是环保企业还是传统企业，政府都应该给予相应的支持，提升绿色投资的私人效益。正向的激励则包括对绿色投资进行各种形式的补贴和税收减免，补贴绿色产品等措施。

二是市场交易：科斯手段。

根据科斯定理[3]，当产权明确且得到充分保障、交易成本较低时，经济主体可以通过污染排放权交易实现利益最优化，同时外部效应的问题可以通过当事人之间的自愿交易而达到内部化。科斯手段可以为污染者提供"停止污染"与"继续污染并向受污染者购买污染权"两种选择，生产者通过成本比选确定具体的选择方向。科斯手段受到政府干预的作用比较小，降低了政府的管理成本，避免了权力寻租导致腐败的可能性，减轻了政府失灵或决策失误所带来的负面影响。在绿色金融领域，一个典型的例子就是碳金融市场的产生，碳金融市场是基于联合国气候变化框架合约（如《京都议定书》）和各国排放量的总量控制机制，从而实现责任约束。

---

[1] 外部性，指在社会经济活动中，一个经济主体（国家、企业或个人）的行为直接影响到另一个相应的经济主体，却没有给予相应支付或得到相应补偿，就出现了外部性。外部性包括正外部性和负外部性。

[2] 根据污染所造成的危害程度对排污者征税，用税收来弥补排污者生产的私人成本和社会成本之间的差距，使两者相等。由英国经济学家庇古（Pigou，Arthur Cecil，1877—1959）最先提出，这种税被称为"庇古税"。

[3] 科斯定理可以描述如下：只要交易成本等于零，法定权利（即产权）的初始配置并不影响效率。

### 9.1.3 中国绿色金融：定义与政策

2015年4月，中共中央、国务院发布《中共中央国务院关于加快推进生态文明建设的意见》，提出了顶层设计。2015年9月，《生态文明体制改革总体方案》发布，提出建立健全绿色金融体系。2016年3月，国家"十三五"规划纲要进一步深化绿色金融发展政策，要求大力发展绿色信贷、绿色债券等绿色金融产品。

2016年8月，以中国人民银行为首的七部委在充分做好前期准备的基础上，正式下发了《关于构建绿色金融体系的指导意见》，该意见对绿色金融的发展具有重要意义。在意见中，中国官方赋予绿色金融以新的定义，即绿色金融应当是一种健康的经济活动，它的目的在于支持环境改善、应对气候改变以及资源合理利用，具体而言，在包括环境保护、节约能源和绿色出行在内的诸多领域所涉及的项目、投融资以及项目运营等方面提供优质的金融服务。尽管绿色金融的概念近几年才提出，但早在2001年，当时的环保总局以及一行三会就开始针对金融机构和企业融资及经营行为中的环保要素提出了具体要求，这些规章制度实质上具有绿色金融的特征，自2001年以来的政策文件情况如表9-2所示。

表9-2　　　　　　　　　　近年来重要绿色金融政策梳理

| 种类 | 政策名称 | 文号 | 发布机构 | 发布日期 |
|---|---|---|---|---|
| 绿色信贷 | 《关于构建绿色金融体系的指导意见》 | 银发〔2016〕228号 | 中国人民银行等七部委 | 2016年8月31日 |
| | 《绿色金融专项统计制度》 | 银发〔2018〕10号 | 中国人民银行 | 2018年1月5日 |
| | 《关于开展银行业存款类金融机构绿色信贷业绩评价的通知》 | 银发〔2018〕180号 | 中国人民银行 | 2018年7月27日 |
| | 《关于推广信贷资产质押和央行内部（企业）评级工作的通知》 | 银发〔2017〕289号 | 中国人民银行 | 2017年12月19日 |
| | 《人民银行决定适当扩大中期借贷便利（MLF）担保品范围》 | —— | 中国人民银行 | 2018年6月1日 |
| | 《中国银行业绿色银行评价实施方案（试行）》 | 银协发〔2017〕171号 | 中国银行业协会 | 2017年12月26日 |

续表

| 种类 | 政策名称 | 文号 | 发布机构 | 发布日期 |
|------|---------|------|---------|---------|
| 绿色债券 | 《中国人民银行绿色金融债券公告》 | 中国人民银行公告〔2015〕第39号 | 中国人民银行 | 2015年12月15日 |
| | 《关于加强绿色金融债券存续管理有关事宜的通知》 | 银发〔2018〕29号 | 中国人民银行 | 2018年3月7日 |
| | 《绿色债券发行指引》 | 发改办财金〔2015〕3504号 | 发展改革委 | 2015年12月31日 |
| | 《关于开展绿色公司债券业务试点的通知》 | 上证发〔2016〕13号,深证上〔2016〕206号 | 上交所、深交所 | 2016年3月16日、2016年4月22日 |
| | 《非金融企业绿色债务融资工具业务指引》 | 交商协公告〔2017〕10号 | 中国银行间市场交易商协会 | 2017年3月22日 |
| | 《关于支持绿色债券发展的指导意见》 | 证监会公告〔2017〕6号 | 证监会 | 2017年3月3日 |
| | 《绿色债券支持项目目录（2015年）》 | — | 绿金委 | 2015年12月22日 |
| | 《绿色产业指导目录（2019年版)》 | 发改环资〔2019〕293号 | 发展改革委 | 2019年2月14日 |
| | 《绿色债券评估认证行为指引（暂行）》 | 人民银行、证监会公告〔2017〕20号 | 中国人民银行、证监会 | 2017年10月26日 |
| 环境信息披露 | 《公开发行证券的公司信息披露内容与格式准则第2号——年度报告的内容与格式（2017年修订)》 | 证监会公告〔2017〕17号 | 证监会 | 2017年12月26日 |
| | 《上市公司治理准则》 | 证监会公告〔2018〕29号 | 证监会 | 2018年9月30日 |
| 绿色投资 | 《绿色投资指引（试行）》 | — | 中国证券投资基金业协会 | 2018年11月10日 |
| 绿色保险 | 《环境污染强制责任保险管理办法（征求意见稿)》 | | 环境保护部、保监会 | 2017年6月7日 |
| 环境权益交易市场 | 《全国碳排放权交易市场建设方案（发电行业)》 | 发改气候规〔2017〕2191号 | 发展改革委 | 2017年12月18日 |

资料来源：根据互联网信息整理。

　　各地方政府对中央关于生态文明建设和构建绿色金融体系的要求高度重视，积极响应，相继出台了地方版本的绿色金融发展规划，如表9-3所示。

表9-3 各地区绿色金融发展规划（指导意见、实施方案）一览

| 公布时间 | 地区 | 政策文件 | 发布机构 |
|---|---|---|---|
| 2016年3月 | 山东青岛 | 《关于加强绿色金融服务的指导意见》 | 青岛银监局 |
| 2016年3月 | 山西大同 | 《促进金融振兴2016年行动计划》 | 大同市政府 |
| 2016年8月 | 青海 | 《关于发展绿色金融的实施意见》 | 人民银行西宁中心支行、省金融办和青海银监局 |
| 2016年9月 | 江苏苏州 | 《苏州市银行业金融机构绿色金融绩效评估暂行办法》 | 人民银行江苏省苏州市中心支行、苏州市政府金融办、苏州市经信委、苏州市环保局 |
| 2016年11月 | 黑龙江 | 《关于加强黑龙江省节能环保领域金融工作的信贷指导意见》以及《关于金融支持黑龙江低碳循环经济发展的指导意见》 | 黑龙江省人民政府 |
| 2016年11月 | 贵州 | 《关于加快绿色金融发展的意见》 | 贵州省人民政府 |
| 2016年11月 | 福建厦门 | 《关于促进厦门市银行业金融机构发展绿色金融的意见》 | 厦门市金融办、厦门银监局、厦门市财政局、中国人民银行厦门市中心支行 |
| 2016年11月 | 广东 | 《关于加强环保与金融融合促进绿色发展的实施意见》 | 广东省环境保护厅、中国人民银行广州分行、广东省金融办 |
| 2016年12月 | 安徽 | 《安徽省绿色金融体系实施方案》 | 人民银行合肥中心支行、安徽省金融办 |
| 2016年12月 | 北京 | 《北京市"十三五"时期金融业发展规划》 | 北京市金融工作局、北京市发改委 |
| 2017年3月 | 内蒙古 | 《关于构建绿色金融体系的实施意见》 | 内蒙古自治区人民政府 |
| 2017年5月 | 北京 | 《中关村国家自主创新示范区促进科技金融深度融合创新发展支持资金管理办法》 | 中关村管委会 |
| 2017年5月 | 江苏扬州 | 《关于构建绿色金融体系指导意见的实施细则》 | 人民银行扬州市中心支行 |
| 2016年3月 | 山东青岛 | 《关于加强绿色金融服务的指导意见》 | 青岛银监局 |
| 2017年7月 | 贵州贵安新区 | 《贵安新区建设绿色金融改革创新试验区任务清单》 | 贵州省政府办公厅 |
| 2017年7月 | 新疆 | 《构建绿色金融体系的实施意见》 | 新疆维吾尔自治区人民政府 |
| 2017年9月 | 江西 | 《江西省"十三五"建设绿色金融体系规划》 | 江西省政府 |
| 2017年12月 | 浙江湖州 | 《湖州市建设国家绿色金融改革创新试验区的若干政策意见》 | 湖州市政府 |

资料来源：根据互联网信息整理。

### 9.1.4 国际绿色金融：定义与政策

目前国际上最新同时也是相对完善的绿色金融的定义来自 2016 年发布的《G20 绿色金融综合报告》："绿色金融指的是一种投融资活动，该活动能产生环境效益，通过这种效益能够对可持续发展提供有力支持。这些环境效益包括了很多方面，例如减少空气、水以及土壤污染，控制二氧化碳等温室气体的排放，赋予有限资源更为理想的使用率等。在当代，要想将绿色金融很好地发展起来，就要求将环境外部性内部化，并通过各种途径提高金融机构对环境风险的认知，通过这一系列的方法和途径来建设一个环境友好型的、抑制污染型的投资氛围。"

国际上，绿色金融的实践始于 20 世纪 80 年代初美国发布的"超级基金法案"，法案要求企业必须为自己运营生产所导致的环境污染负责，从而让更多的商业银行不得不密切关注和积极防范那些因为环境污染而形成的信贷风险。一场变革风波席卷而来。随后，英国等国政府乃至越来越多的国际组织也引以为鉴，为了改善环境进行了各种尝试和探索，积累了一些经验。

（1）美国

美国已经建立起比较完善的绿色金融制度体系，各项绿色金融法律、法规将经济发展和环境保护有效结合作为目标。该制度体系对推动美国金融机构、企业和市场等主体发展绿色金融起到强有力的法律约束作用。为保证美国的绿色金融发展全球领先，美国政府通过一系列激励措施，推动市场主体主动参与绿色金融发展并取得了成效，对美国经济发展和环境保护的协调共进起到了切实有效的作用。

美国针对如何推动和保障绿色金融发展问题，相继出台了多部相关法律法规。1980 年美国联邦政府就颁布了《全面环境响应、补偿和负债法案》。这一法案明确指出，银行应对客户所带来的环境污染负责，一定要负责其相应的修复成本。除此之外，美国政府相继出台了一系列政策来提供有力支持，通过这些政策来推动绿色金融产业的健康发展。早在 1978 年，美国联邦政府便根据实际需要颁布了《能源税收法》，其中规定，在购买太阳能或者风能能源设备的过程中，它所要支付的全部金额中，前面 2 000 美元中的 30% 以及随后支付的 8 000 美元中的 20%，均能够用来抵扣当年按规定需要缴纳的所得税。同样地在美国国内，各银行也掀起了一阵技术改造热潮，它们通过健全本单位的信息技术系统，来实现与社会环境部门之间的数据互通，从而建立起了相对完善和高效的信息沟通机制。

（2）欧盟

欧盟各国对于发展"绿色金融"也在不懈努力，积极探索。1974 年，全球首家家环境银行落户西德。1991 年波兰也基于环保问题组建了支持该类事业的环保银行。1998 年,立陶宛向外界公布了"NEFCO—APINI 授信额度",该额度一经推出,便极大地推动了清洁生产项目融资的发展。英国向来关注对节能设备投资的扶持,比如,为其提供包括低息贷款在内的诸多优惠;在瑞典,政府亲自出面为环保项目提供它们所需要的信用升级担保等服务。欧洲碳排放交易市场建设成效卓著,众所周知,全球排名第一的区域碳市场就是欧盟排放交易体系,这个体系现如今涵盖了 29 个国家,一共设立了 8 个交易中心,其囊括的工业温室气体排放实体大概有 12 000 个。在 2006 年全球碳交易的300 亿美元的总额中,欧洲排放权交易(EUA)共计 244 亿美元,交易占比高达 81.3%。

(3)日本

日本已经建立完善的绿色金融政策体系,长期实施针对绿色经济发展的激励性财税政策,包括税收、补贴、价格和贷款政策。

日本政策投资银行是注册资本在 100 亿美元以上的大型国有性质的银行。2004 年,该银行实施了一项重要的决策,即通过环境评级方法挑选并确定投资对象,与此同时,加强同商业银行之间的合作,更加充分地发挥出自身的协调功能,从而为绿色信贷发展提供了一个很好的平台。商业银行应充分利用政策银行所构建的环境评级系统,针对前来开展贷款业务的那些企业实施评估,并做出监督,以此最大限度地防范风险,赋予投资更高的利用效率。

日本商业银行能够充分利用政策银行的环境评级系统,实现了对各贷款目标企业的科学评估及有力监督,不仅更好地规避了投资风险,还大幅提升了投资效率。例如,日本瑞穗银行自从认识到赤道原则的重大作用并付诸实施后,越来越多的客户愿意与其合作,从而使其业绩一路攀升;相关贷款企业则是依托环保技术,使自身拥有更高的清洁生产能力,进而获得一些比较实际的好处,比如这些企业可以从银行处优先获得信贷。在日本,由于利益机制驱动,无论是银行还是企业,均能够主动响应和遵守赤道原则,极大地促进和保障了绿色信贷业务的开展。

(4)区域性准则

国际组织、金融机构提出了一系列实施经济、社会和环境可持续发展倡议,比较著名的包括:

一是联合国负责任投资原则(Principles for Responsible Investment,PRI)。

负责任投资原则倡议是投资者共同将负责任投资的六大原则纳入实践中的全球性倡议。其目的是了解可持续性对于投资者的影响并支持签约方将这些原则纳入他们的投资决策和所有权实践中。在实施这些原则时,签约方为改善可持续全球金融系统的发展作出了贡献。截至 2017 年 8 月,已有来自 50 多个国家的超过 1 750 个会员参加了 PRI。

二是赤道原则(Equator Principles,EPs)。

赤道原则是由荷兰银行、巴克莱银行、花旗银行等多家商业银行于 2002 年发起，根据国际金融公司（IFC）和世界银行的政策和指南建立的，该指南如今已经成为金融界原则，它的目的在于确定、评估以及管理项目融资活动中可能遭遇的社会风险以及环境风险。截至 2016 年，采纳该原则的金融机构已有 84 家，分布于全球 36 个国家和地区，囊括了如摩根大通、富国、汇丰、渣打、花旗等世界主要金融机构。

三是自然资本宣言（Natural Capital Declaration）。

在 2012 年联合国可持续发展大会上，40 余家金融机构签署金融倡议，呼吁金融机构将对自然资本的考量融入其产品和服务中，号召公共部门和私有部门加强合作，为自然资本成为重要的经济、生态及社会资产创造必要的环境和条件，从而体现金融机构对可持续发展的承诺。

四是碳信息披露项目（CDP）。

碳信息披露项目成立于 2000 年，是一个在英国注册的慈善团体。作为一个全球范围的非官方组织，CDP 收集全球超过 1 550 家企业的气候变化数据，并以此建立全球最完善的碳排放数据库。CDP 还为诸多国际公司提供服务，协助收集供应链体系上的气候变化数据。

## 9.2　以绿色金融推进人民币国际化——多种途径和工具

### 9.2.1　绿色信贷

（1）绿色信贷的基本概念

当前，绿色信贷已经成为国际银行业推动可持续发展的重要工具。绿色信贷是指银行业金融机构对增进环境正效应或能够减少环境负效应的项目给予优惠利率和贷款支持。绿色信贷的本质在于将环境与社会责任同商业银行的贷款和管理流程相融合，并提升到商业银行绿色发展和绿色信贷文化的层次。

绿色信贷通常有三种表现形式：一是通过信贷工具，支持环保节能项目，推动绿色发展；二是银行在贷款业务审批和贷后管理流程中增加环境风险评价要素，对于违反节能环保相关法律法规以及可能对环境造成不良影响的项目和企业采取停贷、缓贷或提前回收贷款的措施，促进绿色发展；三是通过信贷手段引导和监督借款企业在生产过程中关注并防范环境风险，履行企业社会责任，降低环境风险和经营风险。

（2）绿色信贷的发展

绿色信贷最初源自于西方国家。20 世纪 70 年代中期，西德正式建立了全球首家政策性环保银行，工作内容是提供优惠贷款业务。20 世纪 80 年代末期，美国的 CERES 企业在进行分析后，阐述了伯尔第斯原则的相关理念，即负责解决地球的生态环境问题，并以这个原则为基础，对与地球环境问题密切相关的企业进行积极参与。现阶段，在国际金融市场的发展中，"绿色信贷"十分普遍，并且已经成为一种大势所趋，逐渐受到了世界各国金融组织的广泛关注。

我国政府始终在积极推动银行业的绿色信贷实践。2007 年 7 月，政府颁布《关于落实环境保护政策法规防范信贷风险的意见》这一指导方针，随着该意见的颁布，代表着我们国家绿色信贷政策体系开始建立。2008 年，我国的环保部门与世界银行金融企业实现了业务上的往来，并签订了合作合约，合约立足于中国的基本国情，以我们国家的实际发展现象为基准，推出了"绿色信贷环保指南"的相关内容，在该指南中明确提出了国内行业环保的基本水平及标准规范，为金融组织开展绿色信贷业务提供了有力依据。2012 年，银监会正式出台《绿色信贷指引》（以下简称《指引》），正式提出"绿色信贷"并对其做出了定义：在开展绿色信贷业务时，必须要对绿色经济以及低碳经济等环保型经济提供有力支持，尽可能减少风险因素的产生，提升自身的环境和社会表现等基本内容。《指引》明确对其做出了考核要求，并对国内绿色信贷的建设起到一定的积极影响。

（3）绿色信贷：人民币国际化的基础

随着人民币国际化进程的不断推进，绿色信贷也成为实现这一目标的有力工具。在国际项目投融资风险管理上，除了国别、财务和运营风险等常规风险以外，一些在国内相对不受重视的环境和生态风险也可能造成重大影响。过去中国的海外投资项目中，因项目环境生态影响问题造成重大投资项目失败的案例时有发生，这其中潜在的声誉风险和信用风险不可小视。尽管绿色信贷发展对于人民币国际化没有直接的推动作用，但绿色信贷是我国的金融机构特别是银行业金融机构"走出去"需要满足的基本条件之一，是绿色金融推动人民币国际化的前置条件，具有重要意义。金融机构应遵循《绿色信贷指引》，以合规为标尺，做好项目尽职调查，有效规避信贷业务中的环境和社会风险，完善相关信贷政策制度和流程管理，为"走出去"打下坚实的基础。

### 9.2.2　绿色债券

（1）绿色债券：基本概念

绿色债券是为绿色项目或绿色投资目的发行的债券。绿色债券区别于其他债权的核心特征，是其募集资金集中于推动和实现绿色效益。绿色债券原则（GBP），表示的是由债券发行者、投资组织以及承销商共同构成，严格遵循绿色债券原则的基本要求，并且由相关组织与国际市场共同合作所制定出的方针政策，主要目的则是提高信息的披露程度，促使市场朝良性发展。GBP 按债券涉及的现金流和偿还义务，将绿色债券（The Green Bond Principles，2017）分为四类。

绿色债券市场可以为绿色项目和投资者带来以下几点利好：①为绿色项目提供更多的融资途径，但是不提供贷款以及股权融资等业务；②可以提供大量的长期融资，特别是在建设基础设施时需求量较高且贷款供给受限的地区；③实行"声誉效益"后，可对发行人起到激励作用，进而投入绿色项目中；④提高对风险的防范力度，履行绿色披露义务；⑤为投资人员提供更多的绿色项目，进而促使投资者可以实现循环发展。

（2）绿色债券的国际发展

绿色债券在国际市场上起源于 2007 年。由此到 2012 年的 6 年间，全球累计发行约 10 亿美元，发行主体集中于欧洲投资银行、世界银行、国际金融公司等多边开发性金融机构和政策性金融机构。2013—2014 年，绿色债券市场迅猛增长，包括政策性银行、公共事业和企业在内的发行人发行了约 310 亿美元的绿色债券。2015 年发行量为 422 亿美元，2016 年达到 860 亿美元[①]。但在全球债券市场每年数以万亿美元的庞大发行量中，绿色债券市场占比不足 5%，意味着绿色债券市场具有较大的发展潜力。

绿色债券支持的具体行业主要是交通、能源、建筑和工业等领域的可持续发展投资项目。发行人包括多边开发银行、地方政府和市政机构、公司企业以及金融机构。

（3）绿色债券：推动人民币国际化的重要载体

在 2015 年时，央行颁布了 39 号公告，并推行了绿色金融债券。通过对绿色金融债券进行分析后可发现，其所表示的是金融组织的相关负责人严格按照法律要求而在金融债券市场中所发行的一种有价证券，并利用募集资金而对绿色项目的发展表示支持。自此，中国绿色债券市场开始蓬勃发展。2016 年我国绿色债券在境内外发行达到 2 300 亿元，占国际总量的 40%，排名世界第一位。

中英绿色金融工作组发布的 2017 年中期报告表明，在 2016 年初到 2017 年年中时，我国所发行的该类债券已经超过了 3 240 亿元人民币（大约折合 480 亿美元）。现阶段，在我国的债券市场中，绿色债券所占的比例逐渐加大，已经达到了 2%，较之于国际市场的 0.2% 要更高。

在我国绿色债券蓬勃发展的同时，绿色人民币债券在海外也实现了零的突破，如表 9-4 所示。

---

[①]  气候债券倡议组织（Climate Bonds Initiative）官方网站数据。

表 9 – 4　　　　　　　　境外机构或境外发行的绿色人民币债券情况

| 发行时间 | 发行人 | 发行金额（亿元） | 期限（年） | 票面收益率 | 发行地 |
|---|---|---|---|---|---|
| 2014 年 6 月 | 国际金融公司（IFC） | 5 | 3 | 2% | 伦敦证交所 |
| 2015 年 10 月 13 日 | 中国农业银行 | 6 | 2 | 4.15% | 伦敦证交所 |
| 2016 年 7 月 | 中国银行纽约分行 | 15 | 2 | 3.60% | 香港联交所 |
| 2016 年 7 月 | 金砖国家新开发银行 | 30 | 5 | 3.07% | 中国银行间债券市场 |

资料来源：新华社中国金融信息网。

随着未来更多的人民币绿色债券在其他国家得以发行，同时也会有大量的国外机构在我国发行绿色债券，人民币借着绿色债券这个载体能够更多地在国际市场上流动，这是人民币国际化的重要组成部分。考虑到绿色债券市场的广大空间，以及中国绿色债券占世界的较大比重，未来人民币绿色债券在境外一定具有广阔的发展空间，能够更加有力地推动人民币国际化。

### 9.2.3　碳金融

碳金融（Carbon Finance）是温室气体排放权交易及各项金融业务与交易的总和。碳金融制度的基础在于温室气体减排的国际协议和国内政策，这些制度和政策将减排量作为可交易的商品，企业和金融机构参与市场，实现绿色和可持续发展。2011 年全球碳市场交易额 1 760 亿美元，到 2013 年交易量 104 亿吨。随后全球碳市场在宏观经济普遍疲弱的背景下整体处于弱市盘整状态，2015 年交易量仍然有 60 多亿吨，交易额 500 多亿美元。

我国碳金融已经有了初步发展。我国是国际上最大的清洁发展机制（Clean Development Mechanism，CDM）的供给国。近年来，我国开始在 7 个试点省市推行碳排放权交易，并将于 2017 年建成全国统一的碳排放权交易市场。

碳交易结算货币的选择，对人民币国际化进程具有重要意义。一国货币与国际大宗商品，特别是能源贸易的计价和结算货币绑定权往往是该国货币成为国际货币的重要条件，比如石油美元。而在低碳经济日益发展的今天，碳资产作为碳交易的主体，将会在国际货币市场具有重要意义。人民币国际化是中国实现伟大复兴的必要条件，也是中国金融国际化的核心利益追求。随着中国碳交易市场的不断发展壮大，人民币国际化在碳金融领域面临着新机遇。中国庞大的碳排放规模为人民币在国际碳金融体系中谋得一席之地。中国碳市场即将成为全球最大的碳现货市场。中国应大力发展碳金融市场，深化国际碳排放交易合作，提高人民币碳金融交易的比重。

## 9.3　存在的障碍和解决问题的方法

### 9.3.1　存在的障碍

（1）绿色金融发展存在较多挑战

绿色金融发展虽然已经取得一些进展，但仍然面临不少挑战。

一是环境外部性。环境外部性是绿色金融发展所面临的内生障碍。绿色投资的正外部性有利于社会环境，污染性投资损害了社会公众利益，体现为环境的"负"外部性。由于环境问题的正外部性提高环保成本而负外部性降低污染成本，导致外部性风险内部化存在困难，绿色投资不足，而污染性投资过度。

二是融资周期长。绿色基础设施项目主要依赖银行信贷融资开展建设，而一般的商业银行由于负债端期限较短，资产负债期限匹配难的问题，导致长期绿色基础设施建设存在融资困难的情况。这导致期限错配成为绿色金融市场发展的挑战，并将制约绿色金融项目的融资和建设。

三是缺乏对绿色金融的明确定义。目前我国缺乏对绿色金融产品的明确定义和范围界定，导致投资者、企业和金融机构识别绿色投资机会存在一定的障碍。对绿色金融定义的共识是金融机构发展绿色金融产品和绿色企业产业认定的基础，若没有恰当的定义，金融机构很难以统一的标准将金融资源配置到绿色项目。

（2）绿色金融与人民币"走出去"契合度有待提升

在前面章节的研究中，可以发现尽管绿色信贷、绿色债券、碳金融等绿色金融载体近年来发展迅猛，但能够满足"绿色 + 人民币国际化"的成果较少，这主要是绿色金融发展初期，国际主要绿色金融工具还是以美元和欧元计价为主，人民币绿色金融难以"引进来"和"走出去"。需要通过政策推动、市场建设、产品创新等手段扭转货币惯性，推动人民币计价的绿色金融产品发展。

值得高兴的是，以绿色债券为例，我国绿色债券市场发展迅猛，发行比重占到世界近一半的水平。这为提高绿色金融和人民币国际化之间的契合度提供了较好的条件。

（3）相关研究和政策缺位不利于绿色金融推进人民币国际化

一是绿色标准不同需要对接。中国的绿色定义与国际普遍接受的定义之间存在差异，这可能导致绿色投融资出现误差。一方面，投资者担心可能投资了其重要客户定义为非绿的项目，从而与自身的绿色投资指引相冲突；另一方面，投资人还担心中国发行的绿色债券是否满足纳入相关绿色指数的条件。

二是绿色金融动力不足，难以吸引私人资本进入。尽管国家推出了各项鼓励绿色金融发展的政策，但是目前来看尚无能够实质性为绿色金融带来差异化利好的政策。对于私人资本而言，投资绿色项目和投资一般项目没有本质上的差异，企业和投资者不能通过参与绿色金融获得额外的收益，缺少驱动力。

三是信息对接存在障碍。绿色金融投资者和绿色项目之间的信息沟通不畅导致的沟通成本不利于绿色金融的发展。投资者需要在充分了解被投资企业的环境信息，有效识别绿色企业的前提下开展投资。比如中国绿色债券市场目前存在一定的信息不足情况。在绿色债券投资方面，缺乏关于募集资金用途、发行后披露要求和外部审查的相关信息会限制投资人的认购意愿和金额。这对于市场投资者进入绿色债券市场造成了一定的障碍。

### 9.3.2　解决问题的方法

（1）加强绿色发展支持力度

一是加强绿色金融概念宣介。应当积极倡导绿色发展理念，加大对绿色金融的政策支持力度，完善绿色金融的机构和机制建设，扩大绿色金融市场参与面，引导社会资金积极投资重要绿色产业项目。政府机构、市场协会、金融机构和其他市场组织均可开展这些宣传推广活动，在做好绿色金融市场基础设施建设的同时，强化企业绿色投资和绿色经营理念。

二是组织建设和政策支持。国家层面已经出台了《关于构建绿色金融体系的指导意见》等政策文件推动绿色金融发展。地方层面，贵州省成立了以省委书记为组长的绿色金融创新发展工作领导小组，深圳成立了绿色金融专业委员会。绿色金融的发展涉及部门和层面多，绿色发展的推进在一定程度上会触及既得利益。因此，类似贵州、深圳这样在组织层面上成立专门机构，通过强有力的领导中枢贯彻绿色金融发展的顶层设计很有必要。各地方需要建立推动绿色金融发展的专门组织，出台地方细化政策，负责绿色金融发展的整体推进和监督落实。

三是强化市场建设。建立绿色信贷的贴息制度和担保制度，成立区域性的绿色产业发展基金，引导更多社会资源投入到绿色金融领域。鼓励绿色债券市场发展，建立更加完善的绿色债券贴标制度和发行审核制度，提升我国绿色债券的绿色水平。加强碳金融市场建设，在更多地方试点碳排放交易市场，鼓励中外碳交易发展。

（2）构建绿色金融机构

一是提高金融机构绿色化程度。金融机构要把发展绿色金融上升到战略高度，在组织架构上成立绿色金融发展部门，建立绿色发展战略和制度框架，大力发展绿色金融业务。创新运用成熟绿色金融产品和创新绿色金融产品，为绿色经济提供优质服务。

二是积极融入国际体系。高举绿色金融旗帜，分领域分项目提高并实现绿色金融标准，逐步对接联合国负责任投资原则、赤道原则等国际性、区域性绿色金融准则，推动绿色金融国际合作和跨境投融资业务开展。

（3）系统推动绿色金融促进人民币国际化

一是推动人民币绿色金融产品多样化。加快发展以人民币计价、结算的绿色金融产品，在传统跨境金融产品的基础上结合绿色属性，推动绿色债券跨境市场机制建设，设立绿色产业发展基金，加强境外绿色信贷探索和推动，通过积极创新和发展人民币绿色金融产品的方式为人民币绿色金融"走出去"提供更加丰富的选择。

二是加强人民币绿色金融政策推动。明确顶层设计，推动人民币绿色金融体系的体制机制建设，在政策层面给予人民币绿色金融市场和产品差异化倾斜，提升绿色金融产品的市场重视度。建立健全绿色金融市场交易规范和监督机制，防范金融风险。要将绿色金融结合人民币"走出去"作为政策设计的一个要点，予以重点推进。

三是深化人民币绿色金融国际合作。积极融入国际绿色金融体系，拓展绿色金融合作平台，推进人民币绿色金融产品走向国际化。通过货币互换、产品互通、市场互联的方法打通国内市场和国际市场，吸引国外投资者投资人民币绿色金融产品，深化人民币绿色金融国际合作。

# 第10章 在"一带一路"建设中重点发展石油人民币推进人民币国际化<sup>①</sup>

## 10.1 引言

石油在世界工业以及大宗商品贸易中具有重要地位，是全球大宗资源性商品贸易中出口量最大的产品。多年来，世界地缘政治经济的变化和石油价格休戚相关，石油计价体系也自始至终受到全球各国的关注。历史演变到今天，无论是石油现货市场，还是相关的石油期货市场，或者是各类石油衍生产品市场，美元都是最主要的计价货币单位。这种定价方式使石油的计价权、定价权和所属权基本分离，美元的主权所属国家——美国，享受了巨大的利益，牢牢控制着全球货币治理体系的主动权。近年来，随着全球政治经济形势的巨大变化，国际现货市场上的石油贸易与美元逐步脱钩的迹象日益明显，国际市场上的买方议价能力得到较大增强。

截至目前，中国是全球最大的原油进口国，对外石油依存度已经超过70.9%。中国海关总署公布的数据显示，2019年第一至三季度，中国原油进口量为36 904万吨，同比增长9.7%，进口额120 908.9百万美元，同比增长7.7%，稳居世界第一大原油进口国。因此，我国应当以"一带一路"建设为契机，引导和参与全球政治经济治理体系的重构，在各类石油市场上，可以遵循"先结算、后计价、再定规则"的现实路径，推行人民币的使用，力争形成石油人民币体系，借助货币替代效应，提升我国在国际原油市场的话语权，努力推进人民币国际化。

## 10.2 石油美元体系的形成分析

### 10.2.1 石油美元体系的历史回顾

回溯历史，石油美元计价体系的形成时间基本上是在20世纪70年代。70

---

① 本章部分内容发表于《开发性金融研究》2018年第1期，题为《构建石油人民币体系的战略思考》（作者：孟刚）。

年代之前，国际石油贸易采取多种货币计价结算方式。当时，"二战"结束后，中东地区的政治权力重新洗牌，号称"七姐妹"[①] 的跨国公司继续控制着中东地区的矿产资源。在殖民统治的余威下，石油贸易主要采取英镑和美元等国际主要货币计价结算。1971 年，"布雷顿森林体系"终结，以美元为中心的国际货币体系遭受重创，资本外流出美国的速度加快。代表全球主要产油国利益的石油输出国组织（Organization of Petroleum Exporting Countries，OPEC）甚至讨论，采取一篮子货币作为石油贸易的计价结算货币。1973 年，第四次中东战争爆发。由于对以色列的支持态度，美国被禁止从阿拉伯国家进口石油，引发第一次全球石油危机，国际油价飙涨了 4 倍左右。1975 年前后，为了缓解国内矛盾、确保石油稳定供应、保持美元霸权地位、吸引资本回流，美国和多个阿拉伯产油国家深入展开接触，特别是和 OPEC 成员国中影响力最大的沙特阿拉伯签订了所谓的不可撤销的秘密协议，沙特阿拉伯同意以美元作为石油出口的唯一计价结算货币，所得石油收益主要用于投资发达国家金融市场，全球石油美元计价体系得以形成。

### 10.2.2 石油美元给美国带来的利益

石油美元计价体系的形成，缓解了"布雷顿森林体系"瓦解后美元面对的困局，巩固了美元的全球储备货币的地位，使美国在石油贸易中免受汇率波动的影响。在石油美元计价体系下，全球各国进行石油贸易必须依赖美元。以石油为龙头，美国实现了将其他国际大宗商品的贸易与美元捆绑，以近乎垄断的方式，确保了美元的国际地位，绑架了全球对美元的实际需求量。在石油美元计价体系下，美国进行石油贸易时无须担心汇率波动风险，通过印钞为各国购买石油提供货币便利，享有了美元作为全球计价、结算、支付、投资和储备货币所产生的特权，既获得了铸币税收入，又降低了国际收支赤字。与此形成鲜明对比的是，由于全球各国大多使用美元而非本国货币购买石油，极易受到油价波动和本国货币兑美元汇率变动的双重影响，必须承担成本高、难度大的对冲风险。

---

① "七姐妹"（Seven Sisters）指的是 1911 年由于美国反垄断法，洛克菲勒创立的标准石油公司被分割后所形成的三家较大的石油公司（新泽西标准、纽约标准、加利福尼亚标准）以及另外四家原有的石油公司。"七姐妹"包括：①新泽西标准石油，即后来的埃克森，现在的埃克森美孚；②壳牌公司（英荷合资）；③英国波斯石油公司，即后来的英国石油（后来又与阿莫科合并，但依然叫英国石油）；④纽约标准石油，即后来的美孚石油公司，之后与埃克森合并组成埃克森美孚；⑤德士古，后来与雪佛龙合并成为雪佛龙德士古；⑥加利福尼亚标准石油，后来成为雪佛龙，现与德士古合并为雪佛龙德士古；⑦海湾石油，后成为雪佛龙的一部分。到 2004 年，7 家中还有 4 家继续营业，它们是埃克森美孚、壳牌、英国石油和雪佛龙德士古公司。

## 10.3　石油美元体系的弊端

### 10.3.1　石油出口国的政治经济稳定受制于美国

全球很多石油出口国，经济结构较为单一，主要依赖石油为经济支柱。在石油美元体系下，这些国家的政治经济稳定程度受制于美国。一是美国可以通过经济制裁威胁这些国家。比如美国就依靠美元的国际清算系统对俄罗斯发起制裁，限制或阻断金融交易渠道，从而严重打击了俄罗斯的石油出口。二是美元的流动性和币值稳定性对这些国家影响极大。美元价值波动和流动性的变化会对这些国家的经济稳定产生较大影响。三是近年来，"美国优先"主义愈演愈烈，以美元计价的原油陷入了持续长久的低价期。主要石油出口国的财政收入和经济增速明显下滑，资本外流、赤字恶化、货币贬值、金融市场震荡等连锁反应接连发生。2017 年，美国缩表、加息、减税，进一步形成全球美元市场的共振，对主要石油输出国造成雪上加霜的负面影响。

### 10.3.2　不利于世界经济复苏

金融危机发生后，在中国等全球新兴经济体和发展中国家的不懈努力下，全球经济复苏有望找到新的经济增长点。但是，石油美元与这一复苏进程存在内生矛盾，单一的石油美元体系始终是全球经济的风险隐患。一是美国的货币政策具有很强的负向外溢作用。石油美元体系下，一旦美联储政策与全球经济复苏进程产生冲突，石油出口国积累的石油美元盈余就可能会撤出新兴市场，带来全球流动性短缺的冲击，弱化全球经济复苏力量。二是美国的贸易保护主义日益抬头。当前，自由贸易和地缘合作被政治化，美国利益永远优先。石油美元体系的存在，支撑着美国在全球金融治理体系中的主导权。中国等新兴市场对全球经济复苏作出了巨大贡献，但是享有的话语权不相匹配，参与全球治理的能力受到限制，全球经济复苏力量被压制。

### 10.3.3　不利于中国等发展中国家的利益

在全球信用货币体系下，石油担保了美元的便利性、流动性和安全性。石油美元体系使全球各国对美元及美国国债的需求强烈。由于进口石油的国家用美元购买石油，出口石油的国家用美元投资，美元就可以在各国的资产负债表上不断积累，再通过各国购买美国政府发行的国债方式将美元回流到美国。世界各国积累了大量的美元财富，又通过购买美国国债的方式将美元借给美国政府。全球大部分国家的存贷款利率都跟国债利率挂钩。美元需求让美国政府、企业和公民能用更低的利率借到更多的钱。中国等全球新兴经济体通过贸易顺差等方式，拥有了大量的外汇储备，又用于购买低收益率的美国国债，相当于给予美国低成本资金用于国家发展，这就是众所周知的发展中国家"补贴"发达国家的矛盾现象。

## 10.4 构建石油人民币体系的迫切性

### 10.4.1 牵住推进人民币国际化的"牛鼻子"

如果石油人民币体系得以成立，人民币就可以在第三国之间互相使用，有关国家的石油进出口都需要先持有一定规模的人民币，才能保障石油贸易正常进行，将大大促进全球人民币的需求规模和资金池稳定性。根据美元的历史经验，石油人民币体系是控制全球大宗商品定价权的起点。立足于石油人民币，人民币对矿石、天然气、煤炭、粮食等其他大宗商品的计价结算功能将加速发展，从而进一步扩大人民币的国际需求。此外，石油出口国通过石油贸易积累大量人民币财富，就会转而采用人民币进行全球投资，不仅能提升人民币的价值中枢，夯实人民币的货币信用，坚定全球各大央行持有人民币资产的信心，还能促进人民币金融产品创新，打破国际金融市场对美元产品的依赖，形成新的人民币国际化驱动力，通过资本又进一步强化了人民币国际化。

### 10.4.2 降低中国的石油进口成本

如果人民币在全球石油贸易计价体系中取得突破，将降低国际油价波动对我国石油行业的众多企业造成的冲击，减少我国企业的外汇交易成本，还能有助于我国不再被动接受国际油价，有利于我国在全球石油贸易中取得更加公平的市场地位和价格。建立石油人民币体系，意味着实现石油贸易以人民币计价和结算。石油贸易采取人民币计价，亚太市场可以提供类似WTI[①]、布伦特[②]的基准油价格，实现石油定价机制的公开、透明和市场化。我国可以更深入地参与国际石油价格的形成过程，降低因不同油价形成机制差异所带来的额外支出。

### 10.4.3 提升中国的石油定价权

缺乏国际原油定价权，给我国这样一个原油消费大国的经济安全性带来了

---

[①] WTI 即 West Texas Intermediate（Crude Oil），美国西得克萨斯轻质原油，是北美地区较为通用的一类原油。由于美国在全球的军事以及经济能力，WTI 原油已经成为全球原油定价的基准。而为统一国内原油定价体系，美国以 NYMEX（纽约商品交易所）上市的 WTI 原油合约为定价基准。

[②] 布伦特即布伦特原油（Brent Oil），出产于北大西洋北海布伦特地区。伦敦洲际交易所和纽约商品交易所有它的期货交易，是市场油价的标杆。

巨大危害。我国是世界石油生产和消费大国，却无力制衡国际油价。由于没有自己的原油期货市场，在国际原油定价体系中处于非常被动的地位，最突出的表现就是进口油价受制于人，且受到"亚洲升水"① 的歧视政策。中国已经成为全球第一大石油消费国和第一大进口国，但在影响石油定价的权重上却只有"中国需求"没有"中国价格"。由于在国际原油市场上没有定价权，我国要付出更多的进口外汇成本。从实质上讲，中国要在石油定价上拥有话语权，关键在于人民币国际化取得重大突破。借鉴美元的历史经验，人民币国际化和石油定价权相互促进、相辅相成、相互支撑。提高人民币在国际市场上的使用价值和储备价值，有助于石油现货贸易采取人民币定价，对于中国经济的安全性和可持续发展具有非常重要的意义。

## 10.5　当前可能实现石油人民币的国家

### 10.5.1　委内瑞拉对人民币依赖日益明显

2017 年 9 月，委内瑞拉马杜罗总统表示，委内瑞拉已经开始使用人民币来代替美元为石油计价。委内瑞拉对外发布了以人民币计价的石油和燃料价格。委内瑞拉政府已经下令本国的石油贸易商停止接受或发起美元支付。自此，委内瑞拉的国际支付将使用包括人民币、日元、欧元等在内的一篮子货币，并可与本国的货币玻利瓦尔进行兑换。

### 10.5.2　俄罗斯加快和中国合作

2008 年 8 月初，中国在东北边境和俄罗斯试点实施人民币贸易结算。2009 年，在中俄总理第十四次定期会晤期间，中俄两国政府发表联合声明，表示要在双方贸易结算中扩大本币结算。2010 年，中俄总理第十五次定期会晤实现重要成果，决定在中俄双边贸易中逐渐减少使用美元结算，代替以本国货币作为贸易结算货币。2010 年底，卢布成为继马来西亚林吉特之后第二个可以与人民币自由挂牌交易的新兴国家币种。2011 年，中俄两国再次决定，扩大本国货币进行双边贸易结算的试点范围。2015 年，中俄两国的人民币结算额增加了250%，超过 1 200 亿元人民币，人民币互换交易额从年初起增长了 11 倍多，达

---

① "亚洲升水"是造成我国在油价快速上涨中付出巨额代价的重要原因。"亚洲升水"现象，是指每桶中东原油销往中国等东北亚地区的价格比销往欧、美地区的价格要高 1～3 美元。目前有两种基准原油：一种是 WTI，在美国纽约商品交易所交易；另一种是布伦特，在伦敦国际石油交易所交易。由于亚洲目前还没有一个成功的原油期货市场，亚洲的几种本地基准油最终都是由 WTI 和布伦特价格决定，无法完全反映东北亚地区真正市场供求关系，从而导致中东销往东北亚地区原油价格普遍偏高，中国也因此深受其害。

920 亿元人民币（约为 142 亿美元），当年的人民币信用证交易额增长了 12 倍，俄罗斯外经贸银行与多家中国大型银行签署了金额近 147 亿元人民币（约为 1 600 亿卢布）的贸易出口贷款协议，开具了人民币计价的信用证，包括从中国国家开发银行获得的 120 亿元人民币信贷融资。2018 年，中俄双边贸易额首次超过 1 000 亿美元，达到 1 070.6 亿美元，其中人民币结算比例从 3 年前 3% 到如今 15%。2019 年第二季度，该比例已提高至 25%，未来有可能升至 50%。

### 10.5.3　沙特阿拉伯有可能接受石油人民币

根据媒体消息，近年来，中国正在开始修改与沙特阿拉伯之间的原油贸易协议条款，其中包括中国在与沙特阿拉伯原油贸易中以人民币支付的方案。如果沙特阿拉伯拒绝接受中国用人民币购买原油的计划，沙特阿拉伯在中国原油市场的地位将越来越边缘化。在过去的几年时间里，中国已经将很多原油进口从沙特阿拉伯转移到俄罗斯等其他产油国。俄罗斯对中国的原油出口总量在中国原油进口总量中所占的比例从 5% 快速上升至 15%。截至目前，中国从俄罗斯、伊朗、伊拉克和阿曼等产油国的原油进口比例持续上升，而沙特阿拉伯的原油供应量在中国原油进口总量中的占比不断下降。如果沙特阿拉伯接受了以人民币作为原油贸易结算方式，最初由美国和沙特阿拉伯倡导的石油美元的国际贸易体系就将受到一定程度的挑战。但是，需要摆脱对美元的依赖，沙特阿拉伯才能维持并提高在中国原油市场的份额。

### 10.5.4　伊朗和尼日利亚等国具备可行性

伊朗和美国关系始终紧张，早在 1999 年就对外宣布准备采用石油欧元（Petroeuro）计价机制。2006 年 3 月，伊朗建立了以欧元作为交易和定价货币的石油交易所。尼日利亚是非洲第二大石油和天然气出口国。原油出口使用美元计价和结算。2009 年，中资企业通过多年努力获得了尼日利亚油田的开采权。2010 年，尼日利亚和中国签署了合作谅解备忘录，中方将投资 230 亿美元在尼日利亚建设三个炼油厂。2013 年，中国向尼日利亚提供了 11 亿美元贷款，据媒体报道称贷款的附加条件是尼日利亚提高出口至中国的石油，即从 2 万桶/天增加到 2015 年的 20 万桶/天。2014 年 2 月，尼日利亚央行宣布将人民币外汇储备份额由 2% 大幅提升到了 7%，并将抛售部分美元。

## 10.6　发展石油人民币的现实障碍

### 10.6.1　美国在世界石油市场上的地位很难被取代

目前，美国是全球唯一超级大国的地位没有改变。从地缘政治经济角度分析，美国控制着世界石油可采储量的大多数地区，如石油可采储量占到世界总量近半的中东地区，以及具有一定先天资源富集优势的拉丁美洲等。2000 年，伊拉克宣布石油用欧元结算，两年后就被美国军事打击。2003 年，伊拉克的石油销售又重新改为美元结算。显而易见，美国不会欣然接受石油美元的霸主地位被削弱或挑战。此外，从石油精炼产能角度分析，美国遥遥领先于世界其他国家。从占全球石油消耗总量角度分析，尽管由于页岩气革命，美国降低了对进口石油的依赖，但是美国的石油消费总量比重仍然全球领先。未来很长时间，美国在世界石油市场上的地位很难被取代。

### 10.6.2 美国是全球金融治理体系的轴心

目前的全球金融治理体系基本上是美国主导。从金融角度分析，美国的石油美元机制很大程度上是将石油美元和金融产品捆绑在一起。美国作为全球金融体系的轴心，有足够的手段和绝对的把握控制局势。全球金融治理体系是美国捍卫石油美元机制的有力武器。纽约是全球最大的金融中心，美国的金融机构在国际清算交易中具有绝对优势，美元在国际支付系统中具有绝对地位，因此，美国有条件对其他国家实施行之有效的金融制裁。俄罗斯、委内瑞拉、伊朗等国家遭受的美国金融制裁，压力不仅来自美国政府及金融机构，更来自其他国家的政府、银行和企业因担心受到牵连而自觉回避与受制裁国家的业务往来。

### 10.6.3 产油国接受人民币的意愿尚待加强

目前来看，石油贸易中，除美元外，人民币在与卢布、欧元、日元等货币的竞争中也并无绝对优势。2018 年 1～11 月，中国进口石油的前十大来源国占中国全部进口量的比例约79%，其中俄罗斯、沙特阿拉伯和安哥拉是第一梯队，各自所占份额约 10.4%～15.8%。伊拉克、阿曼、巴西是第二梯队，各自所占份额约 6.8%～9.4%。伊朗、科威特、委内瑞拉是第三梯队，各自所占份额约 2.9%～6.3%。美国排名最后，所占份额约 2.8%。2018 年，俄罗斯是中国的第一大石油进口国。但是，早在 2006 年，俄罗斯就提出了卢布国际化振兴计划，期望将卢布打造成国际硬通货货币，并在石油交易中强调用卢布结算。目前，俄罗斯对中国和日本的部分石油贸易就是使用卢布结算。此外，非洲的安哥拉和尼日利亚，中东的沙特阿拉伯、伊朗、伊拉克、科威特、阿曼和阿联酋等国，拉美的委内瑞拉和巴西都更多考虑希望用一篮子货币进行石油贸易结算，对人民币没有非常强烈的使用意愿。

### 10.6.4 石油人民币的定价机制有待完善

目前，中国已经建立的石油交易所基本上以现货交易为主，还没有建立期货交易的价格形成机制。长期以来，虽然我国是石油贸易的重要买方，但都是作为价格的被动接受者，无法通过定价机制发挥对石油价格的影响力。石油等大宗商品具有明显的金融属性，定价体系和机制的形成是在美国主导石油市场之后逐步形成的，定价权基本上被美国纽约商品交易所掌握。中国已经具备了全球领先的综合实力，正在积极参与国际经济金融制度体系的重构。这种情况下，为了在巨大的石油需求中占据更加主动的交易地位，中国也在加快建立开放的石油期货市场，并计划逐步向全球投资者、交易所和石油公司开放人民币计价的原油期货，但是尚没有见到应有的成效，还远不能主导国际石油的定价权形成机制。

## 10.7　政策建议

### 10.7.1　以提高中国的综合实力为保障

如同当年随着英国的国力衰弱，英镑在全球货币体系中的地位被替代一样，随着美国的国际影响力不断下滑，石油美元体系的地位走向衰落是历史必然。因此，中国应当保持足够的发展定力，将主要精力用在国内经济发展上，特别是要以科技为第一生产力，坚持供给侧结构性改革取得实效，坚持以"一带一路"建设为重点推进实现全面开放新格局，防止国内产业发展空心化，稳步提高中国在全球的政治经济综合实力，为石油人民币体系的形成创造必要的条件和保障。

### 10.7.2　将石油人民币作为推进人民币国际化的新起点

石油美元促进和巩固了美元的国际货币地位，这也为人民币国际化提供了路径借鉴。从历史角度分析，人民币国际化是从跨境贸易起步的。更具体地讲，是从边境贸易向外推广，逐渐形成全球范围内的人民币贸易结算体系。随着人民币在国际贸易结算中的广泛运用，中国的国内金融市场体系也越来越完善，人民币在经常项目下和85%左右的资本项目下已经初步实现了自由兑换，人民币正成为国际金融市场上信贷资产和投资资产的计价货币之一，并逐步成为更多国家的储备货币。如果人民币要在国际货币体系中成为更重要的主导货币，那就需要与国际大宗资源性产品，特别是石油等能源类商品的计价结算挂钩，作为国际货币更加强势崛起的新起点。石油人民币无疑能够开辟一条人民币作为国际强势货币的"计价结算货币—投资货币—储备货币—锚货币"的全新路径。

### 10.7.3　规划设计石油人民币实现国际货币职能的路线图

在"一带一路"建设中,人民币国际化的动力可以由制造业的跨境贸易转换为资本输出、储备职能、大宗商品计价结算。石油人民币在人民币国际化的新路径中处于核心地位,一旦取得成效,将盘活全局。目前,在石油现货市场上,石油与美元脱钩的迹象已经初步显现。随着石油进口渠道的多元化,中国在国际市场上的买方议价能力也将显著增强。中国可以此为契机,遵循"先结算、后计价、再定价"的现实路径,全面提升我国在国际原油市场上的话语权,规划设计石油人民币实现国际货币职能的路线图:石油出口国接受人民币购买石油—石油出口国使用人民币进行双边贸易计价结算—石油出口国使用人民币作为储备货币—石油出口国使用人民币储备进行人民币资产投资。

### 10.7.4　推动石油贸易的现货贸易用人民币结算

在现货①、期货②、长期协议③和获取份额油④等国际石油贸易的四种主要方式中,现货采购方式占我国原油进口量的七成。据有关学者统计,我国石油进口量有很大比例来自"一带一路"沿线国家和地区。保守估计,假设中国与"一带一路"沿线国家和地区的石油贸易中有 1/4 使用人民币结算,则人民币结算规模可接近新加坡人民币离岸市场的人民币存款规模。因此,我国可以使用人民币投资支持"一带一路"基础设施建设和国际产能合作,并在"一带一路"的贸易合作中,逐步全面推广人民币计价结算,特别是在石油现货贸易中推广人民币计价结算。此外,我国可以借助美国与俄罗斯、伊朗及其他中东国家近期外交关系趋冷

---

①　石油现货交易是指买卖双方出于对实物石油的需求与销售实物石油的目的,根据商定的支付方式与交货方式,采取即时或在较短的时间内进行实物石油交收的一种交易方式。现货市场的基本条件是要有大的港口和众多的炼油厂。世界六大石油现货市场:中东市场、远东市场、北美市场、加勒比海市场、西北欧市场、西北非市场。

②　期货贸易就是在期货交易所内买卖标准期货合约的交易。付款一般是延期电汇付款或者信用证方式。目前在世界范围内来看,有两大原油期货(或称两种基准原油),一种是 WTI,在美国纽约商品交易所(NYMEX)进行交易;另一种是布伦特,在英国伦敦国际石油交易所(IPE)进行交易。

③　第一次石油危机以前,长期合约是世界石油市场的主要贸易方式,甚至价格长时间不变;石油危机后,世界石油市场价格大起大落,买卖双方都不愿签订固定价格的长期合同,买方更多地到现货市场寻求供应,长期合同贸易量大幅度下降。石油和资金是高度相关的,没有资金,就不会有更多的石油。油气产业不景气的情况下,它们越来越难获得长期融资。目前长期供应合同仍普遍存在,大多数情况下只是一个框架,供应的时间、供应量、价格等都要由买卖双方定期协商。

④　份额油,又称"权益油",指石油公司根据油田所占股份权益分成获取的原油,区别于原油市场买卖的"贸易油"。份额油的作用还在于对冲风险——国际油价即便涨得很高,石油公司可以既是买家又是卖家。我国目前有很多合作项目都采取"份额油"的方式,即中国在当地的石油建设项目中参股或投资,每年从该项目的石油产量中分取一定的份额。目前中国的战略石油储备已确定将主要以"份额油"为主,而不是从国际原油市场采购贸易油的方式,故不会对国际油价构成太大的影响。

的契机，在与上述国家签署石油长期采购协议中进一步推广人民币计价结算。

### 10.7.5　成立石油期货交易所并适时推出人民币原油期货

目前，亚太地区尚未形成能够和 WTI、Brent 相提并论的基准油价格。中国的现货市场只能被动跟踪国际油价，欧美油价也无法真实反映中国和亚太地区石油供需情况。对于中国而言，当务之急是应当建立人民币定价的石油期货交易所，推出以人民币计价、国际客户共同参与的原油期货合约，为全球的石油定价提供客观公正的参考系数，更加真实和及时地反映中国及亚太石油市场的基本面，降低石油市场准入门槛，促进交易主体多元化，参与防范和阻击全球石油价格的剧烈波动。期货市场具有价格发现职能，中国应当参照美国等西方发达国家普遍推广使用的交易所定价模式，完善国内石油价格形成机制，提升我国在国际石油市场的话语权，推动石油人民币计价体系的逐步形成。只有让国际投资者参与中国和亚太地区石油价格的形成过程，才能综合反映全球石油市场各方参与者信息，形成能够被国际市场认可和接受的，更加公平和透明的市场化价格。

# 第11章　国别推动研究

## ——在俄罗斯推进人民币国际化①

近年来中俄双边关系的迅速发展，得益于两国领导人的重视，也受到了国际形势变化的影响。由于乌克兰危机所引发的欧美对俄罗斯制裁，使俄罗斯金融业在欧美市场的融资渠道关闭，作为反制措施，俄罗斯减少向欧洲输送石油。然而，俄罗斯目前还主要是能源型经济，其GDP严重依赖石油和其他自然能源出口收入。因此，欧美货币市场融资渠道的阻塞以及向欧洲石油出口的减少，使俄罗斯更多地寻求人民币资金、扩大对华能源出口以及同意以人民币作为对华石油出口计价货币。

## 11.1　引言

中国国家主席习近平指出，中俄两国关系是我国最重要的双边关系之一，目前中俄两国具有高度政治互信，政治经济领域关系全面发展，要把这种局面以更多的具体合作成果加以落实。俄罗斯总统普京也认为，俄中两国关系目前处于历史上最好的阶段，两国应携手共进，共同面对未来发展挑战。

在俄罗斯推动人民币国际化意义重大。一是中俄两国经贸往来频繁且数额巨大。2001年中俄贸易额达到106.7亿美元，突破百亿美元大关。此后中俄双边贸易额快速增长，到俄罗斯加入世贸组织前，中俄两国贸易额除2009年受金融危机影响略有下降外，一直呈增长态势。近两年，受国际油价下跌影响，两国贸易额有所下降。2018年中俄贸易总额首次超过1 000亿美元，创纪录达到1 070.6亿美元。2019年中俄贸易继续发展，2019年前11个月，中俄两国贸易额达到10 003.1亿美元，相比上年同期增长3.1%。重要的双边经贸关系为人民币国际化提供载体，有利于实现跨境贸易人民币结算。二是俄罗斯是能源出口大国，中俄石油贸易以人民币计价具有强大示范效应。目前俄罗斯第三大石油出口公司对中国的原油出口已全部实现人民币结算，俄罗斯已然取代沙特阿拉伯成为中国第一大原油出口国，这在美国等欧美国家对中东原油需求减弱的背景下，使沙特阿拉伯等老牌中东石油大国如坐针毡。在俄罗斯实现原油以人民

---

① 本章部分内容发表于《北京金融评论》2018年第1期，题为《在俄罗斯推进人民币国际化研究》（合作作者：孟刚、张子衡）。

币计价结算，将有利于在中东地区推广这一做法。三是俄罗斯是中国的重要邻国，以人民币国际化为引领将带动更多我国资本拓宽市场。近年来，俄罗斯逐渐将经济发展模式由消费驱动转变为投资驱动，且将远东作为招商引资的重要区域。我国在交通、工业等领域拥有技术优势，而且俄罗斯在欧美的制裁下对投资资金如饥似渴，因此应该利用当前的国际形势推动人民币计价对俄罗斯直接投资。

## 11.2 人民币国际化在俄罗斯的发展现状

### 11.2.1 贸易结算

中俄贸易本币结算起始于 2002 年，双方央行约定可在中国黑龙江省黑河市注册的中方银行以及俄罗斯阿穆尔州布拉格维申斯克市注册的俄方银行，就边境贸易使用可自由兑换货币、人民币或卢布结算。2011 年，双方本币结算范围由仅限于边境贸易拓展至了一般贸易，只要是两国经济主体间的活动都可适用本币结算规定。2017 年 3 月 22 日，中国工商银行成为俄罗斯人民币清算行。

2002—2011 年，中俄本币结算的贸易中大部分为卢布结算，特别是 2006 年俄罗斯完全开放资本项后。2018 年，中俄双边贸易中约 15% 使用人民币结算，使用卢布结算约 10%。根据中俄政府间两国过渡到本币结算的政府协议，未来两国本币结算比例有望提高至 50%。

### 11.2.2 金融交易

俄罗斯金融市场人民币交易活跃，2018 年，中俄跨境收付增长超过 50%。2015 年，俄罗斯政府曾宣布将发行人民币计价债券纳入计划，但屡次宣布延期，目前尚无相关确凿消息。2017 年 3 月，俄罗斯铝业公司在我国在岸市场发行了总规模 100 亿元首期 10 亿元的人民币债券。

### 11.2.3 储备货币

中俄两国央行于 2014 年 10 月签署货币互换协议，规模为 1 500 亿元人民币/8 150 亿卢布。2016 年，在人民币被纳入 SDR 后，俄罗斯央行对外宣布开始买入人民币计价资产，正式将人民币纳入其外汇储备篮子。

## 11.3 俄罗斯政治经济情况

俄罗斯是政治、经济、军事大国，在国际舞台上扮演着重要角色。苏联解体后，俄罗斯迅速实现了经济自由化，但随之而来的许多问题也一直困扰着其治理者。丰富的石油和天然气储量，让俄罗斯在能源价格高企的 2002—2007 年依靠能源出口获得了大量收入，从而实现了高位数经济增长。然而，2008 年全球经济危机以来，俄罗斯经济一蹶不振，即使是能源价格恢复到了先前水平的 2012 年与 2013 年，俄罗斯也没有实现应有的经济增长。究其原因，有的学者认为是法治程度较低，因为挪威甚至比俄罗斯的能源依赖程度更高，但是却没怎么受到能源价格波动的影响（久保庭真彰，2012）；有的学者将其归咎于经济结构失衡，如工业结构中能源和原材料工业占比过大、服务业结构中劳动密集型产业占比过大、出口结构中初级产品比重过大等（郭晓琼，2017）。2014 年 10 月开始的石油价格下跌，以及当年的乌克兰危机，使俄罗斯经济雪上加霜。相应地，俄罗斯制定了反制裁与反危机的一系列经济改革措施，旨在缓解西方制裁对其经济造成的冲击，并寻求中长期可持续的经济发展之路。2016 年，俄罗斯经济开始企稳，当年 GDP 下降 0.2%（2015 年为 -3.7%），2017 年俄罗斯经济增长率达到 1.4%，完全走出衰退。

表 11 - 1　　　　　　　　　　近年来俄罗斯经济情况

| 主要指标 | 数值 | | | | |
|---|---|---|---|---|---|
| | 2012 年 | 2013 年 | 2014 年 | 2015 年 | 2016 年 |
| 实际 GDP（亿卢布） | 428 696 | 434 444 | 437 227 | 421 050 | 420 208 |
| 实际 GDP（亿美元） | 13 798 | 13 653 | 11 515 | 6 866 | 6 288 |
| GDP 增长率（%） | 3.40 | 1.30 | 0.6 | -3.7 | -0.2 |
| 名义 GDP（亿美元） | 20 161 | 20 790 | 18 806 | 13 114 | 12 850 |
| 人均名义 GDP（美元/人） | 14 099 | 14 508 | 13 087 | 8 964 | 8 762 |
| GDP 构成（行业占比）（%） | 100 | 100 | 100 | 100 | 100 |
| （1）工业 | 31.4 | 31.23 | 31.74 | 37.5 | 33.1 |
| （2）农业 | 3.35 | 3.40 | 3.57 | 3.9 | 4.7 |
| （3）服务业 | 65.26 | 65.37 | 64.69 | 58.6 | 62.2 |
| 固定资产总投资（亿美元） | 4 045 | 4 155 | 3 563 | 2 374 | 241.35 |
| 通货膨胀率（%） | 6.6 | 6.5 | 11.4 | 12.9 | 5.4 |
| 年平均汇率（美元/本币） | 31.07 | 31.82 | 37.97 | 61.32 | 66.83 |

资料来源：俄联邦统计局。

## 11.4　在俄罗斯推进人民币国际化

### 11.4.1　合作基础

（1）欧美金融制裁加速俄罗斯"去美元化"

2013 年 11 月，时任乌克兰总统亚努科维奇暂停与欧盟签署一系列政治经济条约，冻结乌克兰加入欧盟步伐，引发国内民众不满，进而遭到国会解职而下台，乌克兰国内亲欧与亲俄势力爆发严重冲突。随着克里米亚举行全民公投加入俄罗斯，乌克兰危机持续发酵。2014 年 4 月起，美国、欧盟国家以俄罗斯违反国际法、侵犯乌克兰主权领土完整为由，对其实施制裁。从时间上来看，欧美对俄罗斯主要实施了六轮制裁，前三轮措施集中在俄罗斯总统普京"密友圈"的 17 家主要俄罗斯大型国企上，从第四轮开始，制裁开始进入实质性阶段，俄罗斯主要国有银行被禁止在欧美市场融资。第五轮制裁拓展到俄罗斯大型军工及能源企业，旨在对俄罗斯中长期经济发展实施打击，第六轮制裁则为第五轮措施的延续。

**表 11 - 2**　　　　　　　　　　美欧对俄罗斯经济金融制裁一览

| 制裁发起国 | 制裁时间 | 内容 |
|---|---|---|
| 美国、欧盟 | 2014 年 4 月 28 日 | 美国宣布冻结 7 名俄罗斯公民及 17 家俄罗斯企业在美国境内的资产以惩罚俄罗斯企业及个人对乌克兰东部人民抗议活动的支持。欧盟相应扩大了名单 |
| 美国、欧盟 | 2014 年 7 月 17 日 | 在金融、能源及国防领域扩大制裁。美国宣布制裁俄罗斯三家银行，制裁与俄军方有合作的俄罗斯造船企业，限制对俄贸易出口。欧盟宣布禁止俄罗斯国营金融机构参与欧洲金融市场交易；限制对俄相关商品、技术的出口；暂缓对俄方的资金支持；扩大制裁名单，增加 4 名个人与 4 家企业 |
| 美国 | 2014 年 9 月 12 日 | 禁止美国企业或个人购买俄罗斯农业银行等俄罗斯六大银行发行的超过 30 天的债务，禁止美国企业或个人购买俄罗斯相关石油企业新发行的超过 90 天的债务，对 5 家俄罗斯国有国防技术企业采取冻结其在美国资产的制裁措施，禁止向俄罗斯天然气工业股份公司等 5 家能源企业出口有关商品、服务及技术等 |
| 美国 | 2014 年 12 月 18 日 | 美国总统奥巴马签署了对俄制裁的新法案，虽暂未施行，但该法案也明确规定了美国制裁俄罗斯、支持乌克兰的相关经济措施；限制向俄罗斯能源与科技领域提供资金及技术支持；向乌克兰提供 3.5 亿美元的军事装备支持；制裁俄罗斯军火出口企业等 |
| 欧盟 | 2015 年 6 月 22 日 | 欧盟将对俄罗斯实施的经济制裁延长半年，至 2016 年 1 月 31 日 |

资料来源：俄联邦统计局。

在金融领域，五家俄罗斯最大的国有商业银行被禁止在欧盟 90 天以上的债券市场融资，美国企业或个人禁止购买上述俄罗斯银行发行的超过 30 天的债务。据统计，在 2013 年，俄罗斯国有银行业通过欧盟市场进行了其 47% 的资金融通，可见冻结这一融资渠道对俄罗斯银行的影响巨大。

在军工领域，俄罗斯最大的军工集团俄罗斯技术公司（高科技和工业品出口占俄罗斯出口总额的 23%）受到制裁，其在美国的资产被冻结，且美国个人及机构被禁止交易其公开发行的债券。

在能源领域，欧美制裁的主要目标是打击俄罗斯中远期发展能力。欧美企业被禁止向俄罗斯深水石油开发、北极能源勘探和页岩气开采等发展俄罗斯长期供应能源能力的项目提供产品及技术支持。

欧美制裁对俄罗斯经济产生了巨大影响，层次可分为三个方面：资本外流加剧、金融通道受阻以及通胀率上升。

一是资本外流加剧。乌克兰危机爆发的 2014 年第一季度，俄罗斯资本净流出仅 700 亿美元，超过 2013 年全年水平。2014 年俄罗斯外国直接投资下降70%，2015 年达 92%，而同期全球市场上的对外直接投资则呈上升趋势，资本因避险需求从俄罗斯转移态势明显。经过俄政府的一系列稳定措施，资本外流危机逐渐得到遏制，但俄罗斯仍处于资本极度匮乏状态。

二是金融通道受阻。欧盟对俄罗斯前五大银行关闭融资市场大门，禁止俄罗斯石油公司等俄主要能源企业在其市场获得资金支持，美国禁止其公民和机构投资俄罗斯主要企业的任何形式债券，这对长时间已习惯于欧美低成本投资和贷款的俄罗斯企业造成了严重影响。一方面是系统性重要的银行面临资金短缺，另一方面是仍有大型项目进行中的能源企业无钱可用，不过这为人民币融资在俄发展提供了机遇。

美国主要评级机构也相应下调俄罗斯主权及相关企业信用评级（也可视为制裁手段之一）。标普将俄罗斯主权信用等级由 BBB－级下调至 BB＋级（垃圾级），惠誉对俄罗斯主权信用评级为 BBB－级（投机级中最低）。由于金融机构将评级作为重要参考，信用评级的降低将直接导致俄罗斯融资成本的上升，使俄罗斯经济严冬雪上加霜。

另外，美国还暂时关闭了俄罗斯银行等三家金融机构的支付业务，而 90% 的俄罗斯对外贸易是通过美元支付系统 SWIFT 实现的，虽然美国后来又恢复了俄罗斯支付业务，但这一制裁举措已使俄罗斯意识到必须发展自己的支付基础设施，以摆脱对美元系统的依赖。

三是通胀率上升。出于对欧美制裁的反制措施，俄罗斯限制从欧盟进口农产品，继而转向土耳其、巴西等国，但来自这些国家的产品价格较高，助推了俄国内通胀率的高企。2015 年，俄通胀率近 13%，仅次于 2008 年金融危机时期，其中食品价格上涨 14%，已对俄罗斯底层民众的生活产生影响，可能对俄当局的执政基础产生动摇。为了降低通货膨胀率，俄罗斯采取了紧缩的货币政策，并在 2016 年成功地将其降到了 5.4% 的水平。

目前俄罗斯前五大银行均与中国的国开行签署了人民币贷款协议。2015 年 5月、9 月和 12 月，国开行分别与俄储蓄银行、俄外贸银行、俄外经银行签署了

60 亿元人民币、120 亿元人民币、100 亿元人民币贷款协议，用于支持中俄双边经贸合作。目前俄外贸银行项目推进良好，已实际提款 96 亿元人民币。2016 年 11 月，两国总理会晤期间与俄外贸银行就第二笔 120 亿元人民币授信签署贷款协议。2017 年 7 月，在中俄两国元首见证下，国开行与俄罗斯天然气工业银行和俄罗斯农业银行分别签署《融资合作协议》，涉及金额分别为 100 亿元人民币和 10 亿元人民币。同时，国开行也在积极寻求与未受制裁且具备一定实力的俄银行开展合作，如阿尔法银行等金融机构（已为其承诺贷款 2 亿美元），用于支持华为在俄罗斯的政企网项目。

在欧美制裁背景下，俄金融机构和企业客户陆续产生了新的合作需求，希望探索绕过美元的合作新途径，主要涉及五个领域：一是除美元以外的多币种贷款业务，包括 CNH 和 CNY 在内的人民币、港元和欧元等。二是资金和发债业务，互发本币债券、建立本币互换市场。三是支付和结算业务，建立代理行关系，进行本币支付结算，开立离岸多币种账户。四是投资和基金业务，研究通过设立基金、股权投资、直接投资、组建项目公司等多种方式吸引中方资金参与对俄投资。五是租赁、保险等贷款项目衍生业务，我国应充分利用欧美制裁提供的历史机遇，围绕项目合作促进各线业务稳步开展。

（2）国际石油价格下跌促使俄罗斯不断加强同亚太地区经贸联系

2014 年 6 月 26 日，美国西得克萨斯原油市场国际原油价格为每桶 106.71 美元，而仅半年后就跌到了每桶 53.77 美元。油价下跌的原因是多重的，一是全球经济增长放缓导致需求不足；二是美元进入加息周期导致美元计价的原油价格下跌；三是页岩油气的开采使得世界能源总供应量上升；四是原油期货投机者利用技术、预期等操纵市场价格（米军等，2016）。由于恰好和欧美对俄罗斯制裁时间相重合，也有人认为是欧美政府刻意为之，以低油价打击俄罗斯对克里米亚的吞并。

由于严重依赖能源出口收入，油价低迷对俄罗斯经济的严重影响不言而喻，主要有以下几方面：

一是对俄罗斯货币市场的冲击。研究表明，俄罗斯卢布汇率与国际油价的关联程度已经达到了 92%（张红侠，2016）。由于俄罗斯实现了资本项目完全自由可兑换，油价走低造成市场对俄罗斯经济产生负面预期，进而导致资本流出，卢布贬值，从而使俄国内通货膨胀率高企。为了降低通货膨胀率，俄央行实施货币紧缩政策，货币市场利率走高，如央行一周期基准利率为 8.25%（2014 年危机期间最高达 17%），银行间 3 月期拆借利率达 8.79%。

二是对俄实体经济的影响。进入 21 世纪后，能源等原材料的出口对俄罗斯经济增长贡献率高达 40%～70%，原油出口收入下降导致俄经济增长速度减缓，对油气等工业领域的投资也依赖这部分收入，进而影响到建筑业、贸易等行业，使总需求减少。另外，资本对俄经济发展预期因油价低迷将转为负面，由于资本可自由流动,油价降低将使俄罗斯更加缺少资金,甚至以变卖资产为代价获得流动性。

三是逼迫俄转变经济发展模式。这一点在一定程度上可以说是具有积极意义的,当前的俄罗斯过度依赖能源出口,经济结构的单一导致其特别容易受到国际市场波动影响,而且俄企业创新能力不足,出口产品除一些军工产品外缺乏科技含量,竞争力低下。国际油价在目前处于低位虽然给俄罗斯造成了极大的经济困难,但是也让其看到了当前经济模式不可持续发展的严重性,从而着手实施改革。

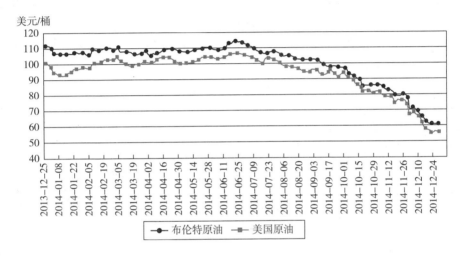

资料来源:中国商务部网站。

图 11 - 1　2014 年国际原油价格波动趋势

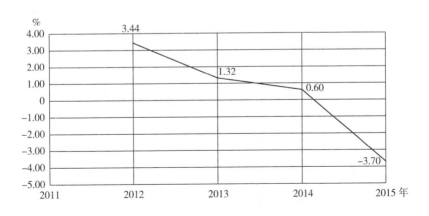

资料来源:中国商务部网站。

图 11 - 2　近年来俄罗斯经济增长率

国际油价下跌使俄罗斯国内总需求下降，经济增长动能严重匮乏，促使俄罗斯加速其"东进战略"，进一步加强与亚太国家经贸联系，这一点可以从俄罗斯在参与亚太经合组织、东盟地区论坛、亚投行等国际组织日益高涨的积极性上可见一斑。目前，俄罗斯的亚太战略已初见成效，其与亚太经合组织成员国家的贸易量已占俄罗斯贸易总量的 20%。俄罗斯在远东地区修建的石油天然气运输管道（如由萨哈林途经哈巴罗夫斯克至符拉迪沃斯托克的管线），将为俄罗斯与亚太国家的经贸发展提供重要能源支持。照此势头发展下去，在不远的将来，亚太国家有望取代欧盟成为俄罗斯第一大贸易伙伴。

俄罗斯更多将经贸重点地转向亚太地区、加强与中国的贸易往来，将使更多的俄罗斯企业拥有人民币收入、增加俄离岸人民币市场流动性，进而提升对境外人民币贷款用款需求，推动在俄人民币计价结算、金融交易等职能的发展。

（3）俄罗斯实施进口替代政策扩大对我国商品需求

为应对 2014 年发生的一系列经济危机，俄罗斯政府在 2015 年 1 月 27 日出台了《关于保障经济可持续发展和社会稳定的优先措施》一文，在刺激经济增长的措施、经济部门的支持措施、确保社会稳定的措施以及经济和社会形势的监测四大方面，制定了 60 项细则，旨在保护关系到国家安全的重要部门不发生风险、稳定发生剧烈波动的国内经济并为增强俄罗斯中长期经济实力而实施结构性改革。第 1～15 项是金融稳定措施，在 2015 年反危机政策中占有最重要地位。第 16～20 项涉及进口替代战略，主要集中在关系国家安全的一些领域，如食品、医药业等。第 21～23 项是"降本增效"以及扶持中小企业。其他措施分别对国民经济各重要行业提出了扶持政策。

在经济逐渐企稳后，2016 年俄罗斯政府又出台了《俄联邦政府 2016 年保障社会经济稳定发展计划》，此计划被视为反危机计划 2.0 版，但一个突出的特点是更为强调增强俄经济中长期的竞争力，即进口替代战略。

进口替代战略曾被拉美国家在 20 世纪 60～70 年代使用，指的是在一些特定行业中鼓励国内企业进行工业化生产，从而逐步结束过度依赖进口的局面。遗憾的是，拉美国家的进口替代战略没有获得成功。值得一提的是，俄罗斯的该项战略不同于当时的拉美国家，没有过分强调配额、关税等贸易保护政策，而是将特定的行业放在市场竞争的环境下进行产业政策扶持，如食品工业、国防工业、医药产业等。俄政府为上述行业中符合条件的项目提供低成本的资金，如"俄罗斯工业发展基金"，年利率 5%，期限 5～8 年，2015 年总规模为 2 000 亿卢布，当年有超过 2 500 个项目实际使用了 6 000 亿卢布财政补贴资金（徐坡岭，2017）。根据俄经济形势和行业重要性，食品行业将首先贯彻落实进口替代战略，其次是家用电器、汽车，然后是航空航天等国防军工的俄罗斯传统优势领域（俄在这些领域的重型机械大部分需要进口）。

表 11 - 3　　　　　　　　　　　　**2015 年反危机计划优先方向**

| 方面 | 优先措施 |
|---|---|
| 刺激经济增长的措施 | 1. 稳定措施（第 1 ~ 15 项，主要是针对金融和工业部门，涉及财政稳定、银行及国有公司的资金支持、清理银行不良资产、扩大信贷特别是工业和进口替代部门的融资扶持等） |
| | 2. 进口替代和支持非原料出口（第 16 ~ 20 项，涉及政府确定进口的设备和服务以及政府购买的计划及国有控股公司的扶持计划；为刺激出口提供担保、简化程序等；为国有政策性银行注资等） |
| | 3. 降低企业成本（第 21 ~ 22 项，弱化及推迟生产和运输安全领域的强制性保障和检查措施） |
| | 4. 扶持中小企业（第 23 ~ 33 项，涉及扩大中小企业对公共基础设施项目的参与，创新资金支持，简化税收手续，降低税负，简化自主创业及申请专利的手续办理及减少门槛设置阻碍等） |
| 经济部门的支持措施 | 第 34 项：国家计划优先方向实施的资金保证；第 35 项：无条件保证国家投资政策优先任务的完成 |
| | 1. 农业（第 36 ~ 38 项，降低农业企业经营成本、提供信贷支持等） |
| | 2. 住房建设及公共住房事业（第 39 ~ 40 项） |
| | 3. 工业和燃料动力部门（第 41 ~ 48 项） |
| | 4. 交通（第 49 ~ 51 项） |
| 确保社会稳定的措施 | 1. 促进就业结构的调整（第 52 ~ 53 项） |
| | 2. 对民众的社会支持（第 54 ~ 56 项） |
| | 3. 健康保护、药品及医疗产品的保障（第 57 ~ 59 项） |
| 经济和社会形势的预测 | 第 60 项：组织对经济社会形势的预测并制定实现本计划的措施 |

资料来源：殷红（2017）。

利用卢布汇率较低以及制造业劳动生产率正在缓慢提升的优势，俄罗斯进口替代战略已经得到了初步的效果，如 2015 年俄规模以上工业企业利润上升，亏损企业较 2014 年同期下降 30%。但是，应该指出，进口替代战略在俄罗斯并不是一个新鲜的词汇。早在 1998 年和 2008 年，俄罗斯受到国际油价波动的打击时，就已经多次讨论过这一话题，但是随着能源价格恢复到高位，经济的繁荣使俄罗斯失去了考虑此远期战略的动力，从而使俄罗斯现在还饱受原材料经济的困扰。因此，应观察俄能否长期贯彻进口替代战略，才是真正有勇气进行经济结构调整的证明。

表 11 – 4                    2016 年反危机计划优先方向

| 方面 | 优先措施 |
| --- | --- |
| 稳定社会经济形势的紧急措施 | 1. 社会保护和就业领域的政府支持（第 1 ~ 11 项，涉及挽救失业及发放失业救济、提高养老金及发放母亲资本、确保药品价格等保障居民收入和生活水平的救助措施）。 |
| | 2. 个别经济部门的支持（第 12 ~ 35 项，涉及对汽车工业，包括环保汽车的支持计划，轻工业、交通设备装备制造业、农业机械制造、农业进口替代、住房建设、通讯设施、旅游业的支持计划，以及一些大型国有公司的注资计划）。 |
| | 3. 支持非原料出口（第 36 ~ 41 项，包括支持高新技术的出口等）。 |
| | 4. 取消先进技术发展的限制（第 42 ~ 44 项，对食品工业生产设备、道路建设技术、矿山开采设备的进口替代及提高国际竞争力等方面的必要支持）。 |
| | 5. 发展中小企业（第 45 ~ 48 项，包括对不少于 7 万个中小企业项目的支持，建立不少于 2 万个就业岗位，不少于 220 个小企业的创新项目，以及中小企业融资、加速折旧等具体措施）。 |
| 确保经济社会稳定发展的结构性措施 | 1. 为投资创造有利条件（第 49 ~ 56 项，措施涉及改善投资环境、提高投资积极性、减少企业破产、减少不必要的行政干预）。 |
| | 2. 降低经济成本（第 57 ~ 72 项，从融资、税收、行政性收费等方面降低企业成本，加强垄断部门的投资效率的监管，削减联邦和地方财政债务负担，完善工业产业园区、农业和旅游业产业园区相关法律等措施）。 |
| | 3. 中小企业（第 73 ~ 92 项，包括扩大中小企业范围，降低融资成本、简化税收程序等）。 |
| | 4. 民众社会支持及社会制度发展（第 93 ~ 104 项）。 |
| | 5. 地区平衡发展（第 105 ~ 109 项）。 |
| | 6. 对经济部门的支持（第 110 ~ 120 项）。 |

资料来源：殷红（2017）。

　　根据普雷维什和辛格提出的进口替代理论，为使一国还未具备生产能力的产业具有超过国际同行业的竞争力，需要在初始阶段提高最终产品的进口关税，甚至是禁止进口一些产品（如俄罗斯在 2013 年 12 月 24 日制定的关于在国防和国家安全领域禁止进口外国产品的规定），并对用于进口替代战略的资本品和中间品施行税收减免等进口优惠政策。应该看到，进口替代是一个漫长的过程，俄罗斯在该战略实施阶段将加大一些关键领域资本品和中间品的进口力度，我国恰好可以在大型机械设备、零部件等环节为俄罗斯提供支持，而且从我国进口这些中间品不具有政治风险①。因此在俄罗斯实施进口替代战略之际，我国应着力研究分析俄资本品和中间品市场空白，加大我国相关领域对俄出口，抢占先机占有市场份额，并推动相关领域贸易的人民币计价结算。

（4）发达国家投资转移使中国技术获俄罗斯青睐

作为世界上国土面积第一大国，俄罗斯对于交通基础设施建设的需求潜力巨大。俄罗斯目前有铁路 8.76 万公里，是世界铁路总里程第二长国家，然而目前的俄罗斯铁路网还大多停留在苏联时期，并集中在与欧洲接壤部分（占俄铁路网总面积的 80%）。这对于一个铁路大国来说，是非常不均衡的。

俄罗斯目前拥有三条高铁线路，"萨普桑"号列车连接莫斯科和圣彼得堡，全程 650 公里，最高时速 250 公里，于 2009 年 12 月开始投入运营。"阿尔格罗"号列车连接圣彼得堡和芬兰首都赫尔辛基，全长 443 公里，最高时速 220 公里。用于索契冬奥会的一条高铁线路于 2013 年竣工，全长 163 公里，最高时速 180 公里（姜法臣，2016）。无论是从数量上还是运营质量上讲，俄罗斯高铁都与世界先进水平有着较大差距。

俄罗斯政府对于发展高速铁路非常重视，计划在 2030 年前完成建设总里程 4 200 公里的高铁线路，设计最高时速应达 400 公里，另外还计划建设 7 000 公里时速为 140～200 公里的铁路主干线（蔡雨宸，2015）。

德国西门子公司、法国阿尔斯通公司、日本川崎重工公司和加拿大庞巴迪公司是高铁领域的世界一流企业，对俄罗斯高铁市场有着浓厚兴趣。如莫斯科—喀山高铁项目，预计总投资一万亿卢布，西门子和阿尔斯通曾参与投标，德、法等国纷纷表示可以提供高达 10 亿～20 亿欧元的融资支持。然而，由于 2014 年乌克兰危机所引发的经济制裁使相关欧美公司不得不撤出了俄罗斯市场。

中国高铁技术在高寒列车技术、车辆稳定运行、综合价格等方面优势明显。中国 2012 年投入运营的哈大高铁是世界首条高寒地区运营的高铁线路，随着列车总运营里程和时长的不断增加，中国高寒列车技术日臻完善。由于劳动力成本较低，我国高铁在性价比方面的优势明显，整车价格低于同业 30% 左右。技术、价格使中国高铁在俄罗斯高铁市场具有较强竞争力，再加上高铁项目往往需要巨额投资，我国可结合技术和资金方面的优势，在项目贷款方面，推动人民币与中国高铁技术同步"国际化"。目前，我国中车集团已就莫斯科—喀山高铁项目与俄罗斯铁路公司签署合作协议，拟由中国的国开行作为唯一一家中资金融机构提供金额为 5 000 亿卢布左右的相应配套贷款。

（5）俄罗斯实施远东发展战略为深化中俄经济合作加码

俄罗斯远东地区蕴藏着大量的能源，且与中国、日本等主要地缘政治国家

---

① 乌克兰一直是俄罗斯在飞机、船舶和航天工业上的关键配件提供国，乌克兰危机爆发后，俄罗斯国防工业安全性受到巨大威胁。

毗邻，拥有重要地理位置。作为经济刺激手段之一，俄罗斯近年来将远东发展上升到国家战略层面，如普京总统在 2014 年国情咨文中要求积极落实远东地区发展规划，同时提出要发展太平洋沿岸经济带和开辟北极航线。

远东地区发展规划中，俄政府拟设立 14 个"超前开发区"，在税收、土地等方面为投资企业和个人提供优惠。如通过《俄罗斯远东地区土地免费配发法案》①，鼓励俄民众到远东地区投资发展；撤销远东地区私人投资额不得低于项目总投资 10% 的规定，吸引更多私人资本；俄政府还承诺为到远东地区投资建厂的国有企业提供优惠贷款。所有这些优惠措施将在 2016—2017 年为远东地区吸引约 2 700 亿卢布的投资，其中俄罗斯石油公司已经表示将投资 1.3 万亿卢布在远东地区建立石化企业，俄罗斯铁路公司将投资 5 000 亿卢布用于贝加尔—阿穆尔铁路以及跨西伯利亚铁路的现代化改造（张红侠，2016）。

表 11 – 5　　　　　2015—2016 年远东各类平台吸引资金额　　　单位：亿卢布

| 投资平台 | 项目数量 | 投资者资金 | 国家资金 |
|---|---|---|---|
| 超前发展区 | 12 | 4 130 | 236 |
| 政府支持投资项目 | 12 | 4 920 | 440 |
| 远东发展基金会项目 | 6 | 570 | 94 |
| 自由港项目 | 9 | 330 | 0 |
| 总计 | 39 | 9 950 | 770 |

资料来源：俄罗斯国际文传网。

俄罗斯将远东发展战略摆上快车道将为中俄两国经贸关系不断深化创造更多机遇。2014 年 5 月，中石油和俄罗斯天然气公司签订《中俄东线供气购销合同》，按照约定俄方将向中国每年输送 380 亿立方米天然气。能源是现代工业的血液，远东地区的油气管道建设对于我国的工业发展至关重要，也为俄罗斯开辟了除欧洲外的另外一块天然气市场。2017 年 8 月，俄罗斯总统普京参加了全部由中国公司承建的阿穆尔天然气加工厂开工仪式。该加工厂建成后不仅将成为世界最大的天然气加工厂，更意味着中俄能源合作已经不再是简单的买卖油气，而是深入到了下游加工阶段。

随着俄罗斯远东发展战略的不断深入，中俄还在交通基础设施等领域积极开展合作，共同推动建设同江铁路界河桥、扎鲁比诺大型海港等项目，以提升

---

①　2016 年 5 月，普京批准了《俄罗斯远东地区土地免费配发法案》，即所谓的《远东 1 公顷土地法》。主要内容为：俄公民可在远东联邦区内一次性无偿获得不超过 1 公顷的土地使用权，期限 5 年。若得到开发，可由公民承租或者转为私有财产；如未开发则将被国家收回。截至 2016 年 10 月，约有 5 500 名俄居民提交了申请。从目前来看，绝大多数土地用于农业生产，http://www.ciis.org.cn/chinese/2017 – 03/22/content_ 9400472. htm。

双方跨境贸易运输能力。我们应看到俄罗斯远东发展战略为我国提供的经贸机遇，在中俄经贸往来增加的背景下，推动大型项目境外人民币贷款，推动商贸、服务及投资以人民币计价结算。

（6）中俄经贸互补性为跨境人民币结算提供契机

中国与俄罗斯互为重要贸易伙伴。中国是俄罗斯第一大进口来源国，俄对华出口虽然近年来有所波动，但也保持在前五名左右的水平。俄罗斯主要出口矿类等原材料产品，而80%以上的进口产品为机械类产品等工业类制成品；中国主要进口矿类等原材料产品，出口的机械运输工具类商品占出口量的45%以上且呈逐年上升趋势。

中俄两国贸易互补性很强，朱子敬（2016）对中俄贸易互补性做了研究并指出，中国对俄出口95%以上为工业制成品，而初级产品占比非常小。虽然目前中国对俄出口的工业制成品中杂项制品仍占比较大，但呈逐年下降的趋势，随着我国技术实力的不断提升，机械和运输设备在我国对俄出口产品中的占比将得到持续提升。中俄双边贸易的另一个特点是以货物贸易为主，截至2014年第三季度，货物贸易占双边总贸易额的68%，服务业和其他行业仅占32%（宋怡娜，2016）。研究表明，服务业是中俄两国贸易互补性最强的一个领域，因此在服务业跨境贸易中实现人民币结算大有可为。

科技、农业、能源等合作的不断加强将会拉动双方金融领域的合作，使金融合作成为两国经济战略对接和互利关系的新领域。殷剑峰（2011）的研究表明，一国货币的国际化程度与该国在国际贸易体系中所掌握的定价权强弱息息相关，简单的"贸易结算＋离岸市场"模式不能够带来货币的长期优势地位，而应该利用贸易产品的互补性优势，建立"资本输出＋跨国企业"的货币国际化模式，形成一系列跨国产业链条，增加国际贸易定价权。因此，我国应从中俄双边贸易的高互补性特点入手，推动我国企业利用俄罗斯的比较优势形成跨国产业链，提高品牌、技术等方面的附加值，从而掌握中俄跨境贸易中的定价权，推进人民币国际化进程在俄发展。

（7）俄罗斯发展投资型经济将吸引更多中国资本

苏联解体后，俄罗斯的"休克疗法"使投资在其经济增长模式中的地位不断下降，经济的发动机转而由高消费取代。1992年，投资对GDP贡献率为35.7%，而1995年这一数字仅为25.4%，消费则由49.9%攀升至71.2%（殷红，2016）。需要指出的是，俄罗斯消费驱动型经济是建立在严重经济衰退而导致的"去工业化"基础上的，再加上21世纪初能源价格"牛市"，使俄罗斯过分依赖消费，从而忽视了投资的作用。1999年俄固定资产投资水平仅为1990年苏联解体时的22%。过度依赖消费驱动经济的后果是，俄罗斯工业基础持续薄弱，工业制品竞争力低，无法摆脱"荷兰病"的困扰。

俄罗斯各界已对强调投资在经济增长中所扮演的角色达成了共识。俄总理梅德韦杰夫指出，目前俄罗斯想要摆脱困境，就要增加投资，投资对 GDP 增长的贡献至少应从 20% 提升到 24%。现在，得益于俄中央银行的坚决抑制，俄通货膨胀率已由 2014 年乌克兰危机以来的 14% 下降到了 5% 左右的水平，低位的通胀率有利于扩大投资。

目前，尽管贸易往来频繁，中俄在投资关系方面却乏善可陈。两国互相投资的领域也过于集中，如核电站、汽车加工、化工和建材等是俄罗斯对我国投资最多的领域，而我国在大项目上也只是在石油、天然气、交通基础设施等领域对俄有直接投资，由于投资环境不佳，大部分中国企业对俄投资还是集中在服装加工、餐饮、木材加工、家电组装等领域的一些小项目上，产品附加值低、科技含量不高。

在欧美实施制裁、能源价格低迷的背景下，俄罗斯企业在西方资本市场无法融资，俄经济衰退更是导致资本大量外流（2012—2015 年分别有 539 亿美元、603 亿美元、1 521 亿美元和 575 亿美元资本流出俄罗斯）。俄罗斯正在逐渐改善其投资环境，如完善经济法制体系、打击"灰色清关"等，以吸引外国资金。2015 年，俄罗斯在国际营商环境中的排名已由 2012 年 183 个国家中的 120 位上升到了 40 位。在中俄两国经贸关系不断深化的阶段，中国企业和技术对俄罗斯越来越具有吸引力。在中国资本日益受俄方欢迎的背景下，应着力推动中国直接投资人民币计价结算，并辅以相应的本币贷款，使人民币投资在俄落地开花。

**表 11-6　　　　中国对俄投资占中国对外投资的比重**

| 年份 | 2014 | 2015 | 2016 | 2017 | 2018 |
|---|---|---|---|---|---|
| 中国对外直接投资额（亿美元） | 1 231.2 | 1 456.7 | 1 961.5 | 1 582.9 | 1 430.4 |
| 中国对俄罗斯直接投资额（亿美元） | 6.3 | 29.6 | 12.9 | 15.8 | 7.3 |
| 中国对俄投资占中国对外投资的比重（%） | 0.51 | 2.03 | 0.66 | 1.00 | 0.51 |

资料来源：中国国家统计局。

（8）卢布国际化战略为俄离岸人民币金融中心发展提供帮助

作为传统大国和新兴市场国家，俄罗斯积极推行卢布国际化战略，对人民币国际化既产生竞争又创造合作，因此在俄罗斯推动人民币国际化时要对卢布国际化战略有所了解。

卢布国际化是俄罗斯长期以来的国家战略。早在 1996 年，俄罗斯就已经实现了经常项目完全可兑换。2003 年，普京总统提出，要尽早实现卢布的完全自由兑换。2006 年，俄中央银行取消了资本项目的一系列限制，使卢布实现了在资本项目中的完全可兑换。

卢布国际化的另一个前沿阵地是推动卢布成为国际结算货币。由于地理位置、历史沿革等因素，独联体国家是推动卢布国际化的最重要载体。白俄罗斯、哈萨克斯坦、吉尔吉斯斯坦和塔吉克斯坦是卢布使用率最高的国家，其中以白俄罗斯为首，其2009年与俄罗斯贸易中的51.9%以俄罗斯卢布结算。卢布实现完全自由兑换对于其国际化提供了不少帮助，许多独联体国家愿意以卢布作为结算货币的一个初衷就是卢布可以便捷地兑换成其他货币继续使用。2015年，由俄罗斯发起的欧亚经济联盟正式成立，成员国为俄罗斯、吉尔吉斯斯坦、哈萨克斯坦、白俄罗斯、亚美尼亚五国。欧亚经济联盟的建立，使独联体国家的经济贸易纽带进一步加深，与俄贸易量增大，从而使独联体国家可以将获取的卢布继续用于与俄罗斯和其他独联体国家间贸易的使用。

表 11 - 7　　　　2009 年俄罗斯与欧亚经济共同体成员国支付所使用币种　　　　单位：%

| 欧亚经济共同体成员国 | 俄罗斯卢布 | 美元 | 欧元 |
| --- | --- | --- | --- |
| 白俄罗斯 | 51.9 | 33.6 | 14.0 |
| 哈萨克斯坦 | 48.5 | 48.1 | 2.1 |
| 吉尔吉斯斯坦 | 25.2 | 62.9 | 11.9 |
| 塔吉克斯坦 | 45.8 | 51.3 | 2.6 |

资料来源：李中海（2011）。

为实现卢布国际化的宏伟战略，俄罗斯在推进能源卢布计价方面也是不遗余力。首先，俄在圣彼得堡建立了属于自己的石油交易所，推出以卢布计价的原油期货合约，挑战石油美元体系。但是应该看到，由于现行国际石油交易体系错综复杂，欧美市场有着品类丰富的石油金融衍生品，这是俄罗斯短时间内难以超越的。其次，俄要求与其有能源贸易往来的国家使用卢布进行结算，但是响应者甚少。

另外，俄罗斯致力于将莫斯科打造为世界金融中心，为卢布走向世界铺路搭桥。为此，俄政府提出了两段规划：一是2008—2010年计划实现莫斯科的区域金融中心职能，重点在完善俄国内证券、债券等资本市场，建立健全投资制度，丰富金融产品类别，保护投资者权益，使莫斯科对独联体国家产生辐射效应；二是使莫斯科成为有世界影响力的金融中心，为此俄计划将加大吸引外资力度、降低交易成本、完善外汇法规。

值得注意的是，虽然卢布会对人民币产生一定挤出效应，但在俄罗斯卢布国际化战略下所发展起来的金融基础设施，将为人民币在俄离岸交易提供帮助，使人民币的金融交易职能更加完善。因此，卢布国际化与人民币国际化不一定是一个零和游戏，我国应鼓励莫斯科成为俄离岸人民币交易中心。

### 11.4.2　主要问题

（1）中俄贸易结构有待改善

中国是制造业大国，而俄罗斯主要以能源、钢铁等原材料出口见长。1995—2011年，中国对俄出口中制造业产品占比由80%上升至94%，初级和资源产品以及服务也则由 9.86% 降至 1.67%。然而，中国对俄罗斯出口的制造业商品主要集中在劳动力密集型产品上，如纺织品、鞋帽、食品等。1995 年我国对俄出口的制造业商品中有 41.89% 的劳动力密集型产品，31.62% 的资本密集型产品，而知识密集型产品仅占 6.48%。到 2011 年，随着我国制造业结构的不断改善，对俄出口的知识密集型产品比重连年上升，已达 33.83%，但资本密集型产品却下降至 6.02%，劳动密集型产品占比仍高达 54%，意味着我国对俄贸易仍以较为低端的产品为主。相反，俄罗斯对我国出口商品中知识密集型产品比重持续下降，由 1995 年的 61.55% 下降到了 2011 年的 6.97%（齐绍洲，2017）。2018 年，中俄在核能、航天、跨境基础设施合作等领域战略性大项目合作可圈可点，其中在能源领域合作仍占主导地位。中俄机电和高新技术产品贸易分别增长了 15% 和 29%，农产品贸易增长了 31%，原油贸易增长超过 12.4%。研究表明，俄罗斯仅在能源行业的贸易竞争力上升，在其他制造业的竞争力均处在下降趋势。一方面，这是由于俄罗斯过分依赖能源出口而忽视对一些关键领域、未来产业加大投资所造成的；另一方面，俄罗斯长期以来对我国的高贸易壁垒也起到了推波助澜的作用，如 2015 年，俄罗斯对我国商品征收的关税税率达 15% ~ 20%，是对其他国家征收水平的 2 倍（张红霞，2017）。此外，俄罗斯劳动力匮乏，使我国如纺织品等劳动力密集型商品对其具有比较优势，也是造成中俄贸易现状的主要原因之一。

应该看到，随着我国劳动力成本的不断上升以及东南亚国家制造业水平的崛起，劳动密集型产业已经发生地域转移，我国不可能长期以劳动力成本优势占有俄罗斯低端产品市场。对于人民币国际化，优化贸易结构、转变双边经贸合作增长方式是中俄需要解决的问题，因为我国在低附加值的出口商品上议价能力较低，不易说服俄方使用人民币结算。

（2）银行跨境人民币结算业务品种单一

目前中俄企业在本币结算中的主要需求集中于人民币—卢布的一些即期交易产品，我国银行业在利率掉期、远期汇率、信用证、质押融资等方面仍存在较大的探索空间，而这些方面恰是人民币结算具有较大优势的领域。以信用证为例，90 天以上外币信用证需要纳入金融机构对外短期负债额度管理，而人民币信用证则不受此额度限制，对银行和企业来说都提供了较大的融资便利。调研结果显示，俄企业对三年以上卢布与人民币掉期有强劲需求，但两国央行间货币互换协议的规模和期限不足、人民币与卢布间汇率和利率掉期市场远未成熟，制约了人民币业务在俄发展。

较为单一的人民币结算业务品种使卢布在中俄跨境贸易本币结算的比重过大，2008 年卢布结算量占双边本币结算总量（约 200 亿美元）的 99.6%，而人民币仅占 0.6%。2016 年中俄跨境人民币收付量为 304.6 亿元人民币，仍低于卢布结算比例。

（3）俄方对人民币认可度较低

由于俄政府持续推行卢布国际化政策，使中俄两国货币在同一笔贸易的计价结算方面产生竞争关系，再加上俄近年来经济形势恶劣、贸易保护主义抬头，俄罗斯在能源等关系到国家安全的战略物资方面拥有卖方话语权，而且受中国出口到俄商品的技术含量仍然较低等因素的影响，使大部分俄企业及民众更愿意选择卢布作为结算货币。虽然自 2014 年以来，卢布大幅贬值，币值波动使很多企业产生了货币替代的想法，但是美元仍然是俄罗斯与外国贸易结算的首选货币，对人民币认可度有待进一步提高。

### 11.4.3　推进建议

（1）牢固把握欧美对俄制裁为人民币业务创造的战略机遇期

由于被指控涉嫌干涉美国 2016 年大选，美国国会于 2017 年 10 月 25 日通过新一轮制裁俄罗斯法案，禁止美国机构或个人与俄罗斯国防和情报部门进行重大交易、投资俄罗斯重大石油管线项目（特别是北极深海油气和页岩油的开发等项目，此类项目将是俄罗斯对外能源出口的未来重要增长点，预计 2050 年达到其能源出口的 20% ~ 30%）以及在俄政府国有资产私有化的过程中投资超过 1 000 万美元等。其中"北溪 – 2"项目能否顺利实施受到重大影响，此项目旨在建设一条从俄罗斯通往德国的天然气管道，建成后，将为欧盟每年提供 550 亿立方米天然气。本次美国对俄罗斯制裁没有像在 2014 年乌克兰危机时一样事先咨询欧盟意见，因此欧盟对美国制裁影响到其利益表达不满，指责美国是想通过制裁而提升其本国页岩油的国际竞争力。

欧美对俄制裁使俄罗斯在国际融资市场上金融通道受阻，关键项目缺乏资金，对境外人民币贷款、点心债、熊猫债等产品需求增大，且愿意对我国企业开放对其能源及基础设施领域进行投资。但是，我们应该认识到，在对俄罗斯制裁一事上，欧美并非铁板一块，就像此次美国对俄的单方面制裁一样。而且随着欧盟对俄能源依赖度的上升，对于俄罗斯的政策很可能转暖，因此机不可失，时不再来，我国应牢固把握本轮欧美对俄制裁的影响为人民币业务创造的战略机遇期，拓展在俄人民币业务的广度和深度，增加俄罗斯企业和民众对人民币的认可度。

（2）精准对接俄罗斯经济改革中产生的人民币需求

很长时间以来，俄罗斯经济得益于高位的国际油价而得到发展，然而近年来随着国际原油市场波动，俄罗斯的单一经济模式深受其害。加上 2014 年开始的欧美经济制裁，俄罗斯启动并加速了经济改革进程，加大对亚太地区的关注力度，将经济从消费驱动转型升级到投资驱动，鼓励发展创新型经济。我国是亚太地区主要国家之一，在俄罗斯上述改革战略之中具有重要地位，应利用时机，积极参与俄罗斯远东地区发展，巩固并拓展我国能源管线网络，加大在路、港、桥等基础设施领域的人民币对俄直接投资，扩大我国优势产业向俄"走出去"力度。在此过程中，银行应积极对接相关行业以及俄罗斯相关部门和企业的融资需求，以对俄金融业人民币贷款为突破口，引导推动中俄直接投资与中俄贸易以人民币计价结算，并寻找更多的境外人民币贷款项目机会。

（3）积极搭建和充分运用对俄金融合作平台

俄罗斯是"金砖国家"新开发银行的创始成员国，并和我国共同设立了中俄主权财富基金。金砖国家新开发银行是新兴经济体建立多元化国际金融秩序的尝试，旨在聚集新兴经济体的闲置资金，并寻找相互间基础设施和可持续发展项目上的投资机会，同时也可增强"金砖国家"间的金融联系，简化"金砖国家"间相互投资和贷款的手续，也可承担一定的 IMF 职能，在一国财政发生困难时进行救援（王吉培，2014）。

2012 年，中俄共同设立了中俄联合主权财富基金（Russia - China Investment Fund，RCIF），首期募集规模为 20 亿~40 亿美元，基金的 70% 资金用于俄罗斯及独联体国家境内项目，30% 用于中国境内项目。RCIF 主要关注的领域是基础设施、物流和远东地区的自然资源开发项目，目前除上述领域外还对俄罗斯金融领域进行了投资。

表 11 - 8　　　　　　　　　　　RCIF 投资项目

| 项目 | 签署时间 | 所属行业 | 项目所在地 |
| --- | --- | --- | --- |
| 持股俄罗斯森林产品公司 | 2013 年 10 月 | 林业 | 俄罗斯 |
| 投资建设中俄跨境铁路大桥 | 2014 年 5 月 | 运输 | 中国、俄罗斯 |
| 投资普洛斯中国物流业务 | 2014 年 5 月 | 物流 | 中国 |
| 投资旅游业、养老社区项目 | 2014 年 5 月 | 旅游、养老 | 中国、俄罗斯 |
| 投资建设中俄高科技园区 | 2014 年 10 月 | 科技 | 中国 |
| 投资中俄边境地区农业项目 | 2015 年 5 月 | 农业 | 中国、俄罗斯 |
| 成立融资平台 | 2015 年 5 月 | 金融 | 俄罗斯 |
| 投资 SSJ100 客机租赁项目 | 2015 年 5 月 | 服务 | 中国 |
| 持股 JSCDetskyMir | 2016 年 1 月 | 零售 | 俄罗斯 |

资料来源：金鑫（2016）。

我国应利用好多个与俄罗斯直接相关的金融平台，发掘俄各领域的优质项目，引导中国资金进入，并推动实现对俄直接投资以人民币计价，有力地促进人民币对俄直接投资和资本输出。

（4）引导扩大中俄货币互换项下人民币在俄使用范围

目前中俄货币互换协议项下资金主要途径有三个：一是用于支付向我国进口的商品和劳务。二是投资我国银行间债券市场。我国央行于 2012 年发布了《关于境外人民币清算行等三类机构运用人民币投资银行间债券市场试点有关事宜的通知》，允许跨境贸易人民币结算境外参加银行运用人民币投资我国银行间债券市场。我国应加大宣传力度，引导俄持有人民币头寸的银行机构踊跃参与我国银行间债券市场，丰富跨境人民币回流途径。三是投资其他人民币离岸中心的相关资产。2014 年前 9 个月，在中国内地以及香港特区境外确认的所有证券结算中有 28% 使用人民币，人民币在成为投资货币方面正在稳步迈进，俄罗斯可以在人民币证券投资中有所作为。

（5）推动完善中俄跨境支付和结算服务

要扩大人民币在俄罗斯的使用范围，就要拓展银行提供的人民币相关服务。尽管目前我国已在俄设立了多家银行分支机构，但俄市场主体仍主要开展人民币即期业务，较少开展人民币相关衍生产品如远期结售汇、利率掉期等的交易，这对于在俄推广人民币相关产品不利。因此，应扩大对俄罗斯企业及民众的宣传力度，介绍如何利用银行人民币业务减少汇兑风险甚至是从人民币投资中获利。同时，可扩大俄罗斯 QFII（合格境外机构投资者）额度，批准在俄设立多只人民币投资基金，支持俄开展人民币业务的金融机构或实体参与投资我国在岸或离岸债券及证券市场，使在俄人民币资金能够保值增值。

（6）创新挖掘跨境电商人民币结算的新亮点

跨境电商是中俄贸易关系发展中的一个新亮点。我国电子商务平台在俄罗斯发展势头迅猛，已经拥有了一大批"俄粉"，2014 年"双十一"期间，俄罗斯成为除中国外全球交易量第一大国。阿里巴巴旗下全球速卖通（Aliexpress）网站被评为俄罗斯 2015 年最受欢迎的网络商店，月访问量达 2 380 万人次。目前，俄罗斯已是中国跨境电商第一大出口国，我国网络购物平台淘宝每天向俄罗斯发货量达 400 万美元（姜振军，2017）。

针对俄罗斯的大量购买需求，我国跨境电商的支付平台也已经搭建起来，如全球速卖通的 Webmoney 软件等。鉴于我国跨境电商在俄罗斯市场的巨大成长潜力，可以尝试在支付软件上提供人民币支付选项，支持拥有人民币的俄罗斯企业和个人以人民币支付货款，从而为在俄罗斯推动人民币国际化开辟一条新的使用渠道。

# 第12章 区域推动研究

## ——在阿拉伯联盟国家推进人民币国际化[①]

阿拉伯联盟国家多位于亚洲、非洲和欧洲交界处,与中国经贸往来频繁,地缘政治经济的战略地位极其重要。在全球信用货币体系下,在阿拉伯联盟国家推进人民币国际化是双赢结果,既是中国政治经济实力的公平体现,也为合作国带来了实际利益。

## 12.1 引言

2016 年 1 月 21 日,中国国家主席习近平访问阿拉伯联盟的总部[②],并在演讲中指出,中阿双方应利用各自庞大的对外经贸合作规模,以货币互换、双边投资协定为工具,以核能、新能源、航天等高新技术合作为着力点,深化"一带一路"投融资合作,扩大人民币结算范围。

对中国来说,阿拉伯联盟国家具有极其重要的战略位置。中国"一带一路"倡议出台后,沙特阿拉伯、阿联酋、埃及等阿拉伯联盟核心国家被划归于六大板块中的"中东板块",成为陆上"一带"与海上"一路"的交汇处,是"一带一路"倡议通向欧洲与非洲的重要枢纽和支点。中国与阿盟国家经济联系不断加深。当前,从对阿盟国家总贸易量上讲,我国排名第二,对阿盟中的十个核心国家来说,我国是他们的第一大贸易伙伴;对我国来讲,阿盟国家在贸易总量上排在第七位,并且是我国最大的能源供应伙伴和重要的工程承包市场(张双双,2015)。因此,如何在阿拉伯联盟国家推进人民币国际化战略,就成为一个至关重要的课题。

---

① 本章部分内容发表于《新金融评论》2017 年第 6 期,题为《在阿拉伯联盟国家推进人民币国际化研究》(合作作者:孟刚、吕世瑞、张子衡)。

② 阿拉伯联盟的全称是阿拉伯国家联盟(League of Arab States),是地区性国际组织,总部位于埃及首都开罗。1945 年 3 月,埃及、伊拉克、约旦、黎巴嫩、沙特阿拉伯、叙利亚和也门 7 个阿拉伯国家的代表在开罗举行会议,通过了《阿拉伯国家联盟条约》,宣告联盟成立。截至目前,阿拉伯联盟共有 22 个成员国,包括阿尔及利亚、阿联酋、阿曼、埃及、巴勒斯坦、巴林、吉布提、科威特、黎巴嫩、利比亚、毛里塔尼亚、摩洛哥、沙特阿拉伯、苏丹、索马里、突尼斯、叙利亚、也门、伊拉克、约旦、科摩罗、卡塔尔(2017 年 6 月 5 日,以沙特阿拉伯和埃及为首的阿拉伯联盟发表声明,宣布将卡塔尔排除出该组织),宗旨是加强成员国之间的密切合作,维护阿拉伯联盟国家的独立与主权,协调彼此的活动。

## 12.2　人民币国际化在阿拉伯联盟国家的发展现状

### 12.2.1　贸易结算

目前中国工商银行和中国银行已分别在卡塔尔和阿联酋建立了人民币清算中心，中国工商银行在阿联酋、卡塔尔、科威特、沙特阿拉伯均已进行了布点，中、农、工、建四大国有商业银行均已在阿联酋首都迪拜设立分行。2015年，中国同阿联酋交易额中 74% 是人民币结算，在卡塔尔的人民币支付比例则为 60%，这充分印证了人民币在这一区域的受欢迎程度[①]。2017 年 9 月 17日，中国的国开行与埃及阿拉伯国际银行签署《2.6 亿元境外人民币贷款项目合同》，用于中埃产能合作的人民币结算，与埃及银行签署《中埃"一带一路"人民币专项贷款合作谅解备忘录》。前者是我国对埃及的首笔境外人民币贷款项目，也是我国在阿拉伯联盟国家和非洲首笔对金融机构境外人民币授信项目，该项目的成功实施在埃及整个金融界引起了较大反响。此外，埃及国民银行拟与国开行签署中阿银联体合作协议，开展人民币项下联合融资、银团贷款、转贷款等合作。

### 12.2.2　金融交易

2014 年 9 月，中国农业银行通过全球中期票据计划，在迪拜发行 10 亿元人民币"酋长债"（EmiratesBond），成为中东地区首家发行人民币债券的中资机构。中国银行于 2015 年 7 月在迪拜发行了一只 20 亿元两年期的人民币债券，投资者中约有 25% ~30% 来自中东地区。2015 年 5 月，中国银行与迪拜金融交易所就深化金融交易合作签署合作协议。2015 年 12 月，我国央行给予阿联酋 500亿元人民币 QFII 额度，阿联酋成为中东地区第一个拥有 QFII 资格的国家（科威特和卡塔尔分别于 2011 年和 2012 年获得资格）[②]。

### 12.2.3　储备货币

截至 2018 年底，全球已有 39 个国家或地区与中国人民银行签订货币互换协议。阿拉伯联盟国家中，阿联酋金额为 50 亿元人民币/200 亿阿联酋迪拉姆，埃及 180 亿元人民币/470 亿埃及镑，卡塔尔 350 亿元人民币/208 亿里亚尔，摩洛

---

① 张明：《人民币国际化在阿拉伯推进》，http：//www.chinanew.com/cj/2016/03 - 17/7800341.shtml，2017 年 9 月 22 日。

② 同上。

哥 100 亿元人民币/150 亿摩洛哥迪拉①。中国国家开发银行和埃及央行合作，通过提供 70 亿元人民币贷款的方式帮助埃及政府增加人民币外汇储备，从而实现人民币国际化在埃及的零突破。

## 12.3 阿拉伯联盟国家政治经济情况

阿拉伯联盟目前共有 22 个成员国（含 2017 年 6 月被宣布开除的卡塔尔），总面积约 1 420 万平方公里，其中西亚阿盟国家约占总面积的 28%，北非国家占 72%；2018 年总 GDP 达 2.78 万亿美元。阿拉伯联盟国家石油资源丰富，拥有已探明石油储量 6 500 亿桶，占世界总量的 57.5%（张双双，2015）。

按经济总量排名，沙特阿拉伯、阿联酋和埃及是阿拉伯联盟中的前三名，其中沙特阿拉伯占 22.24%，阿联酋占 12.17%，埃及占 11.32%，三国合计占阿拉伯联盟 GDP 总量的 45.73%。沙特阿拉伯和阿联酋是典型的海湾产油型阿拉伯国家代表，埃及是北非阿拉伯国家代表，且三国都在阿拉伯国家事务中扮演领导角色。另外，据统计，近 15 年来，中国对阿拉伯国家的出口主要集中于沙特阿拉伯、阿联酋、埃及、阿尔及利亚、伊拉克和摩洛哥，占中国对阿拉伯联盟国家出口总量的 75% 以上（张双双，2015）。因此，不论是从经济总量、政治实力还是与我国经贸关系，以这三个国家为落脚点分析人民币在阿拉伯国家国际化战略都具有代表性。

（1）沙特阿拉伯王国

宏观经济方面，沙特阿拉伯是世界最重要的石油生产国和输出国，原油及石油加工产品出口量约占世界总出口量的 1/8，是沙特阿拉伯主要经济收入来源，约占 GDP 的 50%，其财政收入的 80% 以上依赖石油，因此沙特阿拉伯的经济状况与石油价格走势密切相关。近几年国际油价持续低迷，沙特阿拉伯的 GDP 增长也陷入停滞甚至出现回落，但沙特阿拉伯人均 GDP 仍居世界富裕国家前列。2017 年 1 月以来，沙特阿拉伯的平均通货膨胀率在 -0.7% ~ -0.1% 徘徊，经济陷入小幅通缩。

汇率政策方面，自 1986 年以来，沙特阿拉伯里亚尔保持与美元盯住的汇率政策，币值稳定在 1:3.5。但是近年来，随着原油价格大幅下挫，沙特阿拉伯货币贬值压力大幅增加，在其国王逝世后一度贬值至 1:3.7615。不过沙特阿拉伯仍支持盯住汇率制，因为以美元计价的原油收入占其总收入的 90%，盯住汇率制可以降低收入的波动。

---

① 中国人民银行：中国人民银行和其他中央银行或货币当局双边本币互换一览表，http://www.pbc.gov.cn/huobizhengceersi/214481/214511/214541/3353326/2017082115054924438.pdf，2017 年 9 月 15 日。

国际收支方面，沙特阿拉伯的出口产品以石油和石油产品为主，占出口总值的 85% 以上，另有少量建材和转口货物。进口产品为机电产品、设备、工具、食品等。石油及石油产品出口是沙特阿拉伯长期大额贸易顺差的来源，其经常账户盈余情况与国际油价密切相关。

外汇储备方面，由于长期大额贸易顺差，沙特阿拉伯政府积累了大量海外资产，截至 2019 年 7 月，外汇储备为 4 922.7 亿美元。[①] 沙特阿拉伯海外资产运作的原则是低风险，分散投资，保持流动性。

（2）阿拉伯联合酋长国

宏观经济方面，尽管阿联酋的石油储量世界排名第七、天然气储量世界排名第三，但超过 80% 的 GDP 为非油气行业创造（韩露，2017）。2018 年，阿联酋 GDP 总值按现价计算约合 4 142 亿美元，同比增长 3.76%。其中，非石油领域 GDP 现价计算约占 GDP 总额为 83.3%；油气 GDP 现价计算约占 GDP 总额为 16.7%。近年来，国际石油价格大幅下挫，阿联酋 GDP 产生波动。一直以来，为了降低对石油出口的依赖，阿联酋致力于提升非石油产业在其国民经济中的比重，如旅游业、建材业、石化业、金融业和商贸物流业。近年来，阿联酋通货膨胀率处于正常区间，在 2% 左右波动。

汇率政策方面，阿联酋施行有管理的汇率浮动制度。自 1973 年开始使用迪拉姆以来，对美元汇率水平一直稳定在 3.67 左右。

国际收支方面，在阿联酋对外贸易中扮演重要角色。为鼓励贸易发展（特别是非石油贸易），阿联酋在国内设有多个自贸区（共 40 余个，大多集中在迪拜），其中最负盛名的当属中东北非地区最早设立的杰拜尔·阿里自贸区。

外汇储备方面，2012 年 3 月 23 日，阿联酋官方表示已将人民币纳入其官方外汇储备。截至 2019 年第一季度，阿联酋外汇储备为 973 亿美元。

（3）阿拉伯埃及共和国

宏观经济方面，埃及 GDP 近年来出现大幅度下滑。2016 年，埃及 GDP 由 3 329.28 亿美元大幅下滑至 2 353.69 亿美元。2018 年，埃及 GDP 有小幅度增长，达到 2 508.95 亿美元，远低于 2016 年水平。世界银行预测，埃及的经济增长在 2018—2019 财年将升至 5.6%，2019 年全年达到 5.7%。主要原因是经济改革带来营商环境改良，投资活动受到支持，以及私人消费的回升。报告显示，由于旅游业恢复性增长和天然气产业势头强劲，埃及上一财年的经济增长率为 5.3%，失业率下降到 10% 以内，财政调整也在稳步推进。埃及近几年通货膨胀率基本处于 10% 左右。2015—2016 财年，埃及年度整体 CPI（居民消费价格指数）逐渐上升，从 2016 年 11 月货币实行自由浮动后至今，埃及通货膨胀率不断

---

① 数据详见 CEIC 经济数据统计：https：//www.ceicdata.com/zh－hans/indicator/saudi－arabia/foreign－exchange－reserves—of－gdp，2019 年 9 月 27 日。

猛增，目前年化已经升至30%左右。

汇率政策方面，自2003年起，埃及开始实行有管理的浮动汇率政策。2005年埃及政府接受了国际货币基金组织关于经常账户可自由兑换的条款，进一步增强了人们对埃及镑的信心，但尚未实施资本账户的可自由兑换。2003年1月之前，埃及实行固定汇率制，盯住美元，政府通过较高的利率和高额外汇储备支撑埃及镑，抑制了经济增长。实行汇率改革以后，埃及镑兑美元汇率经历了合理的贬值过程，经济增长提速。2012年12月，埃及央行为了阻止埃及镑贬值和埃及外汇储备的进一步减少，宣布改革美元拍卖制度，并为各商业银行在每次拍卖中交易的美元数设定了最高额。2016年11月3日埃及央行宣布允许埃及镑汇率自由浮动，以摆脱国内经济困境，并更好地履行与国际货币基金组织的贷款承诺。

国际收支方面，近年来，埃及政府为改善埃及对外贸易长期逆差的局面，一方面，致力于提高产品的质量，扩大出口，增强产品在国际市场上的竞争力；另一方面，在各地设立经济自由区，扩大进出口贸易额，同时启动开放贸易降低关税的进程，减少对进出口商品的限制。2018至2019财年（2018年7月至2019年6月）第一季度，埃及经常项目赤字为17.51亿美元，较2017至2018财年同期的17.54亿美元有所下降。其中，第一季度埃及进口额达到166.8亿美元，同比增长13%，出口达到67.9亿美元，同比增长16%，贸易逆差近99亿美元，同比增长11%。①

外汇储备方面，2011—2012财年开始，受埃及动荡局势的影响，埃及外汇储备急剧减少，从2010年6月的337亿美元减少为2012年6月的155亿美元，主要是由于埃及证券交易市场上外汇投资量的缩减、旅游业收入的急剧下降和外商直接投资的减少。2013年3月，埃及外汇储备降至134亿美元的低点。此后，埃及陆续受到沙特阿拉伯、阿联酋、科威特等国援助，外汇储备维持在150亿~190亿美元之间。2016年11月，埃及开始采取自由浮动汇率制，随着埃及外汇资金流入银行系统、对外举债增加、国际货币基金组织120亿美元贷款的发放，埃及外汇储备水平上升，截至2019年第一季度末，埃及外汇储备达442.18亿美元，已超过了2011年"一·二五革命"前的历史最高水平。②

## 12.4　在阿拉伯联盟国家推动人民币国际化

### 12.4.1　合作基础

（1）"一带一路"建设为人民币支持中阿产能合作提供机制保障

"一带一路"的提出为人民币国际化创造了一个良好的渠道，即通过我国与

---

① 新华网－丝路，http://imsilkroad.com/news/9/122751.html。

② 徐宝娇，《中国企业赴埃及投资环境与对策分析》，《经济研究导刊》，2013。

"一带一路"沿线国家和地区产业结构和经济要素的互补，促进中资企业"走出去"进行国际产能合作，结合东道主国的国家发展战略需要，输出中国优势产能，并用人民币支持整个产能合作的过程。

"一带一路"沿线国家和地区是我国进行国际产能合作的重点对象，阿拉伯联盟国家如沙特阿拉伯、阿联酋、埃及等，由于其丰富的石油储量和重要的地理位置，更是首选之地。近年来，由于石油储备下降、国际油价降低等因素，阿拉伯联盟国家纷纷提出经济结构调整计划，提升非石油经济在整个经济中的比重，以期进行经济发展动能换挡，实现更为长久的发展。

阿联酋着力发展旅游、建材、石化、金融和商贸物流行业，并提出"2021战略计划"，以期尽早实现经济"非石油化"。为了使旅游业快速发展，阿联酋大量投入资金建设机场、酒店、道路等公共基础设施，这也拉动了对建材行业，特别是节能建材的需求，目前阿联酋已成为中东地区规模最大的建筑市场（韩露，2017）。在石化行业方面，阿联酋希望利用自身原材料优势，发展下游产业，增加油气产业的附加值。埃及目前也在实施经济转型战略，从过去依靠油气、纺织等行业，到现在通过基础设施、工业等领域投资来拉动经济。2015 年 6月，我国发改委、商务部与埃及工贸部、投资部签署中埃产能合作政府间框架协议和会议纪要，明确了项目清单和合作模式，标志着中埃产能合作机制取得阶段性成果。我国在基础设施建设、建材生产、工业装备制造等领域具有先发优势，在结算货币谈判上拥有更多话语权，可以力争为阿拉伯联盟国家提供以人民币计价的金融服务，如我国金融机构为其提供境外人民币贷款，阿拉伯联盟国家企业用人民币支付我国建设企业工程或设备款。2016 年 1 月，习近平主席访埃期间，中埃双方企业签署了部分合作项目协议。

（2）阿拉伯联盟国家发展可再生能源为人民币国际化创造"绿色机遇"

阿拉伯联盟国家以石油储量丰富闻名世界，然而其石油消费量同样可观。沙特阿拉伯是世界上第六大石油消费国和第七大天然气消费国，阿联酋和埃及分别是世界上第十二大和第十五大天然气消费国，阿联酋的天然气消费甚至超过了拥有 12 亿人口的印度的消费水平（吴磊，2014）。巨大的石油储量推高了阿拉伯联盟国家的能源补贴，在沙特阿拉伯，汽车用油不足 0.2 美元/升，能源补贴占 GDP 的 5%（而粮食补贴才占 GDP 的 0.7%），国内石油消费占其出口总量的 25%（张琪，2013），低廉的能源价格、日益增长的经济建设需要使产油国财政和环境被国内原油消费大量消耗。中东可再生能源和能源效率中心董事阿罕麦德表示，经过计算，如果国内能源消费照这个势头增长下去，到 2030 年阿拉伯联盟国家将无油可供出口（王尔德，2013）。为此，阿拉伯联盟国家在 2013年第三届阿拉伯经济和社会发展峰会上就"2010—2030 年泛阿拉伯地区可再生能源应用发展战略"达成一致，力争在 2030 年前提高已装机的可再生能源发电量至 75 千兆瓦，占阿拉伯地区总发电量的 9.4%[①]。

孟刚（2017）指出，中国应在"一带一路"建设中和发展中国家分享绿色产业发展经验，引领绿色金融创新。在可再生能源领域，我国是太阳能、风能的全球第一大市场，发展出了一批行业龙头企业，并具有成本及一定的技术优势。其次，我国应该利用在钢铁、电力、机械、有色金属、石油化工、纺织、信息等行业的领先节能技术经验，加快推进节能技术走出去（金瑞庭，2016）。此外，我国核电技术也逐渐在国际市场具备了竞争力，2013 年巴基斯坦斥资 130亿美元从中国购买三座大型核电站核电项目，这是中国具有自主知识产权的第三代核电技术第一次走出国门（李鑫，2016），正在寻求传统能源替代的阿拉伯联盟国家也以数个核电项目招标向中国伸出了橄榄枝。在中资企业"走出去"的同时，金融机构可同步跟踪此类项目，为阿拉伯联盟国家提供人民币贷款。目前，中国的国开行在埃及已和埃及阿拉伯国际银行（SAIBANK）签订了 2.6亿元人民币贷款，用于支持中埃产能合作项目，埃及企业可以向 SAIBANK 申请贷款，并用人民币向中国供货方支付款项。

（3）阿拉伯联盟国家贫富分化严重为普惠金融创造"本币合作"机会

2009 年始于突尼斯的政治动乱让数个阿拉伯联盟国家陷入了经济停滞，甚至出现了政权更迭。"阿拉伯之春"的主要起因在于阿拉伯联盟国家贫富分化严重、社会就业率下降，而阿拉伯联盟国家民众笃信的伊斯兰教则非常重视社会公平问题，因此产生了社会底层民众和统治精英阶级的严重对立。据统计，2010 年，阿拉伯联盟国家是世界唯一的贫困人口持续增加地区。在阿拉伯地区，有 40% 的人每天生活在 2.75 美元收入以下，其中有超过 4% 的人在贫困线 1.25 美元以下生活（Ridhaaboudi，2017）。阿拉伯联盟国家的高人口增长率也是贫富分化的一大主因，到了工作年龄的青年人口（15～30 岁）占总人口的 1/3 至 1/4，而在 15～24 岁的人群中 20%～40% 没有工作。在中东和北非地区，青年人口就业率不足 30%，且在过去 20 年中没有更好的表现（东亚的这一数字是 53%）。在"阿拉伯之春"之前的 2007 年，埃及青年失业率为 63%（白若萌，2017）。

中小企业的发展在阿拉伯联盟国家的国民经济中占有重要位置，并可以有效解决大批人口就业。数据显示，中小企业占阿拉伯联盟国家企业总量的 90%，创造的价值占 GDP 份额超过 50%。埃及的中小企业占企业总数量的 80% 以上，中小企业创造的价值占全国 GDP 的 56% 以上（蒋传瑛，2012）。因此，近年来，阿拉伯联盟国家领导人非常重视中小企业的发展。2017 年，在埃及沙姆沙伊赫结束的世界普惠金融协会年会（Association for Financial Inclusion）上，各阿拉伯

---

① 转引自 Pan - Arab Renewable Energy Strategy 2030：roadmap of action for implementation，http：//www.irena.org，2017 年 9 月 29 日。

联盟国家领导人就促进各自国家的中小企业发展达成重要共识。

孟刚（2017）认为，应在"一带一路"沿线国家和地区推广中非中小企业贷款等转贷平台建设经验，支持跨境电商、移动支付行业走出去，推动普惠金融发展。目前，中国的国开行已在埃及成功开展了多笔转贷款业务，主要模式是对埃及当地大型金融机构发放贷款，再由它们转贷给当地需要资金的埃及中小企业客户。在中阿贸易全速增长，以及阿拉伯联盟国家着力发展普惠金融以改善社会公平问题的背景下，我国应着力推进人民币普惠金融服务，如提供针对阿拉伯中小企业的人民币贷款（用于支付中阿贸易款项），以及帮助阿拉伯联盟国家建设移动支付电信基础设施等，支持中国跨境电商将阿拉伯联盟国家业务以人民币进行结算，进而借力普惠金融推动人民币国际化战略实施。

**表 12 - 1　　　阿拉伯联盟国家实际 GDP 和人均 GDP 年均增长率**　　　单位：%

| | 实际 GDP 增长 | | | | | 人均 GDP 增长 | | | | |
|---|---|---|---|---|---|---|---|---|---|---|
| | 1991—1995 | 1996—2000 | 2001—2005 | 2006—2010 | 1991—2000 | 1991—1995 | 1996—2000 | 2001—2005 | 2006—2010 | 1991—2000 |
| 阿尔及利亚 | 0.3 | 3.1 | 4.9 | 2.5 | 3.7 | −1.9 | 1.6 | 3.4 | 1.0 | 2.2 |
| 埃及 | 3.4 | 5.2 | 3.5 | 6.2 | 4.9 | 1.6 | 3.4 | 1.6 | 4.3 | 3.0 |
| 摩洛哥 | 1.1 | 4.0 | 5.0 | 4.9 | 4.9 | −0.6 | 2.5 | 3.8 | 3.8 | 2.8 |
| 突尼斯 | 3.9 | 5.6 | 4.4 | 4.6 | 4.5 | 2.0 | 4.2 | 3.4 | 3.6 | 3.5 |
| 阿拉伯世界 | 3.8 | 4.0 | 4.4 | 4.5 | 4.5 | 1.4 | 1.8 | 2.1 | 2.1 | 2.1 |
| 中东北非* | 4.1 | 4.1 | 4.2 | 4.4 | 4.3 | 1.8 | 2.1 | 2.1 | 2.3 | 2.2 |

注：*是包括所有收入水平的国家。

资料来源：吴磊（2014）。

（4）近年来欧美对中东石油依赖降低为人民币业务拓展空间铺平道路

沙特阿拉伯在 20 世纪 60～70 年代石油出口主要面向欧美地区，90 年代以后出口地域开始在亚太地区集中，2000 年后沙特阿拉伯对亚太地区的石油出口量开始占绝对优势（邹志强，2016）。目前，由于美国页岩气革命和加拿大对美国石油出口大幅增加[①]，沙特阿拉伯对美国的石油出口量已不足 100 万桶/日，不及 2009 年金融危机爆发后的谷底水平，仅占美国原油进口量的 13%[②]。

目前，中国是世界上的第一大石油进口国，并且在 2035 年之前，中东地区对我国的石油出口量将达到现在的 2 倍。作为世界石油市场举足轻重的客户，中国推出以人民币计价的、可兑换黄金的原油远期合约，该合约也是我国第一个向外国

---

① 自 2006 年 3 月加拿大就成为美国第一大原油供应国，目前日均供应量在 300 万桶左右，占美国原油进口量的 41%。

② 转引自 OPEC. OPEC Monthly Oil Market Report，http：//www.opec.org，2017 年 9 月 30 日。

机构投资者开放的大宗商品期货合约。截至 2019 年 7 月，沙特阿拉伯对中国出口量为 165 万桶/天，俄罗斯 134 万桶/天，伊朗 21.8 万桶/天，占中国进口总量的9.8%[1]。另外，现在中俄石油贸易已实现人民币结算，在欧美贸易额减少的情况下，沙特阿拉伯等阿拉伯产油大国不愿失去中国这个巨大客户，以人民币进行石油贸易结算将扩大中国从阿拉伯联盟国家石油进口需求。同时，应该看到，我国经济周期与新兴市场周期高度匹配，以美元为主导的国际货币体系和以美国为主导的全球治理体系改革进展缓慢。因此，在欧美降低对中东石油依赖的特殊时期，我国应该构建多元化石油结算体系，坚定不移地推动石油以人民币进行结算。

（5）原油价格以及美元资产长期低迷削弱"石油美元"地位

回顾"石油美元"的诞生历程，我们不难发现，其存在的逻辑是高油价和美国经济繁荣。1974 年，美国与沙特阿拉伯达成协议，约定两国石油贸易以美元结算，同时美国为沙特阿拉伯提供军火等装备并保证其国土不受以色列侵犯。同年12 月，美国向沙特阿拉伯开放美国国债市场，确保沙特阿拉伯在认购美国国债时的优先权，至此完成"石油美元"链条的闭环，即沙特阿拉伯出口石油获得的美元收入又回流至美国，为美国经济发展埋单并从其资产价格上涨中获得收益。在石油价格处于高位的时候，产油国积累了大量美元外汇盈余，并最终流向欧美发达国家。但是，目前石油价格低迷，阿拉伯产油国正在使存量的外汇储备流回本国，以实现经济调整（张帅，2016）。再加上 2008 年金融危机后，美国实施量化宽松计划拯救本国经济，使美元大幅贬值，美元计价资产价格缩水，阿拉伯产油国家承受了巨大损失，"石油美元"的存在逻辑已被削弱。多个阿拉伯联盟国家已经有弃用美元作为石油计价货币的意向。例如，沙特阿拉伯已开始尝试采用以"一篮子"货币计价的阿格斯含硫原油指数（ASCI）代替以美元计价的西得克萨斯轻质原油指数（WTI）（张帅，2016）。此外，中东阿拉伯国家依靠出口石油积累了大量外汇储备，以这些储备形成的许多主权财富基金需要分散风险。当前，人民币已正式被纳入 SDR 货币篮子，且已有多国将人民币计价资产纳入外汇储备，因此应在"石油美元"走弱的情况下适时推进人民币国际化战略。

（6）中阿双边贸易发展需要人民币资金支持

在与阿拉伯联盟国家贸易合作总量上，中国排名第二。2005—2015 年，中国和阿拉伯联盟国家的贸易量已经翻了六番。原油贸易已经成为并将持续作为中阿贸易的支柱行业，阿拉伯联盟国家占中国原油进口量的 37% 左右，并且未来仍有增长空间。中阿贸易具有互补特性，如中国与沙特阿拉伯近年来在可再生能源、航空航天、核能等领域不断有具体项目落地，沙特阿拉伯对中国不仅出口原油，还有石化产品等中国需要的工业品。阿联酋重视发展非石油经济的

① 转引自 OPEC. OPEC Monthly Oil Market Report，http：//www. opec. org，2017 年 9 月 30 日。

战略在其与我国的经贸关系上得到了良好体现。2017年中阿两国非石油贸易约占总贸易额的78%，达533.2亿美元，同比增长15.1%。未来阿联酋将大力发展建材、石化、商贸物流等行业，这些对中阿两国来说具有高度互补性的行业将继续推高中阿贸易额登上新的台阶。在当前中国与阿拉伯联盟国家贸易及投资额双增长的背景下，全面推进阿拉伯联盟国家的人民币业务，势必会带动更多中资企业走入阿拉伯联盟国家，促进中阿双方企业的贸易和投资合作，进一步盘活各种资源，推进彼此开放与互利合作，增强综合实力。

（7）阿拉伯联盟国家投资潜力巨大将吸引更多来自中国的直接投资

虽然中国具有大量外汇储备和投资能力，但当前中国对沙特阿拉伯直接投资额较小。据中国商务部统计，2017年中国对沙特阿拉伯非金融类直接投资为−3.45亿美元，直接投资存量为20.38亿美元。投资规模小的原因主要是沙特阿拉伯依靠石油出口积累了大量外汇储备，不缺少发展所需的资金。但是，近年来随着原油价格下降，沙特阿拉伯也逐渐在一些特定领域对外国资本敞开了大门，特别是石油、天然气的下游产业和工业制造业对外国直接投资的政策相对比较宽松。

埃及既是阿拉伯联盟国家，同时又地处非洲，是非洲第三大经济体。目前中埃贸易额较大，埃及是中国在非洲的第三大贸易伙伴，然而投资存量和承包工程量尚小，未能进入中国在非排名前十的投资目的国。截至2017年底，中国对埃及直接投资存量仅为8.35亿美元。据统计，当前埃及是世界第五大外国直接投资流入国，仅次于印度、中国、印度尼西亚和美国。而中国2016年对外投资飙升44%，达到1 830亿美元，这是中国首次成为全球第二大对外投资国[①]。2018年，中国对非洲直接投资33亿美元，而对埃及直接投资仅7 422万美元，占比约为中国对外投资的2.2%，中国对埃及投资存在巨大发展空间。更多中资企业来埃及投资建厂，将加强中埃经贸合作，为人民币国际化在埃及的落地创造良好条件。

表12−2　　　　　　2018年中国与部分非洲国家贸易额情况　　　单位：亿美元

| 国家 | 贸易额 |
| --- | --- |
| 南非 | 435.4 |
| 安哥拉 | 280.5 |
| 尼日利亚 | 152.7 |
| 埃及 | 138.2 |
| 阿尔及利亚 | 91.0 |
| 刚果（金） | 74.4 |
| 加纳 | 72.5 |

资料来源：中非贸易研究中心。

---

① 转引自 United Nations Conference on Trade and Development. World Investment Report 2017，http：//unctad. org/en/PublicationsLibrary/wir2017_ en. pdf，2017 年 10 月 1 日。

表 12－3 近 5 年中埃投资统计 单位：万美元

| 年份 | 直接投资 | 存量直接投资 |
|---|---|---|
| 2013 | 2 322 | 51 113 |
| 2014 | 16 287 | 65 711 |
| 2015 | 8 081 | 66 315 |
| 2016 | 11 983 | 88 891 |
| 2017 | 9 276 | 83 484 |

资料来源：中国商务部。

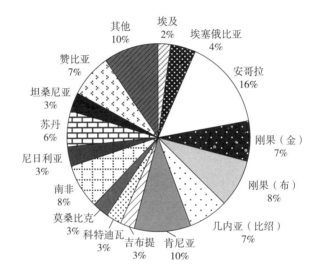

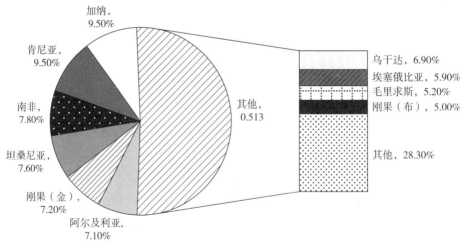

资料来源：中国商务部。

**图 12－1 2017 年中国对非洲直接投资流量国别和地区分布**

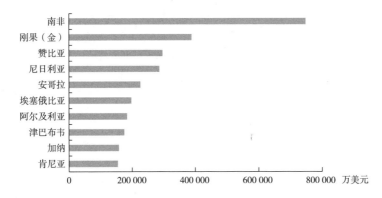

资料来源：中国商务部。

**图 12 - 2　2017 年末中国对非洲直接投资存量国别和地区分布前十位**

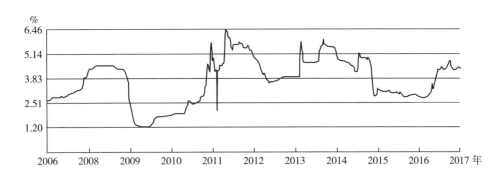

资料来源：Global Rates。

**图 12 - 3　3 个月上海银行间同业拆放利率趋势图**

（8）阿拉伯联盟国家不断对外国直接投资出台优惠政策

2017 年 5 月，埃及议会通过新《投资法》，规定投资项目审批时间最长不超过 97 天，根据经济和产业发展程度在概念上区分了投资区、技术区和自由区，并且出台了一系列的减税和财政返还等吸引外资政策。在税收上，新《投资法》规定最高可对投资在"最需发展地区"的项目减免 50% 的税负，对"广泛使用人力、中小企业、生产或使用可再生能源、国家或战略旅游规划"等投资项目减免 30% 税收。若项目在两年内投产，投资者将从财政部门得到 50% 的土地出让金返还。

**表 12 - 4　　　　　　　　　　　　　埃及新《投资法》政策**

| 序号 | 新《投资法》规定 | 细则 |
| --- | --- | --- |
| 1 | 投资区 | 由总理颁布条令设定，涵盖行业包括物流、农业和工业（不受自由贸易区限制）；新区的独立董事会具有唯一管理权，权力包括项目准入等（不再经其他政府部门审批） |

| 序号 | 新《投资法》规定 | 细则 |
|---|---|---|
| 2 | 技术区 | 由总理颁布条令设定，涵盖包括信息技术、电信、电子设备设计制造、数据中心、程序制作、技术教育等相关行业；新区的独立董事会具有唯一管理权，权力包括项目准入等（不再经其他政府部门审批）；技术新区项目所需的设备和仪器不需缴纳除新《投资法》规定的其他税种 |
| 3 | 自由区 | 由总理颁布条令设定，主要为出口服务，涵盖行业为除石油、化肥和钢铁生产，交通、天然气生产等以外的其他行业；新区的独立董事会具有唯一管理权，权力包括项目准入等（不再经其他政府部门审批）；技术新区项目所需的设备和仪器不需缴纳除新《投资法》规定的其他税种 |

资料来源：埃及《投资法》。

沙特阿拉伯政府也正在努力营造一个良好的投资环境。首先，简化了外国投资审批程序，为便利外国劳工探亲设立了快速签证办理通道，最多只需5个工作日即可办理；其次，对外国企业来沙特阿拉伯投资分级对待，对行业领先企业、具有自主知识产权的中小企业等给予较高评级；再次，甄别投资项目，对沙特阿拉伯经济竞争力有提升、促进知识产权沙特阿拉伯本土化以及增加沙特阿拉伯商品出口竞争力的项目进行特别鼓励；最后，提高了外资股比限制，在批发和零售项目中允许外资占比100%（此前是75%）（陈沫，2016）。

更好的投资环境，巨大的投资增长潜力，以及重要的地理位置等优质资源，使阿拉伯世界成为吸引中国对外直接投资的重要地区。更多的中国对阿投资以人民币计价，将增加赴阿投资的中国企业数量，从而为阿拉伯联盟国家成功实现经济转型提供更多、更好的支持。

（9）货币互换协议奠定人民币业务在阿拉伯联盟国家的发展基础

目前，中国人民银行已和数个阿拉伯联盟国家央行签订了货币互换协议，为这些国家提供流动性支持。货币互换协议的签订是中阿央行对各自币种的信任，我国也要求相应国家央行针对人民币的使用制定相应的商业银行操作细则，从而逐步实现人民币境内结算。中阿货币互换协议金额虽然不如我国和东盟国家互换的量大，但这是阿拉伯银行业使用人民币结算的一个良好开端。货币互换后，阿拉伯银行业将有动力使用人民币为中资企业或与中资企业有贸易往来的阿拉伯企业进行结算，以减轻美元兑付压力，中资企业也能降低财务成本。本币合作的共赢局面一旦打开，将会形成一个良性循环，会有更多的埃及银行寻求人民币结算，进而产生境外人民币贷款等需求。

### 12.4.2　主要问题

（1）我国原油期货市场尚不完善

20 世纪 90 年代，我国成为第一个设立原油期货市场的亚洲国家，但是由于经营、监管等一系列问题，最终不得不将其关闭。现在的上海期货市场只交易燃料油期货合约，虽然拟推出中质含硫原油期货产品（世界主要交易品种为轻质含硫原油期货），但距离世界领先的原油期货市场还有很大差距。徐东（2017）通过对几个国际著名原油期货交易所的研究发现，一个成功的原油期货市场需要一整套完整的金融交易体系，如衍生品市场、货币市场和外汇市场联动而形成的一套复杂而有机的生态系统。而且，活跃的原油交易意味着不存在一个市场垄断者，而我国还没有做好完全开放石油领域的准备，尤其在关系到国家安全的时候。"石油美元"是建立在对石油交易结算流程的控制基础上的，这个基础意味着必须有成熟的石油基础设施——原油期货交易所。因此，要实现"石油人民币"还有很多障碍需要克服。

表 12 - 5　　　　　　　　世界主要原油期货交易所对比

| 国家/交易所 | 交易品种 | 计价和结算货币 | 交割方式 | 推行原因 | 推行结果 | 成功（或失败）原因 |
|---|---|---|---|---|---|---|
| 美国/NYMEX | WTI | 美元 | 实物交割 | 套期保值 | 成功 | 选取的标的物是国内主流品种；全球多数原油现货以美元标价，交易者规避了汇率风险；良好的流动性和价格透明度；发达金融体系的支撑；OTC 市场（场外交易市场）的发展 |
| 英国/ICE | BRENT | 美元 | 现金交割，远期市场发达，为期货交割提供了权威结算价 | 套期保值 | 成功 | 凭借 20 世纪 90 年代地缘政治占据一席之地；良好的流动性和价格透明度；发达金融体系的支撑；伦敦与纽约两大市场套利机制；OTC 市场的发展 |
| 阿联酋/DME | OMAN | 美元 | 实物交割 | 意图取得中东原油地出口价格的话语权 | 一般 | 中东地区主要是出口原油，流向单一；交易量清淡，沦为现货市场 |

续表

| 国家/交易所 | 交易品种 | 计价和结算货币 | 交割方式 | 推行原因 | 推行结果 | 成功（或失败）原因 |
|---|---|---|---|---|---|---|
| 印度/MCX | WTI | 卢比 | 实物交割和现金交割并存 | 作为原油进口大国，意图争夺原油定价权 | 一般 | 具有时区优势，可与纽约市场跨时交易；国内金融体系不完善（计价货币为非通行货币、外汇管制） |
| 日本/TOCOM | MECO | 日元 | 以普氏评估的Oman/Dubai均价进行现金结算 | 作为原油进口大国，意图争夺原油定价权 | 不成功 | 经济发展缓慢、期货市场不活跃；日本原油完全依赖进口，流向单一；现金结算，没有价格发现功能 |

资料来源：徐东（2017）。

### （2）人民币货币市场利率和长期利率偏高

研究表明，一国货币市场和长期利率水平会影响货币国际化程度，且存在反比关系。因为银行在进行贷款定价时，会在SHIBOR或LIBOR（伦敦同业拆借利率）的基础上进行加点，而所加的点数反映了借款人的信用风险，所以在使用SHIBOR和LIBOR的时候，后面的加点理论上讲应该是一样的，以反映同等的信用风险。利率越低，境外本币贷款就越受欢迎，利率越高，则国际上接受此币种贷款的意愿就会降低，进而影响货币国际化进程。根据中国人民银行的相关政策，境外人民币贷款规模纳入信贷规模总体调控范围。而目前境外人民币贷款较之境内人民币业务收益较低，在贷款规模有限的情况下境外人民币业务将直接影响银行的整体收益，从而降低银行选择开展境外人民币业务的偏好。

表 12-6 　　　　　　　　　　**SHIBOR 与 LIBOR 比较**[1]

| 期限 | RMB-SHIBOR（%） | USD-LIBOR（%） |
|---|---|---|
| O/N | 2.6958 | 1.17889 |
| 1W | 2.8320 | 1.19667 |
| 2W | 3.7218 | — |
| 1M | 3.9510 | 1.23444 |
| 3M | 4.3647 | 1.32111 |
| 6M | 4.3870 | 1.45861 |
| 9M | 4.3980 | — |
| 1Y | 4.4015 | 1.71956 |

资料来源：Global Rates。

---

① 数据引用自 http://www.global-rates.com/interest-rates/libor/libor.aspx，引用日期：2017年9月14日。

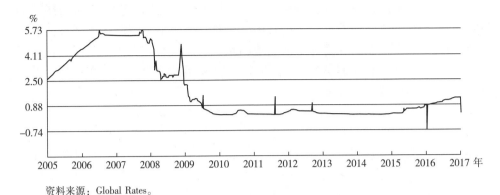

资料来源：Global Rates。

**图 12 - 4　3 个月 LIBOR 利率趋势图**

（3）人民币汇率波动幅度和走势逐步扩大

研究表明，货币汇率波动（预期）幅度对货币国际化产生重要影响。2014年 3 月 17 日起，银行间即期外汇市场人民币兑美元交易价浮动幅度由 1% 扩大至 2% 。特别是在美国经济复苏的大背景下，已不存在人民币单边升值的预期。从近年人民币对美元汇率走势看，人民币持续贬值后又大幅升值，会使一国政府和企业认为更加难以把控人民币波动风险。在人民币汇率走势不明朗及波动幅度增大的情况下，外国政府将青睐更为稳定的货币作为结算和储备货币，外国企业将更倾向于获取美元融资，以减少汇兑风险，这在一定程度上加大了人民币作为结算和储备货币的推广难度。

（4）人民币离岸市场发展程度有限

虽然中国香港、新加坡和欧洲的一些离岸人民币市场规模增长迅速，但仍然存在金融产品较少、流动性低的问题，难以满足交易者的避险、保值、增值等交易需要，限制了人民币实现金融交易和储备货币职能。另外，虽然通过银行授信模式可以将人民币还款以及还款筹资带来的汇率风险转嫁给实际用款企业，但由于境外借款人与境内企业相比，普遍缺乏人民币收入来源，使境外借款人的有效用款需求减少，较大地影响了境外人民币贷款业务的发展。此外，目前我国银行为境外人民币贷款业务提供的避险方式还主要是与借款人开展远期结售汇交易，但由于人民币远期市场尚不成熟，一年以上的交易不活跃，客户的避险需求难以充分满足，也影响了境外人民币贷款的推广。

### 12.4.3　推进建议

（1）推动阿拉伯联盟国家的大宗商品人民币计价结算

大宗商品是国际贸易的"领头羊"，主要包括石油、钢铁、有色金属、矿石和大宗农产品等。其中，石油交易是最为重要和频繁的标杆性交易。日元国际化失败原因之一，就是日元在国际贸易领域的计价结算职能未能充分体现。美国是石油消费大国，在 20 世纪 70 年代与沙特阿拉伯达成一项"不可动摇"的协议，将美元作为石油的唯一定价货币，自此用美元牢牢控制了国际石油贸易的计价结算、石油金融和很多石油产地国家，虽然不是欧佩克成员国，但是对于全球石油价格有很大的影响力。大宗商品交易是国际贸易领域实现货币替换的关键，具有极强的货币使用惯性。伊拉克和伊朗曾经尝试用非美元进行石油贸易计价结算，但是由于各种原因，政治层面更迭动荡，最终无果而终。2015年，中国和俄罗斯成功尝试用人民币结算石油贸易。2016 年，中国正式超越美国成为最大石油进口国。以此为起点，中国应当发挥投融资等综合优势，在沙特阿拉伯、埃及等"一带一路"沿线国家和地区大力推动石油等大宗商品的人民币计价结算，逐步提高国际贸易中人民币的使用程度，实现人民币国际化的重要职能。

（2）加快建立我国原油期货市场，完善原油人民币定价体系

实现石油人民币结算，不仅需要一个国家具有强劲的石油需求，这个国家还应该在石油定价体系中具有举足轻重的话语权，而这个话语权来自健全的原油期货交易体系。虽然我国相关市场在石油定价方面还存在一定的问题，不能十分客观地反映市场供求关系，而且也不具备相应的外汇、货币以及衍生品交易市场，但是我国应该先以提高市场效率为目标，尽早开始推动这一进程，使买方获得合理价格，卖方提高供货效率，实现有效的国际价格比较，进而和国际原油交易体系对接，最终实现石油人民币结算的目标。

（3）进一步完善阿拉伯联盟国家人民币结算系统，建立更多的人民币清算行

目前，我国已在卡塔尔设立人民币清算行，并拟在阿联酋设立清算中心，人民币支付在中东阿拉伯国家已实现跨越式发展，但是在北非阿拉伯国家仍然有很大潜力。埃及每年从中国进口大量商品，2016 年中国对埃及出口贸易额107.8 亿美元，是中国在非洲的第三大贸易国，在埃及建立人民币清算行可以更加有效地引领北非阿拉伯国家人民币国际化进程的向前推进。此外，中国对埃及主要出口机电、汽车等产品，具有一定技术优势，在支付货币选择上应占有更多话语权。而且，在埃及外汇短缺的情况下，建立人民币清算行或鼓励更多的埃及银行接入人民币结算系统，能够鼓励中埃贸易使用人民币支付，从而减轻埃及外汇储备短缺压力。

（4）成立阿拉伯联盟国家银行合作组织

英镑、美元、日元和欧元的国际化都离不开以本国银行为主的，各国银行紧密合作的推动力量。因此，"一带一路"倡议推进人民币国际化的关键，是要尽快形成沿线国家和地区银行广泛参与，以人民币为核心的区域性货币合作体系。阿拉伯联盟国家和中国的政治经济合作基础扎实，对中国投资、贸易和资本的期望值很高。中国应当抓住当前有利时机，推动成立阿拉伯联盟国家银行

合作组织，力争形成阿拉伯联盟国家银行广泛参与并以人民币为核心的区域性货币合作体系，促进"一带一路"沿线投融资和贸易合作便利化，加快实现人民币的国际化职能。

（5）以自由贸易和投资合作协议固化政策沟通成果

一国货币在对外投资和贸易中发挥主导作用，是其国际化的前提条件。中国应当加强和阿拉伯联盟国家的政策沟通，促进贸易和投资便利化，将成果以法律文件形式固化，签署促进自由贸易和投资合作的协议，为人民币国际化打下更为扎实的政策和法律保障基础，更好地实现人民币计价结算、交易、储备等职能。近年来，中国政府已经与 30 个国家政府签署了经贸合作协议，中国商务部与 60 多个国家相关部门及国际组织在"一带一路"国际合作高峰论坛召开期间，共同发布了推进"一带一路"贸易畅通的合作倡议。以此为基础，中国应当继续推动和阿拉伯联盟国家的经贸合作，签署双边或多边自由贸易和投资合作协议，鼓励和引导人民币在投资及贸易活动中的使用。

（6）积极研究各方需求，推进境外人民币贷款

温源（2017）将境外人民币贷款对象分为四类，即货币当局贷款、财政当局贷款、金融机构贷款和企业直贷；将境外国家分为周边型、援助型、资源型和发达型四类。在上述分类中，阿拉伯联盟国家介于资源型和发达型国家之间，又由于中东特殊地理位置的缘故，兼具周边型国家的特点，因此在阿拉伯联盟国家推动境外人民币贷款，重点需要关注货币当局、金融机构和当地企业。刚刚落地的首单埃及人民币贷款，即国开行与埃及阿拉伯国际银行 2.6 亿元人民币贷款合作，以及埃及银行与国开行签署的人民币贷款合作谅解备忘录，可以很好地说明金融机构和货币当局在这方面的需求。另外，调研结果显示，阿拉伯联盟国家当地中资企业或与埃及有贸易往来的中资企业对人民币结算有着强烈需求。而这些中资企业往往都是对阿拉伯国家有技术优势的，因此阿方在这些行业领域愿意以人民币支付。我方可以适时向对方推广买方信贷业务，对从中国进口产品的阿方企业进行人民币授信，同时满足中阿双方的需求。

（7）以货币互换推动人民币的投资和外汇储备职能

历史上，英国央行通过货币互换合作有效化解了英镑信用危机。日本通过货币互换合作构建了东亚地区区域性货币合作框架。截至目前，中国人民银行已经与"一带一路"沿线超过 21 个国家和地区央行签署了双边本币互换协议，总规模超过 3 万亿元。我国和阿拉伯联盟国家签署货币互换协议，除互相提供流动性支持外，还能够促进人民币作为双边贸易结算货币，促进以人民币计价进行直接投资和金融资产投资，并在此基础上推动其增加人民币外汇储备。储备货币是指以外币计价的资产或存款，主要由政府或官方机构作为外汇储备持有。2010 年 9 月，马来西亚央行在中国香港购买了价值 100 亿美元的人民币计价债券作为其外汇储备，这是人民币首次成为其他国家央行的储备货币。截至 2016

年12月，IMF的官方外汇储备货币构成数据库中，人民币资产占比为1.07%，至少有40个国家和地区以不同的方式将人民币作为储备货币。近年来，如埃及等阿拉伯国家出现了严重的美元流动性不足情况，因此对我国提供流动性支持的需求很强烈。以货币互换推动阿拉伯联盟国家增加人民币外汇储备是一种行之有效的市场化运作方式。

# 第13章 域外推动研究

## ——在法国设立人民币海外基金

## 13.1 引言

习近平主席在 2017 年 5 月"一带一路"国际合作高峰论坛上宣布:"中国将加大对'一带一路'建设资金支持,向丝路基金新增资金 1 000 亿元人民币,鼓励金融机构开展人民币海外基金业务,规模预计约 3 000 亿元人民币。"李克强总理在 2016 年 3 月政府工作报告中指出:"要扩大国际产能合作。设立人民币海外合作基金,用好双边产能合作基金。推动装备、技术、标准、服务走出去,打造中国制造金字品牌。"

设立人民币海外基金意义重大。一是有利于人民币国际化。人民币海外基金可以成为中国的金融机构以及社会资本推动人民币"走出去"的重要渠道,大幅提高人民币在全球贸易、投资和金融活动中的使用比例。二是有利于"一带一路"建设的融资需求。据初步统计,"一带一路"基础设施建设投资总规模或高达 6 万亿美元,以美元等现有国际货币作为投资货币是难以持续和高风险的。人民币海外基金有助于解决"一带一路"建设的资金缺口问题。三是有利于中国的国际产能合作。人民币海外基金可以鼓励国内制造企业"走出去",不仅加强双边产能合作,还可以支持中国企业和拥有先进生产能力的发达国家企业在第三方市场共同开展产能合作。

欧洲联盟(以下简称欧盟)是中国第一大贸易伙伴,经贸合作关系密切。欧盟由欧洲共同体发展而来,拥有 27 个成员国[①],总部设在比利时首都布鲁塞尔,是一个集政治实体和经济实体于一身、在世界上具有重要影响力的区域性一体化组织。欧盟成员不一定加入欧元区,但欧元区国家都是欧盟成员国,欧元区目前有 19 个国家。欧洲则是从地理位置上划分的一个范畴,有近 50 个国家和地区,包括俄罗斯。

---

① 欧盟有奥地利、比利时、保加利亚、塞浦路斯、克罗地亚、捷克共和国、丹麦、爱沙尼亚、芬兰、法国、德国、希腊、匈牙利、爱尔兰、意大利、拉脱维亚、立陶宛、卢森堡、马耳他、荷兰、波兰、葡萄牙、罗马尼亚、斯洛伐克、斯洛文尼亚、西班牙、瑞典 27 个国家。英国已于 2020 年 2 月 1 日正式脱欧。

本章将以欧盟为主要研究范围，对在法国设立人民币海外基金展开可行性研究。

## 13.2 人民币国际化在欧盟的发展现状

### 13.2.1 人民币的贸易结算职能

2015年全球共发生人民币跨境贸易结算7.23万亿元，同比增长10.38%，当年人民币结算全球占比达3.38%，增速较2014年有所放缓。人民币贸易结算主要在中国香港、中国台湾、东盟和俄罗斯等，欧盟所占比例较小。

人民币作为国际支付货币，曾在2015年8月占比达到2.79%，首次超越日元，成为全球第4大支付货币。但是，自2015年以来，人民币汇率波动幅度较大，人民币的国际支付占比下滑迅速，2016年6月已下降近40%。根据环球银行间金融电信协会（以下简称SWIFT）的数据，截至2017年4月，在全球总支付中人民币只占1.6%，与瑞士法郎并列排名第六，排名在美元、欧元、英镑、日元和加拿大元之后。

### 13.2.2 人民币的金融交易职能

截至2016年12月，含英国在内的欧洲国家总体发行人民币债券数量282只，占全球人民币债券的16%，募资额度900亿元，占全球人民币债券募资额度的9.7%。

### 13.2.3 人民币的储备职能

根据中国国家外汇管理局的数据，截至2016年12月，外国中央银行持有的人民币资产达5 635亿元人民币（约720亿欧元）；其中，欧洲中央银行持有5亿欧元人民币资产。人民币在欧盟外汇储备总额中比例约为1%，尚属起步阶段，美元资产在欧盟外汇储备总额中的占比则高达75%。在世界各国外汇储备的组成货币中，各主要货币的排位依次为美元、欧元、日元、英镑、加拿大元、澳大利亚元、瑞士法郎，人民币作为储备货币的比例还比较小。

表13-1　　　　　欧盟国家（含英国）央行的人民币储备情况

| 序号 | 银行名称 | 币值 | 纳入时间 | 信息来源 |
|------|----------|------|----------|----------|
| 1 | 英国央行 | 58亿元人民币 | 2014年 | 中国日报网站 |
| 2 | 欧央行 | 5亿欧元等值人民币 | 2017年 | 欧洲中央银行网站 |
| 3 | 比利时央行 | 2亿欧元等值人民币 | 不明 | 和讯网 |
| 4 | 瑞士国家银行 | 有少量，但数额不明 | 不明 | 新浪财经 |

资料来源：根据互联网信息等整理。

### 13.2.4　货币互换等

截至目前，已有 4 个欧盟国家和我国央行签署了货币互换协议，已有 8 种欧盟国家货币可以和人民币直接兑换，欧盟共有人民币清算行 6 家。

表 13-2　　　欧盟国家（含英国）与我国开展人民币货币互换情况

| 序号 | 国别 | 协议签署时间 | 互换规模 | 期限 |
|---|---|---|---|---|
| 1 | 英国 | 2013 年 6 月 22 日<br>2015 年 10 月 20 日（续签） | 2 000 亿元人民币/200 亿英镑<br>3 500 亿元人民币/350 亿英镑（续签） | 3 年 |
| 2 | 匈牙利 | 2013 年 9 月 9 日<br>2016 年 9 月 12 日（续签） | 100 亿元人民币/3 750 亿匈牙利福林<br>100 亿元人民币/4 160 亿匈牙利福林（续签） | 3 年 |
| 3 | 欧央行 | 2013 年 10 月 8 日<br>2016 年 9 月 27 日（续签） | 3 500 亿元人民币/450 亿欧元<br>3 500 亿元人民币/450 亿欧元（续签） | 3 年 |

资料来源：根据中国人民银行网站信息等整理。

表 13-3　　　　　　　在欧盟国家（含英国）的人民币清算行

| 序号 | 地点 | 清算行 | 时间 |
|---|---|---|---|
| 1 | 英国伦敦 | 中国建设银行 | 2014 年 |
| 2 | 德国法兰克福 | 中国银行 | 2014 年 |
| 3 | 法国巴黎 | 中国银行 | 2014 年 |
| 4 | 卢森堡 | 中国工商银行 | 2014 年 |
| 5 | 匈牙利布达佩斯 | 中国银行 | 2015 年 |

资料来源：根据中国人民银行网站信息等整理。

### 13.2.5　欧盟的人民币业务中心

伦敦作为全球最大的离岸金融中心之一，也是欧盟的人民币业务中心。在英国脱欧后，法国、德国和卢森堡都希望在本国建设能够取代伦敦地位的人民币离岸金融中心，后文会详述。

表 13-4　　　　　　　　伦敦的人民币业务基本情况

| 人民币业务 | 基本情况 | 数据来源 |
|---|---|---|
| 最大的离岸人民币外汇交易中心 | 截至 2017 年 3 月，36.3% 的人民币外汇交易（不含中国内地）通过英国完成。中国香港位居第二（29.3%），美国和法国并列第三（7.3%），随后是新加坡（5%）。另外，过去 5 年中，伦敦的人民币外汇交易稳步增加，2016 年人民币外汇交易数量超过 1 300 万笔 | SWIFT，2017 年 3 月 |

| 人民币业务 | 基本情况 | 数据来源 |
|---|---|---|
| 人民币使用量世界排名第二 | 2017 年，英国超越新加坡成为世界人民币使用量第二大境外经济体，权重达到 5%。香港的人民币国际化超级中介地位稳固，占比高达 76.26% | SWIFT，2017 年 7 月 |
| 人民币清算总量是亚洲以外最大 | 截至 2017 年 2 月，英国人民币清算行（建行伦敦分行）已为 69 家金融机构开立人民币账户，人民币清算总量累计接近 14 万亿元，日均清算量达 210.52 亿元，日均清算笔数 342 笔，业务直通率 95.82%，清算总量继续保持亚洲地区以外最大 | 媒体报道 |
| 人民币债券市场重要参与者 | 中国境外发行人民币债券进程中，伦敦起到了重要作用 | 媒体报道 |
| 在以中国为收款国的前五大付款国家（地区）中排名第四 | 全球全部国家/地区加总的人民币支付份额依然较低，介于 1% 至 2%。美元依然是向中国支付的主要货币。按金额计算，美国向中国的支付 98% 使用美元。中国香港、美国、韩国、英国和中国台湾的人民币支付份额分别是 17%、8%、5%、5% 和 4%。在向中国的支付活动中，英国对美元的依赖度最低（79%），显现出在币种上的最广泛多样性 | SWIFT 人民币专刊 |

资料来源：根据互联网信息等整理。

## 13.3 伦敦离岸金融中心现状

### 13.3.1 伦敦离岸金融中心

（1）全球离岸金融中心分类

表 13-5　　　　　　　　　全球离岸金融中心分类

| 模式 | 典型中心 | 交易主体 | 形成方式 | 业务范围 | 特点 |
|---|---|---|---|---|---|
| 内外混合型 | 伦敦、香港 | 非居民、居民离岸金融机构 | 自然形成 | 中长期资金借贷 | 离岸机构无严格申请程序，不设单独离岸账户，与在岸账户并账运作，资金出入无限制 |
| 内外分离型 | 美国 IBF、日本 JOM | 非居民、居民离岸金融机构 | 人为创设 | 中长期资金借贷 | 离岸机构设立须经当局审准，离岸业务只能在专门账户（IBF）中进行，离岸交易与在岸交易分开，严禁离岸与在岸资金渗透 |

| 模式 | 典型中心 | 交易主体 | 形成方式 | 业务范围 | 特点 |
|------|----------|----------|----------|----------|------|
| 渗透型 | 雅加达、新加坡 ACU、曼谷 | 非居民、居民离岸金融机构 | 人为创设 | 中长期资金借贷 | 两种情况：OUT – IN 型与 IN – OUT 型 |
| 避税港型 | 开曼、巴哈马、百慕大 | 非居民、居民离岸金融机构 | 人为创设 | 只处理账务，无交易实际 | 簿记型（Paper Company Shell Branch），英美法系，税负低，基本无金融管制 |

资料来源：根据互联网信息等整理。

（2）伦敦离岸金融中心主要情况

英国伦敦金融中心属内外混合型，即不区分离岸和在岸金融中心，在市场中可自由交易，没有资金出入的限制，并且英镑货币市场与欧洲主要货币市场联通。伦敦金融中心拥有全世界最大的外汇市场、黄金市场和金融衍生品市场。英国金融市场监管采用审慎监管局（Prudential Regulation Authority）和金融行为管理局（Financial Conduct Authority）的双峰监管模式，对应宏观审慎监管和微观审慎监管，同时英格兰银行内部设立货币政策委员会、金融政策委员会和审慎监管委员会。

### 13.3.2　英国"脱欧"后对人民币离岸金融中心发展影响

自 2016 年 6 月英国"脱欧"公投以来，伦敦能否保持其国际金融中心地位受到质疑，中英两国签署的有关人民币国际化的一系列协议产生不确定性，伦敦作为人民币国际化向欧洲辐射的桥头堡地位有所下降。欧盟主要国家开始着手在欧洲大陆布局，力争取代伦敦的金融中心地位，特别是开始重视发展人民币业务。

就目前来看，伦敦人民币离岸金融中心的地位还较为稳固。伦敦人民币外汇交易和清算业务量皆保持稳定向好态势，2016 年第四季度，伦敦离岸人民币日均交易额为 563.1 亿英镑，较上季度上升 9.6%。清算业务上，伦敦的人民币清算行中国建设银行伦敦分行自 2016 年 7 月至 2017 年 2 月完成人民币清算量 4.3 万亿元，同比增长 14%。截至 2017 年 2 月末，已有 69 家金融机构在建行伦敦分行开设人民币账户，伦敦人民币清算总量累计接近 14 万亿元，日均清算量 210.52 亿元，日均清算笔数 342 笔，业务直通率 95.82%，清算总量继续保持亚洲地区以外最大。

### 13.3.3　欧盟各国积极推进人民币离岸金融中心建设

中国经济实力的不断壮大改变了国际资金流动格局。目前，除英国已经建成人民币离岸金融中心外，法国、德国、卢森堡也在积极寻求加强人民币金融合作，建立人民币离岸金融中心。在英国"脱欧"的大背景下，能够率先成为欧盟国家的人民币离岸金融中心显得越发重要。

（1）法国
①法国离岸人民币金融中心建设的基本情况

近年来，法国积极推进巴黎的人民币离岸中心建设，特别是在英国"脱欧"的背景下，法国对于建设离岸人民币金融中心的兴趣大增。2014年3月，法国获得800亿元RQFII（人民币合格境外机构投资者）额度，用于投资中国境内资本市场。2014年12月，中国银行巴黎分行成为法国的人民币清算行，标志着法国人民币支付系统的建立。2016年11月，中国国务院副总理马凯在第四次中法高级别经济财金对话与法国经济和财政部部长米歇尔·萨潘共同表示，支持巴黎建设离岸人民币金融中心，希望法国成为欧元区人民币业务聚集地。

②高层表态

2016年7月24日，法国财长米歇尔·萨潘在成都出席20国集团（G20）财长和央行行长会议时表示，法国关注巴黎成为潜在的人民币离岸交易中心已很多年，他相信英国"脱欧"后，巴黎将排在候选名单中的第一位。2016年12月，法兰西银行名誉行长克里斯蒂安·努瓦耶访华，并称巴黎将取代伦敦成为欧洲新的金融中心。努瓦耶认为，随着英国"脱欧"，而且法国现在已经建立了完备的人民币支付和清算体系，多笔人民币计价债券也在法国成功发行，法国将取代英国成为人民币国际化在欧洲发展的重要国家。

③巴黎资本市场

巴黎资本市场的发达程度在欧盟国家的城市中名列前茅，可为拓展人民币业务的广度和深度提供良好的帮助。欧洲最大的公司债券市场位于巴黎，占据整个欧洲40%左右的市场份额，领先于英国的27%和德国的10%。巴黎还拥有欧洲第一大证券交易所和世界第二大衍生品交易所的泛欧交易所（Euronext）总部。Euronext与多家中国金融机构建立了广泛的联系与合作，如中行、农行、工行、建行等国有银行，以及深交所等交易平台。另外，巴黎的银行业也非常发达，总部位于巴黎的法国兴业银行、农业信贷银行在资产总量上排名欧洲第2、3位，而且法国的银行素有执行力强的美誉，因为其较其他国家的银行来讲更受投资者青睐。在欧洲，巴黎的资产管理行业规模也仅次于伦敦。

④巴黎的金融服务辐射非洲多个国家

非洲有14个国家是前法郎区国家，法国银行业在这些国家深耕多年，是当地金融服务的主要提供者，目前巴黎的人民币存款位居欧洲第二，其中的大部分来自中国与非洲的交易，因此巴黎有望成为中国与非洲人民币跨境贸易的中转地。外汇交易是英国伦敦人民币离岸中心的亮点，人民币投资基金是卢森堡准备发展的重头戏，而贸易融资相关的人民币业务则是巴黎的强项。

（2）德国

①德国离岸人民币金融中心建设的基本情况

德国是中国的第三大贸易伙伴，是中国最大的对欧投资国，这使法兰克福成为建设欧盟人民币离岸金融中心的有力竞争城市。法兰克福的金融环境优势突出。欧洲央行、德国央行、德国联邦金融监管局、德交所、德意志银行、德国商业银行等总部都设在法兰克福。其中，德国联邦金融监管局是欧盟内少数有复杂衍生品交易管理经验的监管机构。

2014年3月，中国人民银行宣布将在法兰克福设立人民币清算行，同年6月，中国人民银行指定中国银行法兰克福分行作为人民币清算银行，为其他银行和企业开设人民币账户，并办理欧元和人民币业务。虽然中德贸易量是中英的2倍，而且德国对华直接投资是英国的1.3倍，但是法兰克福人民币结算量仍显著低于伦敦，因此法兰克福人民币业务拥有较大潜力。

②中欧国际交易所

2015年11月，总部设在德国法兰克福的中欧国际交易所（以下简称中欧所）正式运营，出资方为上海证券交易所、德意志交易所集团和中国金融期货交易所，三家公司在这家合资公司的持股比例分别为40%、40%和20%。

中欧所目前的重点是现券市场，产品包括债券、交易所交易基金，后续还将推出D股，即在中国大陆注册公司发行、在德国交易的D股。中欧所平台上的ETF（交易型开放式指数基金）[1] 追踪了最重要中国指数的行情。此外，这里交易的人民币债券均由蓝筹股公司或大型金融机构发行。参与中欧所现券市场产品的交易，需要获得德意志交易所集团旗下现券市场法兰克福证券交易所的交易会员资格。

表13-6　　　　　　　　　　　　　中欧所交易产品一览

| 序号 | 类别 | 产品名称 | 国际证券识别编码（ISIN） |
|---|---|---|---|
| 1 | 交易所交易基金 | 中银国际上证50 A股指数 UCITS ETF | LU1306625283 |
| 2 | | 德商行建银国际 RQFII 货币市场 UCITS ETF | GB00BVJF7G73 |
| 3 | | 德商行建银国际 RQFII 货币市场 UCITS ETF | GB00BVJF7F66 |
| 4 | | 南方东英富时中国A50 UCITS ETF | DE000A1XES83 |
| 5 | | 德银 x-trackers 沪深300 UCITS ETF 1C | LU0779800910 |
| 6 | | 德银 x-trackers 嘉实沪深300 指数 UCITS ETF（直接复制基金） | LU0875160326 |
| 7 | | 德银 x-trackers 嘉实富时中国 A-H 股50 UCITS ETF（直接复制基金） | LU1310477036 |
| 8 | | 德银 x-trackers II嘉实沪深中国主权债券 UCITS ETF（直接复制基金） | LU1094612022 |
| 9 | | ETFS 易方达明晟中国 A 股 UCITS ETF | DE000A1XEFE1 |
| 10 | | 人民币/美元 ETF | DE000A1EK0K5 |
| 11 | | 美元/人民币 ETF | DE000A1EK0L3 |
| 12 | | 工银瑞信 WisdomTree 标普中国500 UCITS ETF | LU1440654330 |
| 13 | | ComStage 富时中国 A50 UCITS ETF | LU0947415054 |
| 14 | | 中银国际德商行上证50 A股指数 UCITS ETF | LU1377632572 |

---

① "交易型开放式指数证券投资基金"简称"交易型开放式指数基金"，又称"交易所交易基金"（Exchange Traded Fund SETF）。ETF 是一种跟踪"标的指数"变化，且在证券交易所上市交易的基金。

续表

| 序号 | 类别 | 产品名称 | 国际证券识别编码（ISIN） |
|---|---|---|---|
| 15 | 债券 | 德国复兴信贷银行人民币中期票据 Nts. v. 15（18） | DE000A14J850 |
| 16 | ETF衍生品 | 德银 x – trackers 嘉实沪深 300 指数 ETF 期货（2017 年 2 月 20 日上线交易） | DE000A2BMKV2 |
| 17 | | 德银 x – trackers 嘉实沪深 300 指数 ETF 期权 | 待定 |

资料来源：根据中欧所官网信息整理。

中欧所为全球投资者提供了投资中国的新渠道。截至 2016 年 4 月，中欧所挂牌产品总交易额 3.37 亿欧元（约合 24 亿元人民币），日均交易额约为 300 万欧元（约合 2 150 万元人民币）。其中，ETF 产品交易额约为 3.33 亿欧元（约合 23.78 亿元人民币），约占总额的 98%。值得关注的是，以人民币计价的产品获得了市场认可，交易额为 2.18 亿元人民币，占总交易额的 9.1%。

（3）卢森堡

①卢森堡离岸人民币金融中心建设的基本情况

卢森堡同样是人民币离岸中心的一个有力挑战者。卢森堡"小国寡民"，却是欧元区私人银行和财富管理业务中的"佼佼者"，也是全球仅次于美国的第二大投资基金中心。截至目前，中行、工行与建行均已在卢森堡设立欧洲总部。与此同时，中国农业银行正在筹备设立其欧洲总部，中国招商银行也已经决定在卢森堡开始启动设立公司的流程。

②卢森堡的人民币业务特色突出

目前，卢森堡已经为欧元区最重要的跨境人民币业务中心之一。卢森堡作为继美国之后全球最大的基金中心，欧洲领先的国际债券上市平台和欧元区首屈一指的私人银行中心，在金融服务领域拥有专业知识。

在人民币点心债发行领域，卢森堡是世界第四大、欧洲第一大"点心债"发行地，亚洲之外发行的人民币计价债券 43% 在卢森堡发行上市，高于伦敦和都柏林的 27% 和 9%。"点心债"的主要投资者来自欧洲，占投资者总数的 47%。历史上，卢森堡证券交易所（LuxSE）于 1994 年率先推出中国主权债券。欧洲发行人的（大众汽车）首只人民币债券于 2011 年在 LuxSE 上市。2014 年，中国公司首次在欧元区发行人民币债券就是在卢森堡。

在人民币 RQFII 基金领域，卢森堡也遥遥领先于其他欧洲国家。截至 2015 年 11 月，在卢森堡注册的人民币 RQFII 基金规模为 6.32 亿欧元，占欧洲总注册量 7.96 亿欧元的 79.77%。其他国家情况为：爱尔兰 0.86 亿欧元，法国 0.41 亿欧元，英国 0.37 亿欧元。

在人民币投资基金领域，卢森堡是欧洲最大的投资基金中心，是世界范围内仅次于美国的第二大投资基金中心,管理着超过 3 万亿欧元的资产。资产管理业务中的几乎所有国际知名公司均选择卢森堡作为其资金的住所,包括一些最大的中国资产管理公司,如南方基金管理公司、华夏基金管理公司(ChinaAMC)和嘉实基金管理公司。截至 2015 年 9 月,注册地位于卢森堡的投资基金共持有2 084亿元人民币计价资产。

## 13.4　欧盟国家的人民币清算和结算体系

### 13.4.1　欧盟国家的人民币支付与清算系统分析

(1) 支付与清算系统的传统模式

①境内清算体系

我国人民币支付基础设施的核心是由央行搭建的中国现代化支付系统(CNAPS),主要处理的业务包括居民、企业基于各类交易而产生的人民币跨行转账支付,基于同业拆借的银行间人民币支付等。

②离岸清算体系

人民币离岸支付体系的经典案例是香港的人民币离岸支付系统 CHATS。在这个体系中,中银香港承担人民币清算行职责,处理人民币跨境贸易支付、国际金融交易中的人民币支付业务,还与香港地区的债券工具中央结算系统、美元欧元等外汇 CHATS 系统等相连接。但目前人民币国际化更多的是以海外清算行模式推动的,即我国商业银行的海外分行承担一国人民币资金的清算职能,海外金融机构通过我国银行海外分行接入我国支付系统。

③跨境清算体系

在人民币代理行模式下,境外参加行在境内代理行开立人民币账户,境内代理行已接入 CNAPS。人民币境外清算行模式下,境外参加行在境外人民币清算行开立人民币账户,而境外人民币清算行已接入 CNAPS。境外机构人民币账户模式下,境外企业直接在境内银行开立人民币账户,直接通过 CNAPS 实现人民币跨境结算。

(2) 传统支付与清算模式的弊端

境内外银行通过 SWIFT 系统传递跨境支付信息,再通过 CNAPS 完成最终清算,存在很多弊端。

一是 CNAPS 在跨境支付系统领域过于依赖 SWIFT 系统。SWIFT 系统是在 20 世纪 70 年代建立的,统一标准的、覆盖全球的、支持跨境代理银行支付信息传递的基础设施。虽然 SWIFT 是一家银行间行业组织创办的联合机构,但其极易受西方国家政治影响,对非西方国家的使用者来讲有一定安全隐患。2014 年乌克兰危机伊始,美国、欧洲等国曾威胁暂停俄罗斯对 SWIFT 系统的使用权。

二是运行时间设置不合理，无法适应跨时区清算。CNAPS 没有覆盖所有时区，因此会造成无法进行支付的时间空白，不利于其成为全球人民币支付基础设施。

三是系统安全性不够。使用 SWIFT 进行报文转换后，中国监管机构很难对人民币支付数据进行监测。另外，跨境清算业务直接与中国银行业支付系统连接，很难做到有效的风险隔离。

因此，应抓紧建设一个能够做到风险隔离、完整覆盖各个时区、我国具有全部自主知识产权的独立跨境支付系统，以推动人民币国际化向纵深发展。

### 13.4.2 CIPS 系统最新进展情况

人民币跨境支付系统（Cross – border Interbank Payment System，CIPS）是中国人民银行重点支持的银行间支付系统，旨在促进人民币在国际支付中的使用。2015 年 10 月 8 日，人民币跨境支付系统（一期）成功上线运行。参与形式分为直接与间接两类，直接参与是在 CIPS 中开立账户，间接参与则是在与 CIPS 相连接的机构中开立账户。首批 19 家境内中外资银行直接参与，176 家机构间接参与。

CIPS 系统投入运行以来，参与者数量逐渐增多，业务量稳步上升。截至 2017 年 7 月，CIPS 直接参与者数量已从 19 家增至 31 家，而间接参与者达到将近 600 家，其中超过 60% 为境外间接参与者，覆盖 6 大洲 78 个国家与地区（含自贸区）。其中，CIPS 的直接和间接参与者中，有 9 家服务法国的人民币清算、结算机构。世界各地金融机构通过使用 SWIFT 网络参与 CIPS。CIPS 还直接连接两家国内清算机构：中央国债登记结算有限责任公司（CCDC）和上海清算所（SCHC），以支持债券通交易结算。

截至目前，CIPS 日均处理跨境人民币业务量保持每月 10% 的较高增长速度，正逐步发挥其人民币跨境业务主渠道的作用。从交易数据上看，伦敦、法兰克福、新加坡、中国香港、中国台湾以及首尔是目前全球人民币交易活跃度最高的地区。

表 13 – 7　　　　　　　　　　CIPS 的首批 19 家直接参与机构

| 银行类别 | 参与机构 |
| --- | --- |
| 中资国有商业银行 | 中国工商银行、中国农业银行、中国银行、中国建设银行、交通银行 |
| 中资股份制银行 | 招商银行、浦发银行、民生银行、兴业银行、平安银行、华夏银行 |
| 外资银行 | 汇丰银行（中国）、花旗银行（中国）、渣打银行（中国）、星展银行（中国）、德意志银行（中国）、法国巴黎银行（中国）、澳大利亚和新西兰银行（中国）、东亚银行（中国） |

资料来源：根据互联网信息整理。

## 13.5　欧盟相关宏观经济情况及决策体制

### 13.5.1　法国的经济状况分析

（1）法国的经济实力

2016 年，法国 GDP 总量约是中国的 1/4，是世界第六大经济体、第五大贸易国、第四大对外援助国和第一大旅游目的地国。

表 13-8　　　　　　　欧盟国家的最近 6 年 GDP 和美国对比情况

单位：亿欧元，兑美元汇率为 1.26

| 排序 | 国家 | 2016 年 | 2015 年 | 2014 年 | 2013 年 | 2012 年 | 2011 年 |
|---|---|---|---|---|---|---|---|
| 1 | 欧盟 | 148 197.9 | 147 200.2 | 140 078.7 | 135 541.2 | 134 457.6 | 131 923.7 |
| 2 | 美国 | 147 373.8 | 143 148.0 | 138 040.5 | 132 472.4 | 128 216.3 | 123 158.1 |
| 3 | 德国 | 31 440.5 | 30 436.5 | 29 324.7 | 28 262.4 | 27 582.6 | 27 031.2 |
| 2 | 英国 | 23 669.1 | 25 800.6 | 22 608.0 | 20 483.3 | 20 657.4 | 18 761.5 |
| 3 | 法国 | 22 288.6 | 21 942.4 | 21 476.1 | 21 152.6 | 20 869.3 | 20 592.8 |
| 4 | 意大利 | 16 724.4 | 16 454.4 | 16 218.3 | 16 046.0 | 16 132.7 | 16 374.6 |
| 5 | 西班牙 | 11 138.5 | 10 756.4 | 10 370.3 | 10 256.3 | 10 397.6 | 10 704.1 |
| 6 | 荷兰 | 7 026.4 | 6 834.6 | 6 630.1 | 6 527.5 | 6 451.6 | 6 429.3 |
| 7 | 瑞典 | 4 620.6 | 4 470.1 | 4 326.9 | 4 357.5 | 4 233.4 | 4 049.5 |
| 8 | 波兰 | 4 242.7 | 4 300.4 | 4 109.9 | 3 947.2 | 3 893.7 | 3 802.4 |
| 9 | 比利时 | 4 216.1 | 4 102.5 | 4 008.0 | 3 917.3 | 3 875.0 | 3 791.1 |
| 10 | 奥地利 | 3 493.4 | 3 399.0 | 3 304.2 | 3 225.4 | 3 171.2 | 3 086.3 |
| 11 | 丹麦 | 2 773.4 | 2 717.9 | 2 652.3 | 2 587.4 | 2 545.8 | 2 478.8 |
| 12 | 爱尔兰 | 2 755.7 | 2 620.4 | 1 945.4 | 1 803.0 | 1 755.6 | 1 719.4 |
| 13 | 芬兰 | 2 156.2 | 2 095.8 | 2 054.7 | 2 033.4 | 1 997.9 | 1 968.7 |
| 14 | 葡萄牙 | 1 849.3 | 1 795.0 | 1 730.8 | 1 702.7 | 1 684.0 | 1 761.7 |
| 15 | 捷克 | 1 765.6 | 1 684.7 | 1 566.6 | 1 577.4 | 1 614.3 | 1 640.4 |
| 16 | 希腊 | 1 758.9 | 1 757.0 | 1 779.4 | 1 806.5 | 1 912.0 | 2 070.3 |
| 17 | 罗马尼亚 | 1 695.8 | 1 599.6 | 1 503.6 | 1 442.5 | 1 335.1 | 1 333.1 |
| 18 | 匈牙利 | 1 124.0 | 1 096.7 | 1 049.5 | 1 014.8 | 990.9 | 1 008.2 |
| 19 | 斯洛伐克 | 809.6 | 786.9 | 759.5 | 741.7 | 727.0 | 706.3 |
| 20 | 卢森堡 | 541.9 | 523.4 | 499.7 | 465.5 | 441.1 | 431.6 |
| 21 | 保加利亚 | 473.6 | 452.9 | 427.6 | 420.1 | 419.5 | 412.9 |

| 排序 | 国家 | 2016 年 | 2015 年 | 2014 年 | 2013 年 | 2012 年 | 2011 年 |
|------|------|---------|---------|---------|---------|---------|---------|
| 22 | 克罗地亚 | 458.2 | 440.7 | 429.8 | 434.9 | 439.3 | 447.1 |
| 23 | 斯洛文尼亚 | 397.7 | 385.7 | 373.3 | 359.2 | 360.0 | 369.0 |
| 24 | 立陶宛 | 386.4 | 373.3 | 365.9 | 350.0 | 333.5 | 312.8 |
| 25 | 拉脱维亚 | 250.2 | 243.7 | 236.3 | 228.3 | 220.6 | 202.0 |
| 26 | 爱沙尼亚 | 209.2 | 202.5 | 197.6 | 188.9 | 179.3 | 166.7 |
| 27 | 塞浦路斯 | 179.0 | 176.4 | 175.7 | 181.2 | 194.7 | 197.3 |
| 28 | 马耳他 | 99.0 | 92.7 | 84.4 | 76.3 | 71.6 | 68.3 |

资料来源：根据互联网信息整理。

（2）法国的产业结构

法国的主要工业部门有矿业、冶金、钢铁、汽车制造、造船、机械制造、纺织、化学、电器、动力、日常消费品、食品加工和建筑业等。其中核电设备、石油和石油加工技术居世界第二位，仅次于美国；航空和宇航工业仅次于美国和俄罗斯，居世界第三位。法国工业中占主导地位的仍是传统的工业部门，其中钢铁、汽车、建筑为三大支柱。法国是欧盟最大的农业生产国，也是世界主要农副产品出口国。粮食产量占全欧洲粮食产量的1/3，农产品出口仅次于美国居世界第二位。

其主要产业情况如下：

①航空与航天。法国航空工业领域的技术非常系统和全面，主要包括大型民用客机、运输机、军用战机、军用直升机等整机系统以及包括飞机发动机在内的关键零部件。其中，民用航空领域的空中客车公司与美国波音公司并列为世界两大客机制造商。成立于1992年的欧洲直升机公司，是世界上负载较重直升机制造商，目前已占据世界市场50%的份额，位居全球第一。

②核能及能源工业。法国是世界上第二大核能生产国，核电装机容量仅次于美国，现有59个运营的核反应堆和1个在建的核反应堆。2007年法国核电占其全部发电量的79%，能源自给率达到50%。法国在民用核电领域位居世界领先地位，既拥有从铀矿开采、提炼，核电站整体设计、建造，到核废料处理等全过程系统技术，又具有强大的产业化能力。

③高速铁路。法国轮轨高速铁路堪称业内的"领头羊"，20世纪60年代初开始研发的法国高铁，经过约20年的努力，第一列高速列车于1981年便投入商业化运营。法国阿尔斯通运输公司自主开发的第四代高速列车商业运行速度将达到350~360千米/小时。这一速度将可与磁悬浮列车的商业运行速度（400千米/小时）相匹敌。

④高端制造业。法国制造业在国民经济中所占比重约为20%，高于美国、

日本、德国、加拿大等相近水平竞争性国家，整个制造业生产能力相对平衡，规模基本稳定。在制造业的优势领域都完全拥有全套的核心技术，且基本是自主创新的成果。

⑤汽车制造业。法国是世界第四大汽车出口国。主要公司有标致雪铁龙和雷诺，分别是世界第八和第十大汽车制造商。

⑥医药产业。法国医药产业在世界占有重要位置，是欧洲第一大药品生产国，世界第三大药品出口国。其代表性的企业是2004年合并而成的赛诺菲—安万特集团，该公司是世界第三大制药公司，在欧洲排名第一。

⑦农业。法国是欧盟最大的农业生产国，也是世界主要农副产品出口国，法国农牧结合，综合发展，主产小麦、大麦、玉米、甜菜、马铃薯、烟草、葡萄、苹果、蔬菜和花卉，是世界主要农产品和农业食品出口国。法国已成为欧盟内最大的农产品出口国和世界第一大加工食品出口国，其农产品出口量仅次于美国，是名副其实的农业强国。

### 13.5.2 欧盟其他主要国家（含英国）的经济状况分析

（1）英国

在英国的产业结构中，服务业是英国国民经济的支柱产业，农业占很小比重，钢铁、煤炭、纺织等传统制造业在英国产业结构改造中已逐步萎缩。按行业划分，英国产业大体分为5大部门，即农业、渔业和林业，制造业，建筑业，能源和自然资源业，服务业。各产业经济增加值在英国经济中的比重大致为，金融、批发及零售、房地产等部门在内的服务业占72%，制造业和建筑业占23%，能源和自然资源业占4%，农、渔、林业占1%。

金融服务业是伦敦乃至英国的支柱产业之一。自1986年金融"大爆炸"自由化和1997年英格兰银行独立以来，金融业在英国不断取得快速发展。据伦敦国际金融服务机构2009年5月统计（IFSL，下同），2001年金融服务业在英国经济中的比重为5.5%，到2007年这一比例升至7.6%。2008年金融业贸易顺差356亿英镑，高于2005年的193亿英镑。2008年底，金融服务业就业人数为100万人。伦敦金融和商业服务部门占总产出的40%，大伦敦的GDP占全英的1/5左右。

（2）德国

德国在国际金融危机后积极调整产业政策，加大制造业投入和建设支出，如加大对汽车、精密仪器等高端产品的投入生产，汽车生产指数从2009年的79.8提升到2010年的100.03，使工业占GDP比重从2009年的27.67%达到2010年的30%，制造业占工业比重从2009年的66%增加到2010年的79.46%，对外出口也逐渐增加，从而保证了经济的增长。自欧债危机后，德国经济"一枝独秀"，成为欧洲最早实现经济正增长的国家。德国三大产业比重分别为0.86%、30.71%和68.43%，工业比重尤其是高端制造业比重在提高，服务业有所下降。

（3）荷兰

荷兰的主要传统产业有造船、炼糖、化工、汽车装配、机器制造。荷兰是欧洲商务投资的主要商业中心之一，许多跨国公司把它们的欧洲总部都设在这里。荷兰经济的特点是外向型经济占主导地位，80%原料靠进口，60%以上的产品出口到世界各地，其对外贸易总量居世界第八位，对外贸易的80%在欧盟内实现。商品与服务出口的总值约占国民生产总值的60%，比值大于德国、美国和日本。除此之外，荷兰经济的特点还可概括为贸易大国、农业大国、交通大国、工业强国、金融保险服务业强国、科学技术领先的国家和水利大国。

（4）意大利

意大利经济具有西方工业发达国家的共性，即在其国民经济中第一产业的比重很小，第二产业特别是第三产业的比例较高并在不断提高。据意大利央行统计局公布的2012年三大产业增加值情况，自2012年以来，意大利农、林、渔业增加值比重较2011年有小幅上升，而建筑业增加值比重较2011年大幅下降，服务业小幅上升。

（5）西班牙

目前，西班牙农业在国民经济中比重逐步下降，同时由于服务业的迅速发展，工业占比也显著降低。西班牙服务业占国内生产总值的65%至70%。西班牙农业产值占GDP的比重不足3%。西班牙的主要产业是汽车、造船、化工、钢铁等，这些行业同其他欧盟成员国相比较也具有相当的规模和竞争力。

（6）瑞士

瑞士74%的国内生产总值几乎都来自服务业。工业在国内生产总值中的占比约为25%，是瑞士国民经济的另一个重要支柱，其中，化学、资本货物和银行业为重点行业。此外，农业在国内生产总值中的占比约为0.9%。瑞士还拥有化工医药业、金融服务业、机械电子业、钟表业、信息技术业等多个高度发达的产业集群，在世界上占有重要地位。

表13-9　　　　中国和美国、欧盟国家最近4年双边贸易额对比　　　单位：亿美元

| 排序 | 国家或组织 | 2015年 | | | 2014年 | | 2013年 | | 2012年 | |
|---|---|---|---|---|---|---|---|---|---|---|
| | | 中国进口 | 中国出口 | 总额 | 中国进口 | 中国出口 | 中国进口 | 中国出口 | 中国进口 | 中国出口 |
| 1 | 欧盟 | 2 930.65 | 4 032.41 | 6 963 | 3 361.31 | 4 388.25 | 3 241.72 | 4 057.44 | 2 866.9 | 3 963.99 |
| 2 | 美国 | 1 478.1 | 4 092.1 | 5 570 | 1 590.6 | 3 960.6 | 1 523.4 | 3 684.1 | 1 329 | 3 517.8 |
| 3 | 德国 | 876.23 | 691.55 | 1 568 | 1 050.13 | 727.03 | 941.56 | 673.43 | 919.21 | 692.1 |
| 4 | 英国 | 189.34 | 595.67 | 785 | 237.27 | 571.41 | 190.79 | 509.42 | 168.05 | 462.97 |
| 5 | 荷兰 | 87.78 | 594.53 | 682.3 | 93.4 | 649.29 | 98.25 | 603.15 | 87.03 | 588.97 |

续表

| 排序 | 国家或组织 | 2015 年 | | | 2014 年 | | 2013 年 | | 2012 年 | |
|---|---|---|---|---|---|---|---|---|---|---|
| | | 中国进口 | 中国出口 | 总额 | 中国进口 | 中国出口 | 中国进口 | 中国出口 | 中国进口 | 中国出口 |
| 6 | 法国 | 246. 22 | 267. 48 | 513. 7 | 270. 63 | 287. 02 | 231. 1 | 267. 14 | 241. 18 | 268. 99 |
| 7 | 意大利 | 168. 2 | 278. 34 | 446. 5 | 192. 82 | 287. 56 | 175. 74 | 257. 53 | 160. 68 | 256. 53 |
| 8 | 瑞士 | 410. 96 | 31. 67 | 442. 6 | 404. 41 | 30. 88 | 560. 76 | 35. 11 | 228. 17 | 34. 92 |
| 9 | 西班牙 | 55. 87 | 218. 52 | 274. 4 | 62. 04 | 214. 97 | 59. 72 | 189. 29 | 63. 34 | 182. 37 |
| 10 | 比利时 | 70. 06 | 162. 08 | 232. 1 | 100. 59 | 172. 16 | 98. 48 | 155. 6 | 99. 64 | 163. 77 |
| 11 | 波兰 | 27. 42 | 143. 45 | 170. 9 | 29. 35 | 142. 57 | 22. 32 | 125. 75 | 19. 97 | 123. 86 |
| 12 | 瑞典 | 64. 17 | 70. 99 | 135. 2 | 67. 92 | 71. 68 | 69. 87 | 67. 99 | 69. 22 | 64. 15 |
| 13 | 捷克 | 27. 8 | 82. 26 | 110. 1 | 29. 87 | 79. 93 | 26. 15 | 68. 38 | 24. 07 | 63. 23 |
| 14 | 丹麦 | 40. 95 | 61. 51 | 102. 5 | 40. 57 | 65. 48 | 33. 76 | 57. 11 | 29. 05 | 65. 4 |
| 15 | 匈牙利 | 28. 76 | 51. 97 | 80. 73 | 32. 6 | 57. 64 | 27. 15 | 56. 92 | 23. 23 | 57. 38 |
| 16 | 奥地利 | 49. 68 | 24. 98 | 74. 66 | 58. 52 | 23. 96 | 50. 3 | 20. 38 | 47. 24 | 20. 4 |
| 17 | 爱尔兰 | 42. 86 | 28. 23 | 71. 09 | 37. 34 | 28. 02 | 41. 93 | 24. 77 | 37. 97 | 20. 98 |
| 18 | 芬兰 | 34. 85 | 35. 41 | 70. 26 | 40. 51 | 50. 99 | 39. 06 | 58. 32 | 38. 32 | 74. 41 |
| 19 | 挪威 | 41. 46 | 28. 57 | 70. 03 | 44. 68 | 27. 31 | 34. 68 | 27. 37 | 30. 68 | 30. 2 |
| 20 | 斯洛伐克 | 22. 37 | 27. 94 | 50. 31 | 33. 76 | 28. 29 | 34. 58 | 30. 84 | 36. 55 | 24. 23 |
| 21 | 罗马尼亚 | 12. 95 | 31. 62 | 44. 57 | 15. 21 | 32. 23 | 12. 08 | 28. 23 | 9. 8 | 27. 97 |
| 22 | 葡萄牙 | 14. 62 | 28. 95 | 43. 57 | 16. 63 | 31. 37 | 13. 99 | 25. 07 | 15. 15 | 25. 01 |
| 23 | 希腊 | 2. 86 | 36. 65 | 39. 51 | 3. 46 | 41. 86 | 4. 33 | 32. 19 | 4. 27 | 35. 93 |
| 24 | 马耳他 | 4. 41 | 23. 8 | 28. 21 | 5. 91 | 31. 93 | 7. 25 | 25. 15 | 8. 85 | 22. 45 |
| 25 | 卢森堡 | 3. 09 | 23. 23 | 26. 32 | 3. 04 | 19. 49 | 2. 57 | 18. 08 | 2. 63 | 19. 56 |
| 26 | 斯洛文尼亚 | 2. 9 | 20. 92 | 23. 82 | 3. 31 | 19. 92 | 3. 03 | 18. 33 | 2. 56 | 15. 67 |
| 27 | 保加利亚 | 7. 48 | 10. 43 | 17. 91 | 9. 85 | 11. 78 | 9. 57 | 11. 17 | 8. 39 | 10. 55 |
| 28 | 克罗地亚 | 1. 12 | 9. 86 | 10. 98 | 1. 01 | 10. 27 | 1. 04 | 13. 9 | 0. 75 | 13 |

资料来源：根据互联网信息整理。

### 13.5.3 欧盟国家的决策机构

（1）欧洲理事会

欧洲理事会（European Council）是欧盟的最高权力机构，由欧盟国家元首或政府首脑和欧盟委员会主席组成。主要任务是确定欧盟的整体政治方向和优先事项。它不是欧盟立法机构之一，所以不会针对欧盟法律进行讨论。相反，它确定了欧盟的政策议程，传统上在欧洲理事会会议上通过达成结论来确定所关注的问题和采取的行动。

（2）欧盟理事会

欧盟理事会（Council of European Union），来自欧盟各国的政府部长开会讨论，修改和通过法律，协调政策。各国部长有权让各国政府参加会议上商定的行动。欧盟理事会与欧洲议会一起构成了欧盟的主要决策机构。

（3）欧洲议会

欧洲议会（European Parliament）是欧盟的直选议会机构。它与欧盟理事会、欧盟委员会一起，行使欧盟的立法职能。议会由 751 名成员组成。尽管欧洲议会拥有欧盟委员会不具备的立法权力，但正如欧盟成员国的大多数国会一样，它并没有正式的立法主动权。欧盟执行机构欧盟委员会对欧洲议会负责。特别是议会可以选举委员会主席，批准（或拒绝）整个委员会的任命。

（4）欧盟委员会

欧盟委员会（European Commission）是欧盟的执行机构，负责提出立法，执行决定，维护欧盟条约和管理欧盟的日常业务。欧盟委员会成员在卢森堡的欧洲法院宣誓就职，承诺尊重这些条约，并在执行任务期间完全独立地履行职责。委员会作为内阁政府运作，有 28 个委员会成员。每个成员国都有一个成员，但是成员的执政誓言必然代表欧盟的整体利益，而不是其本国的利益。委员会主席现为让－克洛德·容克。

（5）其他

此外，欧盟机构还包括设在卢森堡的欧洲法院和欧洲审计院。

### 13.5.4 "马歇尔计划"对欧洲美元的影响

美元在欧洲的广泛使用最早归功于"马歇尔计划"对欧洲国家的发展和世界政治经济格局产生的深远影响。"马歇尔计划"是第二次世界大战后美国实施的对战争破坏后的西欧各国进行经济援助、协助重建的计划，于 1947 年 7 月正式启动，持续了 4 年。在这段时期内，西欧各国总共接受了美国包括金融、技术、设备等各种形式的援助合计 130 亿美元，相当于 2006 年的 1 300 亿美元。

"马歇尔计划"长期以来被认为是促成欧洲和美国一体化的重要因素之一，消除或减弱了历史上长期存在于西欧各国和美国之间的关税及贸易壁垒，使西欧各国和美国的经济联系日趋紧密。在"马歇尔计划"的推动下，美国获得了大量对西欧各国的货物、货币、劳务输出的出口份额，美元成为西欧国际贸易的主要结算货币，以促进美国和西欧经济一体化为主要内容的新国际体系和秩序得以逐步建立和完善。

### 13.5.5　中国和法国的投资及贸易合作

根据商务部统计，近年来，中国对法国的投资得到了较大发展，投资形式多样化，包括企业并购、设厂生产、建立地区性总部、研发中心、合作区等。2015 年，法国共吸引中国直接投资 3.28 亿美元，中国对法国直接投资存量达 57.24 亿美元。双向投资方面，法国是中国在欧洲的第四大投资来源国，投资主要集中在能源、汽车、化工、轻工、食品等领域，生产型企业居多。2015 年，法国在华新设企业 208 家，实际投资 12.24 亿美元，同比下降71.9%。截至 2016 年 1 月，法国在华投资项目 5 010 个，累计实际投资149.53 亿美元。法国在华投资涵盖电力、汽车、航空、通信、化工、水务、医药等各大领域。

## 13.6　欧盟投资相关法律规定

### 13.6.1　欧盟国家之间投资法律规定

（1）原则上：资本自由流动

根据《欧盟运行条约》第 63 条的规定，欧盟国家成员国之间或欧盟国家和第三国之间的任何限制资本流动的规定，都应当被禁止。

（2）实际上：法律有所限制

各国仍依据本国的双边投资协定（Bilateral Investment Treaty，BIT）对投资进行规范。其中，法国与世界各国有 96 项 BIT，与 12 个欧盟国家有 BIT。当前，欧盟各国在致力于制定一个完整统一的欧盟内部投资政策（包括法国）。此外，欧盟整体层面已经开始与第三国达成投资协定，如加拿大、韩国、越南。

然而，尽管欧盟希望由欧委会出面代表各欧盟国家与世界其他各国达成统一的投贸协定，欧盟各成员国却对此看法不一。2015 年，奥地利、芬兰、法国、德国和荷兰曾联名上书欧盟委员会表达它们对统一的投资协定的反对，称此举将不利于各国吸引和保护投资者。目前，欧盟各成员国与世界其他国家签署了超过 1 200 个投资协定，其中大部分为投资保护协定，不涉及市场准入方面的承诺。保护条款通常含有"非歧视原则""公平公正待遇""及时、充分和有效的征收补偿"以及"投资者—国家争端解决机制"等。

这些欧盟各国与其他国家单独达成的投资协定各不相同，有的甚至与欧盟法律冲突，为前往欧盟的投资者造成了不便。更为重要的是，单纯的投资保护协定无法满足欧盟开拓投资市场和国际投资者进入欧盟市场的要求。

2009 年 12 月生效的《里斯本条约》赋予了欧盟以投资方面（共同商业政策）的权能。另外，该条约还对投资方面的决策主体和程序进行了修订，欧盟成为各成员国在投资方面的主要管理者，欧委会可以代表各成员国与第三国进行投资协定谈判，但是受到欧洲议会和欧盟理事会的制约。

### 13.6.2　第三国和欧盟之间的投资规定

（1）《欧加经贸协定》

欧盟和加拿大签署的《欧加经贸协定》，规定了一系列禁止限制外资的措施。一是禁止以数量、专营或专供为方式限制企业供应，限制企业投资总额或营业额，以及限制外资参股和用工人数；二是禁止限制外资以特定的组织形式参与市场，如合资、全资等；三是禁止限制外资的出口比例、本国产品成分和制定优先国内采购等条款；四是禁止限制外资企业的高管国籍。当然，上述对外资的保护有例外情况，如涉及环保和特定职业时等。

《欧加经贸协定》的负面清单中含有直接航运服务业、视听产品、文化产业、石油和天然气行业、铀矿开采、农业以及会计、审计、报关等。虽然金融业不在负面清单之中，但是加拿大方面针对金融业开放提出了长达94页的保留意见。另外，欧盟也在研发、医疗、水陆空运输业等行业有所保留。在并购审查方面，加拿大承诺将门槛从原来的3.54亿加拿大元提高到15亿加拿大元，这一承诺适用于非国有企业之外的所有欧盟投资者。

（2）《中欧投资协定》谈判

2012年4月，中欧领导人在当年的中欧峰会上就启动双边投资协定（BIT）谈判工作达成一致，并于同年建立谈判工作小组。截至2015年6月底，中欧双方已就BIT进行了第14轮谈判。

谈判的焦点之一是市场准入政策。由于对负面清单模式缺乏较为成熟的管理经验和行业知识，双方在这方面进行了多轮谈判。其他的难点集中在诸如知识产权保护、国有企业竞争中立、环境保护条款、劳工保护条款上，除与加拿大之外，欧盟也与韩国达成了BIT，在与我国的谈判中，欧盟方面经常以欧韩双边的民事、刑事等规定向我方施压，要求我方扩大知识产权保护范围。此外，欧盟对我国国有企业在一些产业中所享受到的补贴、贷款政策表示不满，希望建立更加公平的市场竞争秩序。在环境保护和劳工保护方面，欧盟坚持采取的环保条款较我国目前法律更具约束力和执行力，要求我国从国内法层面落实协议承诺，而且引入了许多国际条约与标准，对我方接受造成困难。

中欧双方也在一些领域有着共同的诉求，如投资保护方面，我方希望在投资者保护和政府控制的天平两侧保持平衡，可以借鉴欧盟的先进管理经验。而且我国也希望在欧盟取得非歧视待遇，并且建立双方都可以接受的争端解决机制，因此协议的达成对于我国对欧投资"走出去"也会产生较大帮助。

表 13-10　　　　我国和欧盟国家签订的双边投资协定（BIT）

| 序号 | 国家 | 签署日期 | 生效日期 | 备注 |
|---|---|---|---|---|
| 1 | 瑞典 | 1982 年 3 月 29 日 | 1982 年 3 月 29 日 | — |
| | 瑞典议定书 | 2004 年 9 月 27 日 | 2004 年 9 月 27 日 | 签字即生效 |
| 2 | 德国 | 1983 年 10 月 7 日 | 1985 年 3 月 18 日 | |
| | | 2003 年 12 月 1 日 | 2005 年 11 月 11 日 | 重新签订 |
| 3 | 法国 | 1984 年 5 月 30 日 | 1985 年 3 月 19 日 | 2007 年 11 月 26 日重新签订，新协定取代旧协定 |
| | | 2007 年 11 月 26 日 | 2010 年 8 月 20 日 | 重新签订 |
| 4 | 比利时与卢森堡 | 1984 年 6 月 4 日 | 1986 年 10 月 5 日 | — |
| | | 2005 年 6 月 6 日 | 2009 年 12 月 1 日 | 重新签订 |
| 5 | 芬兰 | 1984 年 9 月 4 日 | 1986 年 1 月 26 日 | |
| | | 2004 年 11 月 15 日 | 2006 年 11 月 15 日 | 重新签订 |
| 6 | 意大利 | 1985 年 1 月 28 日 | 1987 年 8 月 28 日 | — |
| 7 | 丹麦 | 1985 年 4 月 29 日 | 1985 年 4 月 29 日 | — |
| 8 | 荷兰 | 1985 年 6 月 17 日 | 1987 年 2 月 1 日 | |
| | | 2001 年 11 月 26 日 | 2004 年 8 月 1 日 | 重新签订 |
| 9 | 奥地利 | 1985 年 9 月 12 日 | 1986 年 10 月 11 日 | — |
| 10 | 英国 | 1986 年 5 月 15 日 | 1986 年 5 月 15 日 | — |
| 11 | 波兰 | 1988 年 6 月 7 日 | 1989 年 1 月 8 日 | — |
| 12 | 保加利亚 | 1989 年 6 月 27 日 | 1994 年 8 月 21 日 | — |
| | 保加利亚附加议定书 | 2007 年 6 月 26 日 | 2007 年 11 月 10 日 | |
| 13 | 匈牙利 | 1991 年 5 月 29 日 | 1993 年 4 月 1 日 | |
| 14 | 捷克斯洛伐克 | 1991 年 12 月 4 日 | 1992 年 12 月 1 日 | |
| | 斯洛伐克 | 2005 年 12 月 7 日 | 2007 年 5 月 25 日 | 附加议定书 |
| 15 | 葡萄牙 | 1992 年 2 月 3 日 | 1992 年 12 月 1 日 | |
| | | 2005 年 12 月 9 日 | 2008 年 7 月 26 日 | 重新签订 |
| 16 | 西班牙 | 1992 年 2 月 6 日 | 1993 年 5 月 1 日 | |
| | | 2005 年 11 月 24 日 | 2008 年 7 月 1 日 | 重新签订 |
| 17 | 希腊 | 1992 年 6 月 25 日 | 1993 年 12 月 21 日 | — |
| 18 | 克罗地亚 | 1993 年 6 月 7 日 | 1994 年 7 月 1 日 | — |
| 19 | 爱沙尼亚 | 1993 年 9 月 2 日 | 1994 年 6 月 1 日 | — |
| 20 | 斯洛文尼亚 | 1993 年 9 月 13 日 | 1995 年 1 月 1 日 | — |
| 21 | 立陶宛 | 1993 年 11 月 8 日 | 1994 年 6 月 1 日 | — |
| 22 | 冰岛 | 1994 年 3 月 31 日 | 1997 年 3 月 1 日 | — |
| 23 | 马耳他 | 2009 年 2 月 22 日 | 2009 年 4 月 1 日 | — |
| 24 | 塞浦路斯 | 2001 年 1 月 17 日 | 2002 年 4 月 29 日 | — |

资料来源：根据商务部网站信息整理。

（3）中国和法国之间双边投资协定的主要内容

表 13–11　　　　　　　　中法投资协定中的主要内容

| 条款 | 名称 | 内容 |
|---|---|---|
| 第四条 | 国民待遇和最惠国待遇 | 在不损害其法律法规的前提下，缔约一方应在其境内和海域内给予缔约另一方投资者的投资及与投资有关的活动不低于其给予本国投资者的投资及与投资有关活动的待遇 |
| 第六条 | 自由转移 | 如果另一缔约方的投资者在其境内或海域内进行了投资，任一缔约方应当保证这些自然人或公司可以自由转移：<br>（一）利息、红利、利润及其他经常项目下的收入；<br>（二）因根据第一条第一款（四）和（五）规定的非物质权利而产生的许可费；<br>（三）常规合同项下的贷款偿付；<br>（四）对投资进行清算或处分部分或全部款项，包括用于投资的资本的利得；<br>（五）因征收获得的补偿或依第五条第二款和第三款遭受损失的补偿 |
| 第八条 | 担保与代位 | 如缔约一方的法规包含一项对海外投资的担保，则在逐案审查后，该项担保应授予该缔约方国民或公司在缔约另一方领土或海域内做出的投资 |

资料来源：从《中法投资条约》中摘抄整理。

## 13.7　在法国设立人民币海外基金的优势和劣势分析

### 13.7.1　优势

（1）法国政府支持力度较大，合作意愿强烈

英国"脱欧"后，法国政府多次表态，支持在巴黎设立人民币离岸金融中心，并寄予厚望，希望巴黎能够取代伦敦在欧盟的金融中心地位。这为国开行争取在主权合作前提下，在法国设立人民币海外基金创造了有利条件。此外，法国一直是统一欧盟投资政策的积极倡导者，因此在《中欧投资协定》的谈判中起到了正面领导作用，更友好的投资政策有助于吸引人民币投资基金来到法国。

（2）中法贸易合作规模较大

2015 年，中国和法国的双边贸易总额达到 513.7 亿美元，约是中国和欧盟双边贸易总额的 1/10，在欧盟国家中遥遥领先，仅次于德国、荷兰，中国为小幅贸易顺差，中法贸易合作发展潜力巨大。目前，中法贸易结算中的人民币使用比例高于中国和其他很多国家，以设立人民币海外基金的方式促进人民币在法国乃至欧盟的国际化进程完全具有可行性和必要性。

（3）中法产能合作潜力较大

法国的产业结构较为科学合理，航空与航天、核能及能源工业、高速铁路、高端制造业、汽车制造业、医药产业和农业等行业优势突出。中法产能合作潜力巨大，可以共同在非洲和"一带一路"沿线的发展中国家及新兴经济体开展产能合作，为人民币海外基金的使用提供项目机会。

（4）中法金融合作潜力较大

巴黎的资本市场高度发达，是欧洲最大的公司债市场，占据 35% 的市场份额，巴黎的兴业银行、农业信贷银行在欧元区银行业排名前列，巴黎的资管规模在全欧洲仅次于伦敦，欧洲首家跨国交易所（欧洲第一大证券交易所和世界第二大衍生品交易所）的总部位于巴黎。巴黎资本市场的优势可以为人民币离岸投融资业务提供丰富的市场经验和投资者基础。

（5）中法双边投资协定提供了法律保障

中国和法国缔结了双边投资协定，规定缔约一方应在其境内和海域内给予缔约另一方投资者的投资及与投资有关的活动不低于其给予本国投资者的投资及与投资有关活动的待遇，即国民待遇和最惠国待遇，如果缔约一方的投资者在其境内或海域内进行了投资，另一方应当保证这些自然人或公司可以自由转移利息、红利、利润及其他经常项目下的收入等。这些双边投资规定为在法国设立人民币海外基金提供了必要的法律保障。

（6）法国人民币业务具有"非洲"特色

非洲有 14 个国家是前法郎区国家，法国银行业在这些国家深耕多年，是当地金融服务的主要提供者，目前巴黎的人民币存款位居欧洲第二，其中大部分来自中国与非洲的交易，因此巴黎可以成为一个中国与非洲跨境贸易与投资的人民币金融平台。

（7）法国人民币结算清算系统较为发达

目前，中国银行巴黎分行、中国建设银行巴黎分行、法国巴黎银行香港分行等都接通了 CIPS 系统。其中，中国银行巴黎分行是我国央行指定的人民币清算行。从结算清算角度分析，人民币投资和贸易活动在法国乃至欧盟地区的汇路畅通，完全可以保障人民币海外基金的正常运营。

### 13.7.2　劣势

（1）中法投资合作现有规模有限

当前，中国在法国的投资总额较小。2015 年，中国对法国直接投资仅为3.28 亿美元。截至 2015 年年末，中国对法国直接投资存量为 57.24 亿美元。双向投资方面，截至 2016 年 1 月，法国在华累计实际投资 149.53 亿美元。2015年，法国在华实际投资为 12.24 亿美元。从投资角度分析，中法现有的投资规模很难支撑人民币海外基金在法国的运营，必须辐射到其他国家。

（2）欧盟国家之间投资受到各国双边投资协定的限制

欧盟目前尚没有真正意义上的统一投资标准和政策。目前，中欧双方已就《中欧投资协定》完成了第 16 轮谈判，市场准入是中欧投资协定谈判中的重中之重，知识产权保护、国有企业竞争中立、环境保护条款、劳工保护条款也是中欧双方谈判的难点。这些为在法国设立的人民币海外基金在欧盟其他国家投资带来了不利条件和障碍。

（3）缺乏中法合作在第三国投资的经验

中国一直在提倡和发达国家充分发挥各自的比较优势，共同在发展中国家加强产能合作。但是根据公开信息，尚没有很成功的合作案例可循。因此，虽然从理论上，中法两国可以合作推动人民币海外基金在非洲国家和"一带一路"沿线国家和地区使用，但是在实务操作上，还需要勇于探索，积累经验，总结规律。

（4）巴黎难以赶超伦敦的金融中心地位

法国期待在英国"脱欧"后抓住机会，后来居上。然而，从统计数据看，英国"脱欧"公投以来，伦敦人民币清算业务在保持平稳运行的基础上稳步提升。另外，"脱欧"将进一步促进伦敦发展欧盟以外的经贸投资关系，这其中中英关系特别是人民币业务合作具有重要地位，将有利于进一步推进伦敦的人民币金融中心建设，从而加大伦敦与巴黎的差距。

## 13.8　在法国设立人民币海外基金的思路和建议

### 13.8.1　发挥政府合作优势，确定主权合作基金地位

在法国设立人民币海外基金成功的关键，是要发挥政府合作优势，确定基金的主权合作地位。因此，国开行应当以两国元首高级别互访为契机，推动在法国设立的人民币海外基金享有主权基金地位，确保今后运营中得到应有的政策和法律便利化保障。

### 13.8.2　突出法国和欧盟国家的行业优势

在法国设立人民币海外基金，要充分发挥欧盟国家的比较优势，支持的产业要保持全球领先技术优势。法国的核电设备和石油加工技术世界领先，航空和宇航工业也名列前茅，排在美国和俄罗斯之后，农产品出口仅次于美国居世界第二位。英国的服务业是国民经济的支柱产业。德国的汽车、精密仪器等高端产品全球领先。荷兰和西班牙的造船、炼糖、化工、汽车装配等优势突出。瑞士的化工医药业、钟表业、信息技术业等产业在世界上占有重要地位。

### 13.8.3  投资地域辐射非洲和"一带一路"沿线国家和地区

发达国家的经济结构已经基本定型，货币使用具有很强的货币惯性，发展中国家和新兴经济体由于发展愿望强烈，在资本驱动下，产生货币替代效应的可能性更大。目前，人民币在我国周边国家已经被广泛使用，成为跨境贸易结算中的主力货币。随着"一带一路"倡议的不断推进，我国与沿线国家和地区的基础设施将进一步联通，政治经济协调程度加深，在非洲和"一带一路"沿线区域实现最优货币区是人民币国际化的努力方向。[①]

### 13.8.4  以绿色金融和普惠金融理念为引领

近年来，世界各国金融机构积极发展绿色金融。[②]  其中，最有影响力的是已被全球近百家银行宣布实施的自愿性行业规则——赤道原则[③]，已经成为国际项目融资的参考标准、行业惯例和发展方向，要求在项目融资活动中分析和评估其对自然、环境及地区的影响，并采取措施使生态系统和社区环境免受破坏。普惠金融（Inclusive Finance）是指广泛提供金融服务，能够为社会最广大阶层和群体提供合理、便捷和安全的金融服务的一种金融体系。中国正在构建绿色金融和普惠金融体系，可以充分发挥后发优势，学习借鉴世界先进规则，优化各种金融制度和机制安排，引领金融创新。

### 13.8.5  推动完善人民币金融基础设施建设

欧洲支付联盟于1950年成立对欧盟推动货币一体化战略的成功提供了支付基础设施的保障。我国应仿效欧元、美元等国际货币，推动人民币跨境结算基础设施建设，加快人民币跨境支付系统（CIPS）建设，提高跨境人民币清算的安全性与处理效率，为人民币国际化提供必要的金融基础设施保障。

### 13.8.6  推动完善中国和欧盟的投资协定

发挥双边或多边投资协定在对外投资和贸易中的保障作用，是顺利实现货币国际化的前提条件。"马歇尔计划"的重要成果之一就是美国和西欧国家达成了一系列制度安排，美国获得了大量对西欧各国的货物、货币、劳务输出的出口份额，美元成为西欧国际贸易的主要结算货币，以促进美国和西欧经济一体

---

①  根据最优货币区理论，在多国区域内形成最优货币区需要具备若干条件：一是生产要素流动性；二是经济开放度；三是金融市场一体化；四是产品多样化；五是经济周期同步性；六是通货膨胀率的相似性；七是工资、价格的灵活性；八是贸易结构的相似性；九是政策一体化。

②  20世纪90年代初期，联合国环境规划署设立的金融自律组织（UNEPFI）发布了《银行界关于环境可持续发展的声明》和《金融业环境暨可持续发展宣言》等重要文件，促进绿色金融的推广和普及。

③  2003年6月，荷兰和美国等7国的10家银行首次宣布实施。

化为主要内容的新国际体系和秩序得以逐步建立和完善。中国应当加强和欧盟国家的政策沟通，促进贸易和投资便利化，将成果以法律文件形式固化，签署促进自由贸易和投资合作的协议，为人民币国际化打下更为扎实的政策和法律保障基础，更好地实现人民币计价结算、交易、储备等职能。

### 13.8.7　防范投资风险

法国和欧盟等发达国家的投资风险更多的是市场风险和企业运营风险，导致影响投资回报率。发展中国家的政治风险和政策法律风险则更为突出，特别是和东道国主权有关的不确定因素，如政局不稳、政权更迭、武装冲突、社会不稳定、政策不稳定等。在法国设立的人民币海外基金的运营将涉及多个发达国家和发展中国家，一定要防范投资风险，在发达国家充分考虑环境保护、居民权益保护、劳工成本、商业和文化差异较大等问题，在发展中国家充分考虑政治风险、开发风险、建设风险、项目运营风险以及商业风险等，确保人民币海外基金的可持续发展。

# 第14章　机构推动研究

## ——国家开发银行推动人民币
## 国际化的使命、优势和策略[①]

2016 年 11 月，国务院审定批准了《国家开发银行章程》，国开行成功实现"三步走"战略，明确了使命，强化了优势。以 2 500 亿元人民币专项贷款支持"一带一路"基础设施、产能和金融合作为契机，国开行可以配合央行形成人民币国际化协调推动机制，促进区域和全球经济一体化，参与离岸金融市场建设，提高综合营销能力和风险管控水平，加强高端智库研究，对接支付系统，推动大宗商品人民币计价结算，打造源于中国的全球价值链。

## 14.1　中资金融机构参与"一带一路"金融合作现状

### 14.1.1　2013 年"一带一路"倡议提出之前

由于"一带一路"沿线国家和地区多为发展中国家，政治动荡，经济低迷，投融资风险较大，因此在 2013 年"一带一路"倡议提出之前，中国的商业性金融机构在"一带一路"沿线国家和地区布局较少，参与项目不多，主要是国开行、中国进出口银行和中国出口信用保险公司等开发性、政策性金融机构支持了较多经济外交、能源资源和中资企业走出去的重大项目。

### 14.1.2　2013 年"一带一路"倡议提出之后

近四年来，中国银行业全面参与了"一带一路"建设。一是截至 2016 年末，共有 9 家中资银行在 26 个"一带一路"沿线国家和地区设立了 62 家一级机构。二是较多中资银行制定了"一带一路"信贷政策或措施，通过银团贷款、产业基金、对外承包工程贷款、优惠贷款等方式，支持了公路、铁路、港口、

---

① 本章部分内容发表于《开发性金融研究》2017 年第 4 期，题为《试论国家开发银行推动人民币国际化的使命、优势和策略》（作者：孟刚）。

电力、通信等多个领域的重大项目。① 三是中资银行围绕"一带一路"建设积极开展业务、制度和管理创新，为中外资企业提供多元化金融服务。② 四是国开行和中国进出口银行分别负责 2 500 亿元和 1 300 亿元等值人民币"一带一路"专项贷款，用于支持基础设施、产能和金融合作；丝路基金新增资金 1 000 亿元人民币，金融机构将开展规模预计约 3 000 亿元人民币的海外基金业务。五是人民币国际化的计价、结算、投资和储备等多个职能取得了重大突破。

## 14.2 国开行推动人民币国际化的使命

### 14.2.1 国开行的机构定位："三步走"战略

（1）开发性金融机构的历史发展

1994 年 4 月，国开行正式成立，是中国最早和最大的政策性金融机构。③ 1998 年，国开行树立了开发性金融理念，对信贷和负债业务进行重大改革，调整信贷结构、推进信用建设、重视本息回收、确保资产质量、加强风险控制，将政府信用、中长期融资和市场化运作相结合，积极推进经济社会"瓶颈"领域建设，支持国内和国际重大项目，逐步发展成为中国的中长期投融资主力银行和最大的对外投融资合作银行。2008 年底，国开行拉开了中国政策性金融机构的商业化改革序幕④，在经济下行期做出了艰难探索。一方面要平稳推进商业化转型，防范改革转型风险；另一方面要积极应对国际金融危机影响，发挥开发性金融平抑经济周期波动的重要作用。国开行商业化转型后的困境日益凸显。

---

① 截至 2016 年末，国开行和中国进出口银行充分利用多边金融合作机制，在"一带一路"沿线国家和地区贷款余额已达 2 000 亿美元，国开行的国际业务规模在国际开发性金融机构中名列前茅；中行对"一带一路"沿线国家和地区年底授信支持 1 000 亿美元，跟进境外重大项目 420 个；工行在"一带一路"沿线储备 412 个项目，总投资金额 3 372 亿美元；建行在"一带一路"沿线储备了 180 多个"走出去"重大项目，信贷规模 900 亿美元；一些股份制银行也在积极服务"一带一路"建设，如中信银行储备"一带一路"项目超过 300 个。

② 一是配套服务。为"走出去"企业跨境贸易提供结算、清算、汇兑等便利性支持，为跨境投资提供财务顾问、并购搭桥、股权融资等投行服务。二是撮合交易。"一带一路"沿线国家和地区有很多中小企业有技术、有品牌，但缺少市场。中资银行在海外的分支机构布局时间长，覆盖面广。中资银行利用互联网、大数据和境外分支机构信息渠道优势，同时利用金融科技手段，通过跨境投资洽谈会的形式，将"一带一路"沿线国家和地区有技术、有品牌的中小企业"请进来"，帮助企业寻找市场空间，实现全球资源、市场、技术、资金、人才的互联互通。三是管控风险。帮助客户合理地评估风险，为客户提供套期保值、掉期等衍生工具有效对冲风险。银行利用丰富的风险管控经验，帮助企业套保、掉期、规避汇率利率市场风险的波动，有效对冲风险。

③ 直属国务院领导，注册资本为 500 亿元人民币，以发行债券作为主要资金来源，重点支持"两基一支"重大项目，贯彻落实国家经济政策和产业政策。

④ 2008 年 12 月 16 日，国家开发银行股份有限公司正式挂牌成立。

债信政策"一年一延"导致发债难度加大、成本上升。外部监管和考核评价采用商业银行标准，与服务国家战略、保本微利的要求不符。国开行的中长期、批发性、大额、债券银行的经营模式不可持续。

（2）"三步走"战略圆满成功

2013 年 7 月，国开行正式提出了深化改革"三步走"路线图。目前，"三步走"战略已经成功实现。第一步，解决长期债信问题。2015 年初，国务院批复了国开行的深化改革方案，明确了开发性金融机构的定位和相关政策及制度安排，确定债信政策长期稳定，从根本上解决了国开行的发债筹资问题。第二步，搭建银行控股集团架构。为了贯彻落实党中央、国务院的决策部署，国开行搭建了适应服务国家发展战略需要的集团架构体系。第三步，推进国开行立法。2016 年 11 月，国务院审定批准《国家开发银行章程》。新章程明确将国开行定位为开发性金融机构，突出了开发性金融特色。① "三步走"战略成功实现，是国开行改革发展史上的重要里程碑，从根本上解决了多年来突出存在的机构定位、运行模式、配套支持政策、公司治理等问题，搭建了国开行服务国家战略的集团架构体系，也为在"一带一路"建设中推动人民币国际化奠定了扎实基础。

### 14.2.2　国开行推动人民币国际化的使命

2017 年 5 月，国家主席习近平在"一带一路"国际合作高峰论坛上宣布：国开行将提供 2 500 亿元等值人民币专项贷款，用于支持"一带一路"基础设施建设、产能合作和金融合作。作为全球最大的开发性金融机构、中国最大的对外投融资合作银行、中长期信贷银行和债券银行，国开行在以开发性金融方法支持重大基础设施建设、推进国际合作方面积累了丰富经验②，能够在服务"一带一路"建设和人民币国际化中发挥独特作用。一是与相关部委及合作国政府部门建立了密切联系，有利于做好相关政策对接。二是坚持规划先行，规划合作经验丰富，能够为合作国经济社会发展提供融智支持。三是以国家信用为依托，能够筹集长期稳定的金融资金，匹配重大项目的中长期资金需求。四是以保本微利为经营原则，不追求利润最大化，有利于为重大战略性项目提供低成

---

①　新章程诠释了开发性金融"服务国家战略、依托信用支持、市场运作、保本微利"的 20 字特征，在机构性质、支持领域、债信政策、治理结构、组织架构、风险管控、监管评价等方面作了制度安排，强调了党的领导和党建工作。

②　开发银行是服务"一带一路"建设和推动人民币国际化的主力银行。截至 2016 年底，开发银行已经在"一带一路"沿线国家和地区累计发放贷款超过 1 600 亿美元，余额超过 1 100 亿美元。其中，自 2013 年以来开发银行已经在"一带一路"沿线国家和地区发放境外人民币贷款超过 400 亿元，积累了丰富的跨境人民币业务操作经验。目前，开发银行在"一带一路"沿线国家和地区储备外汇项目 500 余个，融资需求总量 3 500 多亿美元。

本资金。五是拥有国开金融、国开证券、国银租赁等专业化子公司，能够为合作项目提供多元化金融服务。六是以市场运作为基本模式，在项目运作中注重推动完善市场机制和信用环境，有利于防范融资风险。

## 14.3 国开行推动人民币国际化的优势

### 14.3.1 批发银行

根据客户资源的不同，银行业务可以分为零售银行业务（Retail Banking）和批发银行业务（Wholesale Banking）。[1] 批发银行业务的主要客户对象是境内外的大企业、金融机构、政府部门等，一般涉及金额较大。纵观国际货币史，推动货币国际化可以分为起步、快速、平稳等几个发展阶段。从货币国际化和银行业务的关系看，起步阶段多以银行零售业务居多，当量积累到一定程度后，就需要以银行批发业务为推手，进入快速发展阶段，形成良性循环后，又进入零售业务为主批发业务为辅的平稳发展阶段。国开行以国家信用为基础，通过发债筹集长期资金，和商业银行多为中短期资金来源相比较，不存在"短存长贷"的资金错配问题，在支持基础设施、产能合作等银行批发性重大业务方面优势突出。当前，国开行负责落实 2 500 亿元等值人民币"一带一路"专项贷款[2]，可以发挥批发银行业务规模大、影响深、辐射广、带动力强等优势，更加积极主动地推动人民币国际化进入快速发展阶段。

### 14.3.2 银政合作

从主要国际货币的成功经验看，各国政府扮演了重要角色。英国政府抓住历史机遇，成为第一次工业革命的领袖，大力倡导自由贸易主义，将优势产品输出到国外，以资本的形式将积累的财富对外投资到各国，奠定了英镑的国际地位。美国政府坚定推动美元国际化，借助布雷顿森林体系和关贸总协定等国际规则确定了美元的权威，大力发展金融市场，巩固了美元在国际贸易和金融领域的核心地位。开发性金融在中国取得成功的关键，就是在政府和市场之间搭建了桥梁。国开行立足中国国情，借鉴国际先进经验，将政府优势转化为市场驱动力，为完善我国金融生态，促进投融资体制改革发挥了独特作用。在

---

①　皮特·罗斯在《商业银行管理》中把"批发银行"解释为"主要向公司和其他机构提供金融服务的规模巨大的城市银行"；把"批发贷款者"解释为"将其信贷资金的主要部分以大额贷款的形式发给公司和其他比较大的企业、机构的银行"。

②　具体分为 1 000 亿元基础设施人民币专项贷款、1 000 亿元产能合作人民币专项贷款和 500 亿元金融合作人民币专项贷款。

"一带一路"建设中推进人民币国际化，国开行可以发挥银政合作优势，紧密配合有关政府部门形成合力，与沿线国家和地区做好政策沟通协调，从政府关系层面营造货币相通的良好合作环境。

### 14.3.3　海外布局

自 20 世纪 90 年代以来，中国各大商业银行开始逐步实施"走出去"战略，境外分支机构绝大多数设在发达国家或较为发达的国家和地区，近年来开始在"一带一路"沿线国家和地区积极设立分支机构，但是，基于所在国审批政策各不相同，布局速度很难在短期内满足中资企业"走出去"的需要。国开行自2005 年以来全面开始境外布局，海外分支机构网络多以工作组形式体现，覆盖了 197 个国家和地区，基本包括了"一带一路"沿线所有国家或地区，境外业务多为中长期批发银行模式，工作方式灵活，对接层次较高，资金汇路畅通，和所在国政府、央行、主要商业银行及其他金融机构形成了良好的互动关系，和中资主要银行及中国出口信用保险公司等金融机构建立了协同合作机制，重大项目能够发挥境外银政企合作平台优势，具有较强的引导和调动社会资金能力，可以在"一带一路"建设中有效地推动人民币国际化。

### 14.3.4　市场驱动

从货币流通范围和使用程度角度分析，货币在境内的流通使用是由货币发行国基于主权强制力进行主导控制的，货币国际化从根本上说则是各国综合实力的竞争结果，是由市场需求驱动主导的过程，反映了货币发行国的主权信用在全球的政治经济地位。因此，推动人民币国际化必须遵循经济规律，离不开政府的引导，但又必须以市场化运作为根本性驱动力。开发性金融是以市场化为基本运作模式的金融形态。国开行从政策性到开发性金融机构的转变过程，就是成功市场化运作的结果，既能保本微利，又实现了国家战略意图。国开行具有丰富的市场化运作经验，可以在"一带一路"建设中，支持企业发挥主体作用，在遵循市场驱动和商业化运作原则的基础上，与沿线国家和地区"共商共建共享"，平等互利地开展经济金融合作，有效地推动人民币国际化进程。

### 14.3.5　规划先行

"运筹帷幄之中，决胜千里之外。"国开行的规划先行，已经成为独特的开发性金融品牌。规划不同于计划，对比计划的局部性、具体性和短期性等特征而言，更侧重于全面发展，着眼于解决宏观性、战略性和长远性问题。决策主体和执行主体通过科学制订发展规划，可以自觉主动地认识和把握客观规律，形成先进和系统的目标及路径，以问题为导向更好地指导实践。在"一带一路"建设中，国开行始终坚持规划先行，增强工作的主动性、前瞻性和创造性，配合中外政府部门开展重大合作规划，充分调动企业的积极性，统筹配置各种要素资源，系统构造大型重点项目，推动各方形成同向合力。国开行推动人民币国际化，可以发挥规划先行优势，加强与中外政府、银行、企业和智库等各方力量的合作，就实现货币国际化的各项职能，制订整体规划和具体实施蓝图，有针对性地进行重点突破。

### 14.3.6　股权投资

随着资本市场的发展，股权投资的优势日益突出，不仅能够成为企业融资的主要途径，还可以发挥财务杠杆作用，撬动银行信贷等债权融资，提高企业所有权资金的资金回报率。"一带一路"建设初期，很多沿线国家和地区资本市场欠发达，需要政策性资金支持，培育股权投资和债权投资的良性循环渠道。国家主席习近平在"一带一路"国际合作高峰论坛上宣布，中国将加大股权类资金对"一带一路"建设的支持力度，向丝路基金新增资金 1 000 亿元人民币，鼓励金融机构开展人民币海外基金业务，规模预计约 3 000 亿元人民币。国开行通过国开金融、中非基金等平台，积累了丰富的股权投资经验，可以根据企业和项目的特点及需求，灵活提供多种投资或组合投资金融产品，如普通股权投资或优先股、可转换债、混合资本工具等准股权投资以及夹层投资等方式，也可以设立"母基金"对其他基金进行投资，从多个层面在"一带一路"沿线国家和地区有效促进人民币资金融通。

### 14.3.7　债券银行

当前，人民币国际化的主要障碍，是在国际贸易中人民币计价和结算的比例较小，但这只是一个表层现象。导致这一现象的深层原因，除了贸易结构和货币惯性外，主要是由于境外可以投资的人民币金融产品太少，不能满足资产保值和流动性需要。人民币国际化陷入两难困境，境外人民币资金池太小，则无法实现人民币国际化，境外人民币资金池太大，大量资金又找不到合适的投资品，出现"资产荒"。因此，推动人民币国际化，亟须建设好人民币离岸市场，在国际金融市场上稳步增加高质量的人民币计价金融资产，特别是风险较小且有较高信用担保能力的债券等固定收益类金融产品。[①] 国开行享有国家信用

---

① 从全球金融产品规模看，债券的市值排名第一，远大于股票，具体包括政府债券、公司债券、按揭债券、非抵押债券等。其中，仅各国政府债券市值总额就和全球股票市场差不多。2017 年 6 月 21 日，中国人民银行发布《内地与香港债券市场互联互通合作管理暂行办法》，对香港及其他国家与地区的境外投资者经由香港投资内地银行间债券市场，即"北向通"，在交易、托管、结算等方面互联互通做了机制安排。目前，A 股已经与港股通过沪港通、深港通实现了互联互通。债券通开通就使国内的债券市场和香港的债券市场实现了互联互通，这有利于推动中国资本市场的国际化，提高人民币的国际地位，应该说是又一个"里程碑"事件。

等级，是市场化发债的先行者，2007 年就作为第一家境内金融机构在香港发行了 50 亿元人民币债券。通过发行债券，国开行可以把市场上短期零散资金转化为长期大额资金，在支持"一带一路"建设重大项目的同时，有效地实现人民币的国际货币职能。

### 14.3.8　综合营销

在境外投资和贸易活动中，人民币国际化的最直接驱动力有两点：成本低和服务便利。"一带一路"区域内多为发展中国家，金融体系和金融服务相对较为薄弱，银行业合作的空间较大，为中外实体经济合作提供的金融产品内容亟待完善。为了满足我国市场经济体制改革的迫切需要，国开行成立之初的核心业务是中长期信贷，之后积极开展了业务创新、制度创新和管理创新，自身能力不断加强，逐渐形成了集团构架下的较为完整的综合营销体系，可以为中外企业提供投资、贷款、债券、租赁、证券等多元化金融服务。近年来，国开行率先支持中资企业参与"一带一路"建设，和推进人民币国际化的各类金融机构建立了良好的协同互动机制，广泛地参与或支持了人民币境外直接投资、人民币离岸金融市场建设、贸易结算、货币互换等，积极为中外合作各方使用人民币资金提供了便利，综合营销在"一带一路"建设中推动人民币国际化的优势突出。

### 14.3.9　风险控制

风险管控能力是国开行的核心竞争力。国开行始终牢固树立稳定自身资产质量的目标，坚持服务国家金融和经济安全的大局，具有开发性金融特色的动态风险管控系统日益走向完善。截至 2018 年末，国开行资产总额 15.55 万亿元人民币，不良贷款率连续 50 个季度控制在 1% 以内，实现了财务的可平衡性，保证了机构可持续发展和长久服务国家战略的可能性。在"一带一路"建设中，国开行保本微利，不追求利润最大化，先期搭建完善的市场制度环境和信用结构，通过开发性金融对市场缺位的弥补，为商业性金融和社会资金的进入提前建立良好的市场秩序与制度规则，优化了推动人民币国际化的环境。"一带一路"建设中的一些重大项目是逐利资金无法进入或不想进入的蓝海领域，国开行率先在遵循国际惯例和市场规则的前提下进入后，发挥着先锋先导和逆经济周期调节的作用，项目成功后可以引导商业资金和各类社会资金持续流入，将有效地推动实现人民币的各项国际货币职能。

### 14.3.10　学习创新

纵观国开行的成长发展，就是一部学习和创新的历史。短短 20 余年，国开行从 500 亿元注册资本到如今的 15.55 万亿元总资产，从支持"两基一支"的政策性银行到世界上最大的开发性金融集团公司，从国际业务实现"零突破"到成为中国最大的对外投融资银行，取得的卓越成绩归功于国开行人服务国家战略大局，主动适应国内外形势，不断学习和创新的结果。可以说，学习和创新能力是国开行的最大优势。在"一带一路"建设中推进人民币国际化，是一项长期、系统、多领域、理论性和复杂性极高的宏伟工程，需要国开行充分发挥学习和创新的优势，走前人没有走过的路，做前人没有做过的事。在新的历史起点上，国开行要打造国际一流的开发性金融机构，坚持以市场化方式服务国家战略，在经济社会发展全局和金融体系中发挥不可或缺的独特作用，实现开发性金融机构的重大突破，积极主动，开拓进取，披荆斩棘，砥砺奋进，圆满完成国家使命。

## 14.4 国开行推动人民币国际化的策略

### 14.4.1 紧密配合我国央行形成人民币国际化协调推动机制

中国人民银行作为我国央行，是推动人民币国际化的主要负责机构。国开行应当主动配合央行，形成协调推动机制，加强和"一带一路"沿线国家和地区央行及金融机构的人民币授信合作，系统性推进人民币国际化。从英镑、美元、日元和欧元的国际化历史经验看，以所在国央行为主，相关机构紧密配合，和各合作国形成合力，是实现本国货币国际化的关键。美联储作为美国的央行，在1914年成立后的10年，就推动美元跻身于各国官方外汇储备货币行列，并最终主导了国际货币体系的建设，从国际汇率安排、货币储备、国际收支机制等制度层面，确定了美元的全球霸主地位。英国央行通过货币互换和对外贷款等金融合作，有效化解了多起英镑的贬值、支付等信用危机，提高了海外非居民使用英镑的积极性，增加了海外英镑存量。"一带一路"沿线国家和地区和中国的政治经济合作基础扎实，对中国投资、贸易和金融合作的期望值和依赖程度都很高，对人民币国际化持欢迎态度。我国央行应当抓住当前有利时机，加强和"一带一路"沿线国家和地区央行的有效沟通合作，争取成立"一带一路"央行间合作组织，推动形成以人民币为主的区域性货币合作体系，加快实现人民币的国际货币职能。

### 14.4.2 在支持基础设施和产能合作中实现人民币良性循环

"一带一路"沿线大多是新兴经济体和发展中国家，产业结构单一，出口多为初级产品，对外贸易大幅逆差，国际收支不平衡，在全球经济危机后吸引投融资能力较弱。另外，这些国家又普遍处于经济发展的恢复期和上升期，自然资源丰富，发展需求强烈，合作空间巨大。中国和沿线国家和地区开展基础设施和产能合作，应当以打造源于中国的全球价值链为核心利益，规划先行，优化人民币国际化的投资和贸易环境。为了克服基础设施建设的外部性矛盾，防范投融资风险，在支持中资企业和沿线国家和地区开展基础设施建设合作时，国开行要高度重视信用结构建设，积极参与整合项目所在国的上下游产业链。在产能合作方面，国开行支持中国的高中低端产业输出应当合理布局，逐步以人民币资本为主帮助沿线国家和地区改善产业结构，以投资和贸易促进人民币计价结算。为了引导沿线国家和地区在外汇收支上打破对美元等的过度依赖，国开行应当主动对接沿线国家和地区的发展战略，帮助沿线国家和地区提高生产加工和出口创汇（人民币）能力，改善贸易逆差和国际收支的不平衡，力争形成人民币的货币替代效应，提高人民币作为外汇投资和储备资产的可能性，促进实现人民币在"一带一路"区域内的良性循环。

### 14.4.3　在服务经济外交中促进区域和全球经济一体化

从主要国际货币的历史经验看，货币国际化都是伴随着发行国的区域经济一体化和经济全球化道路逐步走向成功的。英镑的国际化归功于英国通过殖民扩张的方式开展的对外贸易、投资和金融合作。美元的霸权地位离不开美国主导的布雷顿森林体系、关贸总协定等国际规则以及"马歇尔计划"的巨大贡献。欧元的诞生，得益于欧洲各国的政治家们把"最优货币区"理论设想变成了现实。日元国际化失败的一个重要原因则是日本对美国和欧洲依赖过重，早期忽视了和亚洲国家的合作，等到后期抛出"亚元"概念时，由于经济衰退等原因，已经错失良机。国开行可以充分发挥服务经济外交的职能，配合我国有关政府部门，以"一带一路"沿线新兴经济体为重点，同时加强和发达国家的合作，支持中资企业积极开拓海外市场，在"一带一路"沿线区域，兼顾非洲、拉美等重点合作区域，构建政府间合作机制，根除阻碍产业流、资金流、物资流、人才流和技术流等顺畅交往的障碍，避免投资和贸易摩擦，促进区域和全球经济一体化，推动区域金融市场的开放和发展，构建区域货币稳定体系和信用体系，形成推进人民币国际化的合力，打通人民币境内外双向良性流通渠道，建立和完善新的国际体系和秩序，为人民币国际化打下扎实的国际合作基础，逐步实现人民币的周边化、区域化、全球化。

### 14.4.4　参与离岸金融市场建设提高境外人民币资产流动性

在中国资本项目有管理的开放背景下，打造境内外人民币离岸金融市场，扩大境外人民币资金池，创新人民币金融产品，推动在岸市场和离岸市场的互联互通，是实现人民币国际化的必经路径。此外，人民币离岸金融市场还可以有效发挥防范境外热钱投资炒作、隔离国际金融风险传导、保护国内产业健康发展的重要作用。随着"一带一路"建设的深入，对与贸易和投资相关的人民币离岸金融市场和金融产品的需求更加迫切。为了服务客户对人民币资金和金融服务的需求，国开行应当充分发挥香港分行、深圳分行、上海分行等分支机构的优势，积极参与我国在境内外的人民币离岸金融中心建设，在条件成熟的"一带一路"沿线国家和地区打造多元化的人民币离岸金融市场。国开行可以在离岸金融市场开发人民币计价结算的债券产品①、货币基金产品、衍生产品和外汇交易类产品，满足全球客户的投资需求，吸引境内外银行、非银行机构投资者和个人投资者。国开行应当创新信贷类金融产品和服务，便利企业用银行存单或债券等固定收益类金融资产进行人民币跨境融资。在国际信贷、债券发行、外汇买卖等传统跨境业务的基础上，国开行应当加快人民币投资和融资类相关产品创新，实现人民币国际化的贸易驱动、投资驱动及金融产品创新驱动等多层次发展模式。

### 14.4.5 以高质量综合营销为人民币投资和贸易提供便利

当前，国开行以中长期贷款支持中资企业开展境外投资和贸易的优势突出。在"一带一路"建设中推进人民币国际化，国开行可以进一步整合综合金融牌照优势，开拓创新，推出各类有针对性的金融品种，为中外合作各方提供高质量的综合金融服务，为"一带一路"建设中的人民币投资和贸易活动提供便利，更好地发挥"一带一路"建设的主力行作用。一是要规划先行，设计综合营销方案。要发挥银政企合作平台优势，在"一带一路"建设中对接中资企业和合作国的实际需求，一国一策、一企一策。二是要加快境外分支机构网点布局。采用境外分行、代表处、工作组等多种形式，和境内外商业银行及"一带一路"金融机构广泛开展代理行等银行合作体系建设，通过最先进的金融科技手段，整合跨境人民币合作和服务系统。三是要加强前瞻性和精细化的人民币金融产品创新。在中长期信贷的基础上，提供投资、债券、证券、租赁等综合性金融服务，如股权投资、债券发行和承销、投资银行、证券经纪、资产管理、资产证券化，以及为航空、基础设施、船舶、商用车及工程机械等行业的优质客户提供综合性租赁服务等。四是要引导社会资金广泛参与"一带一路"建设。国

---

① 2017 年 7 月 1 日，根据国家开发银行微信公众号最新资讯，为庆祝香港回归祖国 20 周年，响应中央政府关于支持香港发展、推动内地和香港债券市场互联互通的重大部署，积极参与我国金融市场对外开放，国家开发银行率先在中国银行间债券市场推出首批"债券通"金融债券，并将于 7 月 3 日面向全球投资者收集订单。国开债本次发行将首次同时覆盖境内与境外、机构与个人、批发与零售等不同市场、不同投资者及不同渠道。符合中国人民银行要求的境外投资人均可通过"北向通"机制直接参与本期债券的认购。发行"债券通"金融债是国家开发银行发挥开发性金融独特优势，积极参与内地与香港债券市场互联互通合作，助力中国资本市场开放的又一重大创新实践。"债券通"的落地对于丰富境内债券市场投资者类型，实现发行和交易网络的全球化布局，促进国内的评级、结算、清算等基础设施与国际接轨，激活离岸人民币市场，进一步推动中国资本市场有序开放，加快人民币国际化步伐等都具有深远意义。

开行要在提供综合营销服务的同时，注重制度建设和信用建设，培育成熟完善的金融市场，形成推动人民币国际化的合力。

### 14.4.6　提高风险管控能力为人民币国际化保驾护航

对外金融合作是推动人民币国际化的核心内容，维护金融安全和稳定则是对外金融合作成功与否的前提条件。2016 年底的中央经济工作会议明确要求，要"把防控金融风险放到更加重要的位置"。在经济全球化背景下，金融危机外溢性突出，国际金融风险传递速度极快。"一带一路"沿线国家和地区的货币政策和财政政策调整形成的风险外溢效应，很可能会对我国金融安全形成重大外部冲击。在"一带一路"建设中推动人民币国际化，国开行需要在市场化运作的基础上实现国家特定的政策目标，将担负着更大的风险管控压力，面临的金融风险主要来自投资期限长、额度大、行业和客户集中、国际环境和宏观经济多变等因素。国开行应当加强全面风险管理，持续推进风险文化建设，加强重点国别、行业、客户的风险管控，稳步推进风险管理责任制，不断提升风险管控水平。在"一带一路"建设中，国开行应当加强国别风险分析和信用体系建设，以企业为主体提供金融服务，项目运作坚持市场化原则，发挥银政企合作平台优势，保证合作各方信息对称，帮助企业审慎决策和理性开展项目投资，避免盲目决策、投资和扩张，防范重大项目投资失败影响人民币国际化进程，为推动人民币国际化保驾护航。

### 14.4.7　以高端智库研究为人民币国际化提供决策依据

人民币国际化的宏伟工程具有长期性、系统性、理论性、实务性和跨领域高度关联性等特点，如果没有正确的理论为指导，很难取得实效，甚至引发系统性金融风险。"一带一路"国际合作高峰论坛倡议建设好"一带一路"智库研究交流和合作网络，为"一带一路"沿线国家和地区提供智力支持，集思广益，凝聚共识。国开行具有融智和融资结合的优势，和国际组织、中外政府部门、企业和金融机构等建立了密切合作关系，研究和规划等内设机构以宏观政策和金融研究服务"一带一路"建设，已经在发挥国家级智库作用。在推动人民币国际化方面，国开行应当继续加强高端智库研究力量，重视人民币国际化的基础理论研究，从国家政策和战略层面进行思考，以投资、贸易和金融合作的大数据分析为支撑，在实务层面提出务实可行的操作建议。国开行开展人民币国际化高端智库研究，应当把握好定位和方向，有大担当、大格局、大谋略，与我国央行等负责推动人民币国际化的决策部门紧密协作，以"一带一路"建设推动人民币国际化为重点，坚持开展前瞻性、针对性、储备性的政策研究，充分发挥开发性金融优势，在现实中找问题，从实践中寻答案，从创新中求突破，力争为中央决策提供科学依据。

### 14.4.8 对接和完善"一带一路"沿线国家和地区货币支付系统

目前，"一带一路"沿线国家和地区金融基础设施发展不平衡，很多国家的人民币货币支付系统尚不健全，已经成为推进人民币国际化的瓶颈制约。在笔者工作的埃及等"一带一路"沿线国家和地区，无论"居民"还是"非居民"，开立银行间人民币账户尚属难事，更无须谈人民币流通，亟须对接能够服务人民币计价、结算、投资和储备等国际化职能的支付系统。欧盟国家货币一体化成功启动的重要基础之一，是欧洲 16 国早在 1950 年就共同成立了欧洲支付联盟，有效解决了各国之间货币结算和自由兑换等问题。应当借鉴美国的清算所银行同业支付系统（Clearing House Interbank Payment System，CHIPS），以商业化运营模式，加快完善人民币跨境支付系统（Cross - border Interbank Payment System，CIPS），并通过中国现代化支付系统（China National Advanced Payment System，CNAPS）进行最终清算，提高清算效率，降低清算成本，全面监控人民币跨境交易，为在"一带一路"建设中推进人民币国际化提供必要的金融基础设施保障，让人民币资金在支持"一带一路"投资、贸易和金融合作中享有应有的便利。国开行可以落实人民币专项贷款为契机，协助对接和完善"一带一路"沿线国家和地区的货币支付系统，打通资金融通、贸易畅通、设施联通等所需的人民币流通渠道。

### 14.4.9 推动沿线国家和地区的大宗商品人民币计价结算

大宗商品（Bulk Stock）是国际贸易的"领头羊"，主要包括石油、钢铁、有色金属、矿石和大宗农产品等。其中，石油交易是最为重要和频繁的标杆性交易。日元国际化的失败教训之一，就是日元在国际贸易领域的计价结算职能未能充分体现。美国是石油消费大国，虽然不是欧佩克成员国，但是对全球石油价格有很大的影响力，且在 20 世纪 70 年代与沙特阿拉伯达成一项"不可动摇"的协议，将美元作为石油的唯一定价货币，并用石油金融稳固了美元在国际石油贸易中的地位。大宗商品交易具有极强的货币使用惯性，是支持人民币在国际贸易领域实现货币替换的关键。伊拉克和伊朗曾经尝试用非美元进行石油贸易计价结算，但是由于域外干扰、国内政治层面更迭动荡等各种原因，最终无果而终。2015 年，中国和俄罗斯成功尝试用人民币结算石油贸易。2016 年，中国正式超越美国成为最大石油进口国。以此为起点，国开行可以继续发挥大额信贷支持等优势，在沙特阿拉伯、埃及等"一带一路"沿线国家和地区大力推动石油、天然气等大宗商品的人民币计价结算，逐步提高国际贸易中人民币的使用程度，实现人民币国际化多项重要职能的突破。

### 14.4.10　在沿线国家和地区打造源于中国的全球价值链

"一带一路"覆盖亚非欧 60 多个国家和地区，包括亚洲 43 国、中东欧 16 国、独联体 4 国、非洲 1 国，总人口超过 44 亿，占世界人口的 63%，经济总量约占全球经济总量的 30%，市场潜力巨大。"一带一路"建设有利于打通欧、亚、非大陆形成新的生产网络和消费市场，为欧亚非经济乃至全球经济的发展形成新的增长空间，形成以中国为核心的全球生产链和价值链。随着国内经济结构的健康调整，中国整个产业在向全球价值链高端迈进，具备了向境外转移优势产能和扩大对外贸易合作领域的实力。国开行在支持"一带一路"建设的重大项目过程中，可以规划先行，顺势引导，引导中外企业整合项目所在国资源，合理布局上下游产业，推广人民币计价结算，优化人民币国际化的投资和贸易环境，带动商业银行资金和社会资金持续注入，支持中外企业以 PPP（公私合伙关系）①、EPC + F（工程总承包 + 融资）、PFI（私营主动融资）、BOT（建设—经营—移交）等多种合作模式参与"一带一路"建设，形成投融资合作的合力。国开行可以配合我国有关部门，和积极参与"一带一路"建设的发达国家及沿线国家和地区全面对接，促进有关国家降低通关与物流费用、节省企业投资和贸易的时间成本、增加政府政策的透明度与可预测性，营造快速高效的通商环境，让沿线国家和地区获得更多参与全球价值链的收益，在"一带一路"沿线区域内将中国输出的供应链运转得更加平稳，打造源于中国的全球价值链，从根本上促进人民币国际化。

---

① PPP（Public Private Partnerships），是公私合伙关系的简称，即政府和社会资本合作为公众提供基础设施等公共产品的一种合伙机制。澳大利亚是全球 PPP 模式最为成熟的国家之一。本书作者在刊登于《人民日报（内参版）》（2017 年）和《海外投资与出口信贷》（2016 年）的《澳大利亚基础设施公私合营（PPP）模式的经验与启示》一文中，详细介绍了基础设施 PPP 模式的基本状况、典型特征和运作方式，对澳大利亚公司成功操作 PPP 项目的案例做了深入分析，研究了澳大利亚基础设施 PPP 模式的成功经验和不足，并从国家战略层面加强顶层设计、合理确定项目选择标准、理顺政府职责、完善法律和政策体系、引入第三方建立系统的 PPP 项目监督评估机制等几个方面提出了对我国 PPP 模式的启示和建议。

# 第15章 项目推动研究

## ——埃及 SAIBANK 项目实现人民币国际化在埃及的"零突破"

2016 年 1 月，国家主席习近平对埃及进行国事访问，和埃及总统塞西共同发表了关于加强两国全面战略伙伴关系的五年实施纲要，提出将各自发展战略和愿景对接，以基础设施建设和产能合作为抓手，将埃及打造成"一带一路"沿线支点国家，这为人民币国际化在埃及实现"零突破"创造了条件。

### 15.1 项目基本情况

2017 年 9 月 17 日，中国国家开发银行与埃及阿拉伯国际银行（SAIBANK）在埃及开罗签订 2.6 亿元人民币专项贷款及 4 000 万美元非洲中小企业专项贷款合同，标志着"一带一路"人民币专项贷款项目首次落地埃及。同日，国开行与埃及银行签署了《中埃"一带一路"人民币专项贷款合作谅解备忘录》，双方将积极推进人民币贷款合作。本次签订的 2.6 亿元人民币专项贷款将用于支持埃及基础设施、电力、能源、通信、交通、农业、中小企业、中资企业"走出去"等领域项目建设；4 000 万美元非洲中小企业专项贷款则用于支持埃及中小企业项目建设。中国驻埃及大使宋爱国、国开行副行长王用生、埃及银行副行长阿克夫、SAIBANK 副行长麦格卢迪出席了签约仪式并致辞。

宋爱国大使在致辞中表示，中国和埃及在历史上是要好的朋友。在当前新的历史条件下，两国在致力于实现国家发展和民族复兴的道路上又相互支持、携手并进。随着中国"一带一路"倡议的大力推进与埃及"新苏伊士运河走廊"开发计划的稳步实施，中埃呈现出更多契合点和相通之处，双方深化全面战略合作也迎来了新的历史机遇。本次国开行和 SAIBANK 签署的人民币贷款合同是我国境外人民币贷款首次在埃及落地，是落实两国元首在厦门金砖国家峰会双边会谈成果的具体合作项目，是中埃双边关系发展迈出的重要一步。中埃关系有着光明的前景，感谢国开行和埃及银行、SAIBANK 为推动双边关系发展所做的大量工作，期待未来双方能够在新的时代开启新的合作篇章。

王用生副行长在致辞中表示，国开行设立 2 500 亿元等值人民币专项贷款，支持"一带一路"建设，是 2017 年 5 月召开的"一带一路"国际合作高峰论坛取得的重要成果之一。此次人民币贷款合同及谅解备忘录的签署，标志着人民币贷款在埃及取得了零的突破。这也是落实中埃两国元首 2017 年 9 月厦门峰会精神的重要举措，对于加快人民币国际化进程、以金融合作助推中埃产能合作、全面促进中埃投资及贸易便利化具有重要的示范效应和深远意义，将为今后中埃两国经贸发展、产能合作升级以及中资企业"走出去"提供有力支撑。

埃及银行副行长阿克夫表示，埃及银行是埃及第二大银行，具有商业银行全牌照，几乎参与了埃及所有国家级重点项目的建设。2016 年 1 月，埃及银行与国开行签署了 1 亿美元非洲中小企业专项贷款协议，2017 年 5 月"一带一路"国际合作高峰论坛期间，双方又签署了 5 亿美元贷款合同，体现了中国对埃及的友好和支持，希望国开行继续加大对埃及综合金融支持力度，期待两行未来进一步加强在人民币、基础设施、产能、银团贷款等领域的合作。

SAIBANK 副行长麦格卢迪表示，中埃两国人民同样有着源远流长的历史，有着同样爱好和平、期待共赢的价值观，非常荣幸能够和这样伟大的民族进行合作。本次贷款合同的签订是 SAIBANK 和国开行的首次合作，希望能够借此契机建立起双方长期合作的体制机制，未来开展更多有益于中埃两国人民的项目。

## 15.2　"一带一路"为人民币国际化落地埃及创造了条件

### 15.2.1　埃及的基本情况概述

埃及是世界四大文明古国之一，全称阿拉伯埃及共和国，国土面积 100.145 万平方千米，截至 2017 年 6 月人口约为 9 460 万，伊斯兰教为国教，信徒主要是逊尼派，占总人口的 84%，科普特基督徒和其他信徒约占 16%，另有 800 万海外侨民，官方语言为阿拉伯语，首都开罗，主要城市有亚历山大、卢克索、阿斯旺、苏伊士等。埃及和中国是传统友好国家，是第一个和新中国建交的阿拉伯和非洲国家。从地缘上分析，埃及位于亚洲、非洲和欧洲的交界处，拥有苏伊士运河，具有重要的地缘优势和战略地位。从政治上分析，埃及长期是 22 个阿拉伯联盟国家的领袖，对非洲 57 个国家有示范引领作用，在中东 17 个国家中也是颇具影响力的大国。从经济上分析，埃及 2016 年 GDP 总量约为 3 000 亿美元，全球排名第 38 位，在中东地区仅次于沙特阿拉伯和阿联酋，在非洲地区仅次于尼日利亚和南非，是重要的区域性经济大国。

### 15.2.2　人民币在埃及不能兑换和使用的主要障碍

回顾历史，和很多国家一样，埃及对外的投资和贸易合作大多是使用美元和欧元。埃及国内的货币单位是埃及镑。在埃及的各大主要银行的外汇牌价业务系统上，可以和埃及镑直接兑换的只有美元、欧元、英镑以及沙特阿拉伯里亚尔等几个主要邻国的货币。人民币在埃及不能兑换和使用，主要有三大现实障碍。一是埃及对美元和欧元存在货币依赖性。埃及曾先后受到英国和法国的殖民入侵，沦为它们的殖民地，第二次世界大战后又得到了美国的大力援助，因此和美国以及欧洲国家传统合作关系紧密。埃及的外汇资产多为美元，具有很强的货币依赖性。二是美元在中埃两国经贸合作中具有很强的货币惯性。近年来，中埃两国经贸合作关系密切，2016 年的中埃贸易额已经超过 100 亿美元，但是中埃企业间计价结算的币种主要是美元，存在很强的货币惯性。三是人民币在埃及的可兑换和使用尚未得到埃及官方的认可。人民币从 2009 年启动国际化至今进展迅速，但还没有深耕细作到埃及。在全球信用货币体系下，货币具有主权属性，官方的认可是任何货币在该国可兑换以及流通使用的前提。可以通过"事件驱动"使人民币得到埃及官方的认可。

### 15.2.3　"一带一路"为人民币落地埃及创造了条件

中埃"一带一路"合作的深化为人民币落地埃及创造了关键性条件。一是中埃两国央行签署了货币互换协议，为人民币落地埃及提供了政策保障。2016 年 12 月 6 日，中国人民银行与埃及中央银行（以下简称埃及央行）签署了双边本币互换协议，规模为 180 亿元人民币/470 亿埃及镑，旨在维护两国金融稳定，便利双边贸易和投资，有效期 3 年，经双方同意可以展期。二是埃及央行成为中国国家开发银行（以下简称国开行）的美元贷款借款人，为人民币贷款做了必要的铺垫。2016 年 1 月 21 日，国开行与埃及央行签署 10 亿美元贷款协议，旨在加强埃及外汇储备，帮助埃及央行补充流动性，是国开行首次对境外央行的大额授信。三是中埃投融资合作不断深化，产生了对人民币资金的巨大需求。中埃建立了产能合作部际协调机制，在电力、交通、港口、城建等方面确定了国家电网、泰达苏伊士运河园区等多个优先合作项目，人民币在埃及的国际化具备了强大的资金需求动力。四是中埃金融机构合作日益深化，为人民币落地埃及提供了平台和渠道。国开行作为"一带一路"主力银行，给埃及国民银行、埃及银行累计贷款余额超过 15 亿美元，其他中资银行也以市场化运作模式，给埃及提供了信贷支持，金融合作的深化为人民币落地埃及提供了平台和渠道。

## 15.3　埃及是重要的"一带一路"沿线支点国家

### 15.3.1　埃及的政治经济情况

（1）政治情况

①军方在埃及政治生活中扮演重要角色

埃及包括纳赛尔、萨达特、穆巴拉克在内的历任总统均是军人出身。2011 年"一·二五革命"后，穆巴拉克总统辞职，武装部队最高委员会接管权力。

2012 年 6 月，埃及穆斯林兄弟会创立的自由与正义党主席穆尔西赢得总统选举并就职。2013 年 6 月，反对和支持穆尔西的民众举行大规模游行示威，引发流血冲突。2013 年 7 月 3 日，埃及军方罢黜穆尔西，中止宪法，宣布修宪、总统大选、议会选举"三步走"过渡政治路线图。2013 年 8 月 13 日，埃及政府任命的 25 名省长，其中 16 人具有军方背景，1 人拥有警方背景。

②强势总统塞西稳步推进埃及政治改革

2014 年 5 月底，埃及举行总统选举，前军方领导人塞西以 97% 的选票当选并于 6 月就任。总体来看，在经历了 2014 年修宪、总统选举后，埃及政局已呈现稳定态势，行政当局对局势掌控能力较穆尔西以及过渡政府时期明显增强。2015 年 3 月中旬，埃及在沙姆沙伊赫召开埃及经济大会，这次大会是埃及政府吸引海内外投资、助力埃及经济复苏的重要举措，被称为埃及中期经济发展计划中的"里程碑"。来自 100 多个国家、25 个地区和国际组织的 2 500 多名政府官员、企业代表、投资者和媒体代表受邀参会。2015 年 8 月，苏伊士运河拓宽工程竣工，用时仅一年，比原计划提前两年完成，进一步提振了境内外投资者对新政府及未来经济发展的信心。2016 年 1 月 10 日，埃及新议会召开首次会议，结束了三年多无议会的局面，埃及政治过渡顺利完成。本届议会共有 596 名成员组成，包括 448 名独立议员、120 名党派议员以及 28 名由总统直接任命的议员。与以前选出的议会由穆斯林兄弟会主导不同，本届议会中未形成一个起主导作用的政党或派别，力量分散，新议会组成格局也反映了"军事强人"塞西对埃及政权的绝对把控。此外，新政府借重军方势头明显。27 个省中的 17 位省长来自军方。军方还承揽了与阿联酋政府合作建设保障房（总投资 47 亿美元）、苏伊士运河疏浚拓宽（80 亿美元）等一系列重大项目。

③埃及是中东北非地区有影响力的政治大国

历史上，埃及曾作为阿拉伯世界领袖，多次领导对以色列的中东战争。埃及和以色列签署戴维营协议后，埃及外交方向转向，着力发挥中东地区"稳定器"作用，维护地区稳定。阿拉伯联盟总部位于埃及，阿盟主席也有由埃及人担任的惯例，逐步形成了埃及在政治上支持其他阿拉伯国家，其他阿拉伯国家在经济上对埃及施以援助的模式。埃及长期与美国、欧洲乃至以色列保持密切的外交经济关系。埃及是最早与我国建交的阿拉伯和非洲国家。2006 年 6 月，两国建立战略合作伙伴关系。2014 年 12 月塞西总统访华期间，两国发布联合公报，宣布建立全面战略伙伴关系。2015 年 9 月塞西总统出席中国人民抗日战争暨世界反法西斯战争胜利 70 周年纪念活动，并积极推进两国各领域合作，进一步深化两国战略伙伴关系。2016 年 1 月，国家主席习近平对埃及进行国事访问，这是中国最高领导人时隔 12 年首次访埃，双方发表了关于加强两国全面战略伙伴关系的五年实施纲要，提出要将各自发展战略和愿景对接，利用基础设施建设和产能合作两大抓手，将埃及打造成"一带一路"沿线支点国家。

（2）经济情况

①2014—2015 财年、2015—2016 财年 GDP 较往年实现较快增长

埃及 GDP 近年来保持稳步增长，尤其是 2014—2015 财年及 2015—2016 财年近两个财年，增长率分别达到 4.4% 与 4.3%，实现了较快增长。根据世界银行 2017 年 6 月全球经济预测报告，预计 2016—2017 财年埃及 GDP 增长率为 3.9%，与埃及政府对经济增长的预期值一致。世界银行预测，随着埃及经济改革措施的逐步实施及投资环境的改善，未来两个财年，经济增长率将维持在 4% 以上，2018—2019 财年有望达到 5.3% 的增长速度。埃及经济具有典型的消费驱动型特征（2015—2016 财年消费占 GDP 的比重高达 94.2%），综合考虑其消费驱动型的特征和相对稳定的人口劳动力结构（尽管失业率较高），很大程度上保证了埃及经济的稳定性，也使近年来的政治波动对其经济影响相对有限。

②投资是拉动埃及经济的重要途径

新政府启动一系列大型投资项目，拟实施 5 000 亿埃及镑的投资包，推出苏伊士运河拓宽、新首都建设、多座燃气发电站、苏伊士运河走廊经济带等重大项目。其中，耗资 80 亿美元、工期 12 个月的苏伊士运河拓宽项目已经完工；埃及与德国西门子公司签下价值 60 亿欧元的高效燃气电厂项目（总装机容量 14.4GW），该项目一旦建成，项目中的三个电厂将成为世界上发电量最大的电厂，目前该项目已经开工建设；此外，埃及拟在开罗以东 45 千米地方建设占地 700 平方千米、能够承载 500 万人口、建设总投资高达 300 亿美元的新首都项目。

③财政稳步增收，但财政赤字压力仍较大

近年来埃及政府财政收入稳步增长，但财政赤字压力仍较大。2015—2016 财年，埃及财政收入达 4 914.88 亿埃及镑，其中税收收入占 71.68%，达 3 523.15 亿埃及镑；埃及财政支出达 8 178.44 亿埃及镑。该财年财政赤字为 3 263.56 亿埃及镑，约占 GDP 的 12.5%，高于国际通用的 3% 的警戒线。2017 年 5 月 23 日，根据埃及政府公布的数据，2016—2017 财年的前 9 个月，财政赤字率由上一财年同期的 9.4% 下降至 8%，并有望在 2016—2017 财年末下降至 10.9%。2016 年 7 月，IMF 宣布将向埃及贷款 120 亿美元，以支持埃及经济改革，埃及政府开始实施了一系列改革措施，减少补贴，增加税收，并在 2016 年 11 月宣布埃及镑贬值，实行自由浮动，随着改革措施的逐步实施，财政赤字率有望在 2017—2018 财年下降至 9.1%。

④政府债务水平仍处高位运行，外债保持合理水平

近年来，埃及政府债务率水平（国内政府内债金额/国内生产总值）始终处在较高水平，2016 年 9 月，内债达到 2.7 万亿埃及镑，债务率为 77.7%，高于国际警戒线 60%，主要是由于近年来埃及政府发债规模一直持续增加并保持在高位。截至 2016 年 9 月，埃及外债总额达 601.53 亿美元，外债负债率为 16.3%（国际警戒线为 20%），短期债务率为 13.2%，短期债务偿还率为 40.7%。

⑤外储保持稳定增长

自 2016 年 7 月以来，埃及外汇储备连续增长，2017 年 5 月，达到 311. 3 亿美元，对进口的覆盖的月份达到 6 个月以上。埃及的外汇收入主要来源于石油出口、苏伊士运河、旅游、侨汇四大方面。侨汇收入仍是其最大来源之一。此外，受全球油价下降、索马里海盗猖獗等影响，途经苏伊士运河的船只并未明显增加，苏伊士运河收入一直处于低位。

长期来看，一是在当前年轻人占绝大多数的人口结构下，预计外出务工人数会进一步增加，侨汇收入也将相应增加；二是随着政府强力反恐，治安环境的改善，旅游市场也将缓慢恢复；三是 2016 年 8 月埃及发现蕴藏量约 8 500 亿立方米（相当于 55 亿桶原油）的天然气田。据埃及官方介绍，该气田足够埃及在当前需求情况下使用至少十年，埃及未来有望暂停天然气进口 3 ~ 5 年，这将有利于减少外汇流出。

⑥外国直接投资稳步增长

2015—2016 财年埃及的外国直接投资达 68. 38 亿美元，但与 2008—2009 财年的 81. 13 亿美元仍有一定差距。近年来，英国、美国、阿联酋长期是前三大对埃及直接投资国，2015—2016 财年对埃及投资分别为 59. 44 亿美元、8. 07 亿美元、13. 29 亿美元。2017 年 5 月，埃及议会通过新《投资法》，替代了 1997 年 8 月颁布的《投资保障和鼓励法》。新《投资法》对投资范围、投资机制、外资审查、资本构成、外汇使用、国有化与征用、解决投资争议、刑事社会责任等内容进行了完善和更新，其中关于政策透明度和投资促进的条款体现了埃及政府在吸引外资和鼓励私有部门发展方面的决心。新《投资法》主要从提高行政管理效率方面进行了修订完善，包括简化审批程序，缩短审批时间，畅通投诉渠道，有关部门可在土地落实前事先发放企业执照、项目许可等。预计随着新《投资法》的实施，将对埃及吸引外国投资起到积极的作用。

⑦受埃及镑贬值的影响，通货膨胀率持续高涨

受浮动汇率改革的影响，埃及镑大幅贬值，埃及通货膨胀率不断走高，2017 年 4 月以来，通货膨胀率达到 31. 46%，为埃及 30 年以来的最高值。根据埃及政府经济改革方案，下一步，埃及政府将继续提高油价及电价，减少相应补贴，短期内，通货膨胀的压力仍然较大，埃及财政部长表示，未来几年，通货膨胀将会逐步下降。

### 15. 3. 2　埃及的金融、税收和外汇政策

（1）金融政策

埃及中央银行（Central Bank of Egypt，CBE）成立于 1961 年，是埃及银行业监管机构。埃及 2003 年颁布的 88 号法和 2004 年 6 月埃及总统颁布的 64 号总统令对埃及央行的主要职责进行了明确，包括保持价格稳定并实现银行业的稳

健运行；制定并执行货币、银行信贷政策；发行货币；对银行业进行监管；管理外汇储备；管理外汇交易市场；监管国家支付系统；记录并跟踪埃及外部负债（包括公共部门和私营部门）等。

埃及金融监管局（Egyptian Financial Supervisory Authority，EFSA）是根据2009年10号法令成立的新的政府监管机构，以替代之前的埃及保险监管局、资本市场管理局、抵押融资管理局，负责埃及非银行金融市场的监管，包括保险、资本市场、抵押融资（Mortgage Finance）、融资租赁、资产证券化、保理等。

2003年6月15日，埃及政府颁布了关于中央银行、银行体系和货币的第88号法律。2004年3月22日颁布了第88号法律的执行规定，即第101号法令。2005年第93号法令修订了最新的《埃及银行法》。上述法令对银行业的体系、职能、监管等进行了较详细的规定。埃及银行业实行混业经营，既可贷款，也可提供投资。埃及还在开罗和亚历山大设立了证券交易所。

从银行的所有权性质来看，埃及的银行可分为国有银行、私有和合资银行、外资银行（通过在埃及境内设立分支机构来经营相关业务）。埃及较有影响力的三大商业银行（埃及国民银行、埃及银行、开罗银行）都属于国有银行。私有和合资银行以及外资银行根据埃及投资法成立，虽然属于私营企业的范畴，但国有银行可以参股，在合资银行中持有一定的股份。

埃及法律对未在埃及注册的银行向注册地位于埃及的客户进行贷款无禁止性规定。根据《埃及银行法》第66条规定，除非埃及央行为了监管外债需要向其披露数据外，在阿拉伯埃及共和国，贷款协议的有效、生效、或者可执行性不需要在任何公共机构公证、备案、或者登记。借款人签署、递交、履行贷款协议，除特别规定外，无须获得任何法律要求的批准、授权、同意，无须任何公共机构或政府部门的裁定或指令。

（2）税收政策

所有埃及自然人和法人的直接和间接收入均要征税。埃及的税种分为直接税和间接税，主要税种有工资税、收入代扣税、个人收入统一税、公司利润税、房地产税、海关税、销售税、印花税、开发税等。公司利润的标准税率是20%，工业企业和出口企业的利润税率为32%，非国有石油开采和生产公司的利润税率为40.55%。公司年利润超过1.8万埃及镑须缴纳国家资源开发税税率的2%。制成品、为他人经营或加工、部分中间服务、部分旅游服务须纳销售税。销售税类似增值税，主要征收对象是进口或当地生产的制成品。年销售额超过5.4万埃及镑的生产厂商和所有的进口商、经销商均须向税务局注册纳税。销售税的标准税率是10%。商品纳销售税时，原材料已缴的销售税和商品在流通过程中已缴的销售税可扣除。出口商品退税。

（3）埃及实行外汇管制

自1991年8月起，埃及放宽外汇管制，实行经常项下外币自由兑换，并建立了全国统一外汇市场，实行浮动汇率，由银行每日挂牌公布，外汇可在银行和钱庄自由兑换。国营和私营外贸公司进口用汇均自行在银行办理用汇申请，一般须向银行预付进口合同金额的 10%~35%。埃及 1991 年第 117 号《外汇交易法》规定，除政府机关、公共部门外（这些单位有外汇预算），所有自然人与法人均可持有外币并进行外汇储蓄、兑换和国际支付，但必须通过政府批准的银行进行。埃及的外汇收入主要来自旅游、侨汇、石油天然气和苏伊士运河。

埃及一直未实现资本项下的可自由兑换。自 1999 年以来，埃及国际收支持续逆差，外汇一直较为紧张。一般银行都规定了一次性兑换外汇的最高金额。由于 2012 年底以来银行和货币兑换机构面临着严重的外汇短缺状况，因此在实际操作中，个人在商业银行购买外汇非常困难（需要符合央行设定的用途，优先用于进口药品、必备原材料等）。人们可以通过"黑市"将埃及镑兑换成外汇，但该汇率要比埃及央行每日在其网站上公布的官方汇率约高出 5%~10% 的幅度。2011 年以来，埃及央行每周 2~3 次通过商业银行间市场固定拍卖限量美元，限定用汇企业优先用于采购药品、必要设备等。

2016 年 3 月 14 日，埃及宣布实行更为灵活的汇率制度，埃及镑对美元单次贬值 13%，达到 8.85 埃及镑兑换 1 美元。2016 年 11 月 3 日，央行再次宣布埃及镑对美元贬值，由 1 美元兑换 8.85 埃及镑贬值到 13 埃及镑，贬值幅度高达48%，并宣布埃及镑对美元自由浮动。2017 年 6 月，IMF 公布，埃及央行将于未来几个月取消美元存款及汇款的限制。

## 15.4　项目合作方——埃及 SAIBANK 的基本情况

### 15.4.1　埃及 SAIBANK 概述

埃及 SAIBANK 成立于 1976 年 3 月 21 日，是根据埃及 1974 年投资法第 43号（后根据 1989 年第 230 号和 1997 年第 8 号法令进行了修订）投资法令，由阿拉伯银行在埃及设立的第一个合资银行。SAIBANK 发行和实收资本已从 1978 年的 400 万美元增加到目前的 1.5 亿美元，共配置了 1 500 万股，每股票面价值 10美元。SAIBANK 是埃及具有全牌照的银行，能够进行投资、贷款、租赁等各种银行业务，经营领域涵盖埃及工业、农业、房地产、商业、贸易等。SAIBANK也通过其伊斯兰支行从事伊斯兰金融产品和服务。SAIBANK 同时经营零售业务、公司业务及投资银行业务，截至 2017 年 4 月底，在埃及共有 33 家网点，拥有员工 1 139 人。

### 15.4.2　埃及 SAIBANK 的股东结构

SAIBANK 的最大股东为阿拉伯国际银行，占股 46%。阿拉伯国际银行主要是由埃及（38.76%）、利比亚（38.76%）、阿联酋（12.5%）、卡塔尔（4.98%）、阿曼苏丹国（2.49%）等国政府出资并根据国际条约建立的投资银行，享受一定特权，总部设在开罗。根据条约约定，该银行在其各成员国国家内享有的特权包括：阿拉伯国际银行及其分支机构不受监管机构或公共事业机构、公共部门公司以及在其分支机构运营的各成员国的联合股票公司的法律约束；对所有形式的国有化的豁免；银行的文件、记录和文件的不可侵犯性，以及对司法、行政、会计控制、检查规则和法律的豁免权；对任何种类的基金、利润、股息以及所有的活动和不同的交易免税；免除税收以及对其客户征收的诸如代扣代缴税的义务。阿拉伯国际银行主要从事所有涉及经济发展和对外贸易的银行、金融和商业活动，特别是在其成员国及其他阿拉伯国家和地区。阿拉伯国际银行不得进行埃及镑业务，只能对当地银行进行投资。

SAIBANK 的第二大股东是阿拉伯承包商投资公司，占股 17%。阿拉伯承包商投资公司是在中东和非洲处于领先地位的建筑公司之一。该公司共有 77 000 名员工，与 29 个国家的客户、合作伙伴和供应商合作。该公司经验较为丰富，业务涵盖广泛的建筑业及其配套服务，包括公共建筑、桥梁、道路、隧道、机场、住房、污水处理厂、电站、水坝、医院、体育建筑物、古迹恢复、灌溉、生产混凝土、造船、机电工程、工程咨询、钢结构制造和组装等。

SAIBANK 的第三大股东为埃及保险公司，占股 16%。埃及保险公司成立于 2006 年，由国家经济部部长穆罕默德·塔哈担任公司董事长。该保险公司通过聚集社会资本为埃及当时民族独立的众多项目提供支持。

SAIBANK 的第四大股东占股 11%。该公司是埃及和阿拉伯国家乃至非洲地区个人人寿保险中最大的专业公司，也是埃及最大和最古老的保险公司。根据埃及 1964 年相关法令规定，埃及的保险公司数量由原来的 14 家合并为目前的 4 家，包括 3 家直接保险公司和 1 家专门从事再保险的公司，为百分之百国有。

### 15.4.3　埃及 SAIBANK 的法人治理结构

SAIBANK 将法人治理作为银行运营和发展的重要环节，SAIBANK 董事会通过以身作则来提倡诚信和道德行为，在银行战略，政策制定，任命、监督和高薪支付高级管理人员以及确保银行对其投资者及当局的问责方面发挥着关键作用。SAIBANK 尊重股东的权利，并通过定期传达有效信息使股东们行使相应权利，以有效参与股东大会。问责制是 SAIBANK 治理实践的关键，严格控制权力对其行为负责。为了确保问责制，SAIBANK 董事会组成确保多元化，主席职责和 CEO 职责分开，使权力分散。其银行法人治理框架依赖于董事会和高级管理层，并设计内部审计矩阵（合规性、风险和内部审计），形成治理框架的坚实支柱，并努力培育充分披露的文化，增强透明度，建立彼此信任。

SAIBANK 董事会下设四个委员会，分别为：

①内部审计委员会。根据埃及 2003 年第 88 号法律第 82 条，该委员会由财务和会计领域具有经验、知识和专长的 3 名非执行理事会成员组成。主要负责银行内部的监督和审计。

②风险委员会。主要负责管理和跟踪银行的风险，确保各项运作符合风险管理策略和政策。该委员会由 3 名非执行董事和 1 名执行董事组成。

③公司治理委员会。主要负责制定和建议董事会关于本行的公司治理政策及指引，并筛选、提名董事和委员会候选人，以便董事会选举和委任委员会成员。该委员会由 3 名非执行董事组成。

④薪酬委员会。主要负责研究工资和奖金，审查与工资、津贴、利润、激励、晋升和制裁等有关的政策和法规，并根据预期的目标，审议董事会成员和员工的优惠福利，向董事会提出建议。该委员会由 3 名非执行董事组成。

根据 SAIBANK 官网信息，SAIBANK 现有董事长 1 名，副董事长 1 名，董事 9 名。

## 15.5 项目的推动过程和重大意义

### 15.5.1 项目的推动过程

2017 年 5 月，国家主席习近平在"一带一路"国际合作高峰论坛上正式宣布，国开行负责落实 2 500 亿元人民币专项贷款，用于支持"一带一路"基础设施、产能和金融合作项目。作为唯一在埃及注册成立的中资金融机构，国开行开罗代表处及时向埃及银行界通报了"一带一路"国际合作高峰论坛的举办情况和各项成果，并从金融服务实体经济的专业角度，宣介了"一带一路"人民币专项贷款对埃及的重大意义。2017 年 7 月，SAIBANK 对人民币正式进入埃及表达了欢迎态度，正式向国开行提出了贷款申请。随后，经过两个多月的忙碌评审和合同谈判，国开行对埃及阿拉伯国际银行（SAIBANK）授信项目取得了圆满成功。2017 年 9 月 17 日，国开行与埃及阿拉伯国际银行（SAIBANK）在开罗签订 2.6 亿元人民币专项贷款合同，标志着"一带一路"人民币专项贷款首次落地埃及。同日，国开行与埃及银行签署了《中埃"一带一路"人民币专项贷款合作谅解备忘录》，双方将积极推进人民币贷款合作。

### 15.5.2 项目的重大意义

埃及是"一带一路"沿线重要支点国家，将人民币正式纳入其官方外汇储备货币，必将对中东、非洲地区产生重要影响，对人民币国际化和"一带一路"建设的顺利推进都将发挥重要的示范效应。"一带一路"建设资金需求量巨大，依赖美元等域外国际货币是高风险且不可持续的，必须以人民币为主导推动本币金融合作。SAIBANK 获批的 2.6 亿元人民币专项贷款将用于支持埃及基础设施、电力、能源、通信、交通、农业、中小企业、中资企业"走出去"等领域项目建设，意味着埃及货币当局对人民币在埃及可兑换和使用的官方认可，是下一步推动埃及镑和人民币的直接兑换，实现人民币资金在中埃投资和贸易合作中广泛使用的前提条件。使用人民币能够给埃及带来实实在在的好处，将为中埃基础设施和产能合作项目提供更多的资金渠道，并带动更多的中资企业赴埃及投资。埃及 SAIBANK 的 2.6 亿元人民币授信项目在"一带一路"和人民币国际化的协同推进方面做出了有益尝试，达到了中埃两国双赢的效果。

# 第16章　货币合作研究

## ——以中欧日本币合作，破局"美元陷阱"①

2019 年 6 月 29 日，国家主席习近平和美国总统特朗普在 G20 峰会中美元首会晤中达成一致意见，在平等和相互尊重的基础上，中美双方将重启经贸磋商，两国经贸谈判团队将就具体问题进行讨论。美方再次表示暂时不对中国出口产品加征新的关税。2019 年 8 月 15 日，在仅仅不到两个月后，美国政府宣布，对约 3 000 亿美元的中国进口商品加征 10% 关税，自 2019 年 9 月 1 日、12 月 15 日起分两批实施。中国也立刻予以反击，对原产于美国的 5 078 个税目、约 750 亿美元进口商品加征关税。中美贸易摩擦没有赢家，美国是中美贸易摩擦的挑起者，自然也会成为贸易摩擦的受害者。但不可否认的是，美国之所以挑起贸易摩擦，很大程度上依赖的是其长期形成的在全球经济金融领域的霸权地位，而维系这个霸权地位的重要支柱，便是美元。可以说，美元是美国实现其全球霸权的支柱性金融武器，也是其实现遏制中国政策的重要经济工具。在中美经贸摩擦冲突日益严重的今天，防范和规避美元的负面牵制作用实属必要。

中国是欧盟第三大投资目的地和第八大投资来源地，也是欧盟最大的进口贸易伙伴，中欧经贸和金融合作潜力巨大。中国是日本一衣带水的邻邦，同时也是日本最大的进出口贸易伙伴，具有深厚的金融合作基础。深化人民币与欧元、日元的本币合作，对于中欧、中日经贸和金融伙伴关系向纵深处发展，具有重要意义。主动加强人民币与欧元、日元的合作，通过本币合作优化全球货币篮子构成，成为规避美国金融打压，防范化解美国制裁合规风险，推动完善更加平等互利的国际货币治理体系的重要通路。

## 16.1　美元在美国建立全球霸权中的重要地位

一是美元是美国构建全球经济金融体系的核心。美元是美国建立全球金融体系和控制全球经济的基础。美国的殖民扩张是美元的隐性扩张。美国通过美元实质上控制了各国经济，世界各国不得不使用美元开展投资和贸易等活动。在一定程度上讲，很多发展中国家和新兴经济体沦为了美国的美元金融殖民地。

---

① 本章部分内容发表于《中国货币市场》2019 年第 11 期，题为《以中欧日本币合作，破局"美元陷阱"》（作者：孟刚）。

二是美元是美国遏制中国的重要武器。美国通过调节美元指数等方式，遏制中国崛起。历史上，美国多次通过周期性的布局美元指数变化，干扰拉美、东南亚、东亚等地区的经济发展势头，攫取当地人民的财富。

三是美元是美国推行政治外交政策的重要工具。近年来，美国国内右翼保护主义、单边主义抬头，反洗钱、金融制裁等越来越成为美国推行本国政治外交政策的工具。为提高打击的广度和深度，美国对部分国家施加二级制裁，利用长臂管辖权等手段，切断和阻吓其他国家个人和实体，特别是金融机构与目标国家的经贸合作。与被制裁国进行交易的相关个人和实体一旦触犯二级制裁，将遭受行政调查、巨额处罚甚至是刑事诉讼等一系列严重后果。

表16-1　　　　　　　　当前美国针对他国实施经济制裁的情况

| 被制裁国家 | 被制裁原因 | 制裁类型 | 是否包括二级制裁 |
|---|---|---|---|
| 古巴 | 人权、社会制度 | 贸易、金融、出入境 | 是 |
| 伊朗 | 大规模杀伤性武器 | 贸易、金融、出入境 | 是 |
| 朝鲜 | 大规模杀伤性武器 | 贸易、金融、出入境 | 是 |
| 叙利亚 | 大规模杀伤性武器 | 贸易、金融、出入境 | 是 |
| 缅甸 | 人权、社会制度 | 部分贸易、部分金融 | 否 |
| 利比亚 | 人权 | 部分贸易、部分金融 | 否 |
| 伊拉克 | 人权 | 部分贸易、部分金融 | 否 |
| 黎巴嫩 | 武装冲突 | 部分贸易、部分金融 | 否 |
| 也门 | 内战 | 部分金融 | 否 |
| 巴尔干（前南斯拉夫联盟国家） | 武装冲突 | 部分金融 | 否 |
| 白俄罗斯 | 人权 | 部分金融 | 否 |
| 俄罗斯、乌克兰 | 武装冲突 | 部分贸易、部分金融 | 否 |
| 索马里 | 武装冲突 | 武器禁运、部分金融 | 否 |
| 苏丹 | 武装冲突 | 武器禁运、援助限制、部分金融 | 否 |
| 南苏丹 | 武装冲突 | 部分贸易、部分金融 | 否 |
| 中非共和国 | 人权 | 部分贸易、部分金融 | 否 |
| 科特迪瓦 | 人权 | 部分金融 | 否 |

资料来源：根据美国财政部海外资产控制办公室（OFAC）网站整理。

四是美元是危害我国国际信贷合作的潜在风险。在国际信贷合作中，大量使用美元作为授信币种，一旦制裁风险延烧，美国可通过切断美元支付清算服务对国际业务进行打击。在中美贸易摩擦的背景下，减少美元使用，丰富授信币种，特别是增加作为世界主要货币的欧元、日元的使用，努力推动人民币与欧元、日元合作，对防范制裁合规风险，降低银行风险水平意义重大。

## 16.2 人民币、欧元和日元的挑战

### 16.2.1 美元、人民币、欧元和日元国际支付市场份额

整体上看，美元、欧元领跑国际支付市场，各自份额相对稳定。环球银行间金融电信协会（SWIFT）报告数据显示，2019年3月，美元在国际支付市场中的份额占比再次超过40%，达到了40.01%。欧元排名第二，3月市场份额占比约为33.75%，比2019年1月和2月的市场份额略低一些。日元排名第四，市场份额基本保持在3%左右。整体来看，欧元、日元和美元的市场份额都保持平稳，约占79%，在国际支付市场处于绝对领先的位置。英镑排名第三，市场份额占比约为7.24%。人民币排名第五，市场份额占比约为1.89%，虽然比2月有所回升，但仍然低于1月的水平①。

表16-2 　　　　　　SWIFT：2019年前3月国际支付市场份额排名

| 排序 | 货币 | 3月占比 | 2月占比 | 1月占比 |
|------|------|---------|---------|---------|
| 第1名 | 美元 | 40.01% | 39.07% | 40.08% |
| 第2名 | 欧元 | 33.75% | 34.99% | 34.17% |
| 第3名 | 英镑 | 7.24% | 7.34% | 7.07% |
| 第4名 | 日元 | 3.46% | 3.51% | 3.30% |
| 第5名 | 人民币 | 1.89% | 1.85% | 2.15% |
| 第6名 | 加元 | 1.78% | 1.75% | 1.74% |
| 第7名 | 港元 | 1.57% | 1.49% | 1.50% |
| 第8名 | 澳元 | 1.50% | 1.37% | 1.40% |
| — | 其他货币 | 8.80% | 8.63% | 8.59% |

资料来源：环球银行间金融电信协会。

具体来看，人民币结算交易量持续上升。自2015年开始，人民币被加入国际货币基金组织（IMF）的特别提款权（SDR）货币篮子，通过电汇和结算系统的交易量持续上升。SWIFT数据显示，以人民币结算的贸易金额约占中国贸易总额的25%，已成为第二大贸易融资货币②。

### 16.2.2 美元、人民币、欧元、日元全球外汇储备量

美元仍是全球最主要的外汇储备货币，人民币、欧元和日元日益成为各国防范"美元陷阱"的重要储备货币。自2008年国际金融危机以来，各国央行持

① 转引自南生今世说，https://www.jxzwfwzx.com/6573030/20190426A0GRBU00.html。
② 转引自财经ABC，https://m.sohu.com/a/295307037_591132。

续推进外汇储备多元化，以防范落入"美元陷阱"，避免受到美元融资市场混乱的负面影响。其中，人民币、欧元和日元受到各国青睐，日益成为各国货币储备的重要组成部分。

IMF 发布的 2018 年第四季度数据显示，美元在全球已配置外汇储备中的资产总量约为 6.62 万亿美元，所占比重降至 61.69%，连续三个季度下滑；欧元在全球已配置外汇储备中的资产总量约为 2.22 万亿美元，所占比重升至 20.69%，为 2014 年第四季度以来最高；日元在全球已配置外汇储备中的资产总量约 5 580 亿美元，所占的比例升至 5.20%，为 2002 年第二季度以来最高；人民币在全球已配置外汇储备中的资产总量约 2 027.9 亿美元，所占比重升至 1.89%，为 2016 年第四季度以来最高[①]。

表 16 – 3　　　　　　2018 年第四季度全球外汇储备中各货币占比

| 名次 | 货币 | 占比 |
| --- | --- | --- |
| 第 1 名 | 美元 | 61.69% |
| 第 2 名 | 欧元 | 20.69% |
| 第 3 名 | 日元 | 5.20% |
| 第 4 名 | 英镑 | 4.43% |
| 第 5 名 | 人民币 | 1.89% |
| 第 6 名 | 加元 | 1.84% |
| 第 7 名 | 澳元 | 1.62% |
| — | 其他货币 | 2.64% |

表 16 – 4　　　　　　2018 年第三季度全球外汇储备中各货币占比

| 名次 | 货币 | 占比 |
| --- | --- | --- |
| 第 1 名 | 美元 | 61.94% |
| 第 2 名 | 欧元 | 20.48% |
| 第 3 名 | 日元 | 4.98% |
| 第 4 名 | 英镑 | 4.49% |
| 第 5 名 | 加元 | 1.95% |
| 第 6 名 | 人民币 | 1.80% |
| 第 7 名 | 澳元 | 1.69% |
| — | 其他货币 | 2.67% |

---

① 转引自凤凰网财经频道，http://finance.ifeng.com/c/7lSYLwbOxeH。

表 16 –5　　　　　　2018 年第二季度全球外汇储备中各货币占比

| 名次 | 货币 | 占比 |
|------|------|------|
| 第 1 名 | 美元 | 62.25% |
| 第 2 名 | 欧元 | 20.26% |
| 第 3 名 | 日元 | 4.97% |
| 第 4 名 | 英镑 | 4.48% |
| 第 5 名 | 加元 | 1.91% |
| 第 6 名 | 人民币 | 1.84% |
| 第 7 名 | 澳元 | 1.70% |
| — | 其他货币 | 2.59% |

表 16 –6　　　　　　2018 年第一季度全球外汇储备中各货币占比

| 名次 | 货币 | 占比 |
|------|------|------|
| 第 1 名 | 美元 | 62.47% |
| 第 2 名 | 欧元 | 20.40% |
| 第 3 名 | 日元 | 4.81% |
| 第 4 名 | 英镑 | 4.68% |
| 第 5 名 | 加元 | 1.86% |
| 第 6 名 | 澳元 | 1.70% |
| 第 7 名 | 人民币 | 1.39% |
| — | 其他货币 | 2.69% |

## 16.3　人民币国际地位的提升及其区域化进程

### 16.3.1　人民币国际地位的提升

人民币区域化是指在一个地理区域内自由兑换、交易、流通、储备等货币职能的载体是人民币。需要特别指出的是，人民币的国际地位需要冷静地判断。当前阶段，人民币的区域化不是指在亚洲区域内人民币的货币一体化，而是说人民币是区域内的关键货币，和区域内其他货币之间是一种长期合作和竞争的共生关系，在区域内共同在金融、投资、贸易等领域发挥着关键货币的职能。

一是人民币在跨境贸易和投资支付中的占比不断提高。2018 年，货物贸易人民币收付额 3.7 万亿元，同比上升 13%，在本外币跨境收付中占比 11.7%；直接投资项下人民币收付额 2.66 万亿元，同比增长 61%，在本外币跨境收付中占比 59.5%。人民币便利了企业对外投资和贸易，降低了汇兑成本。

二是人民币跨境支付清算网络初步形成。根据中国央行公布的数据，目前，全球范围内已设立 25 家人民币清算行。截至 2019 年 1 月，人民币跨境支付系统（CIPS）业务范围已覆盖 162 个国家和地区，共有直接参与者 31 家、间接参与者 818 家。银联卡全球受理网络已覆盖 174 个国家和地区，境外发行规模已超 1 亿张，跨境交易规模逾 9 000 亿元。

三是境外投资者在我国金融市场使用人民币交易和投资规模不断扩大。2018 年全年，共有 1 186 家境外机构投资者进入银行间债券市场，已累计发行人民币债券 1 980.6 亿元，投资规模 1.73 万亿元；境外机构参与人民币外汇市场交易规模 1 700.4 亿美元。截至 2018 年年底，我国已批准人民币合格境外机构投资者（RQFII）205 家，额度为 6 466.7 亿元人民币。

四是人民币的国际储备货币地位不断提升。已有 60 多个国家和地区将人民币纳入外汇储备，越来越多的央行表示有意投资人民币资产。截至 2018 年第三季度，人民币占全球外汇储备的比例升至 1.80%。

五是人民币在全球金融安全网中发挥了重要作用。我国已与 38 个国家和地区签署了双边本币互换协议，目前仍有有效协议 31 个，总规模约 3 万亿元。货币互换有效补充了其他国家的外汇储备，成为全球金融安全网的一部分，为维护全球金融稳定发挥了重要作用①。

### 16.3.2　人民币在周边国家区域化使用的类型

随着人民币地位的提高以及边境贸易和边境旅游的发展，人民币在周边国家或地区的使用范围不断扩大。按程度划分，周边国家或地区使用人民币的情况分三种类型②：

第一种类型是泰国、马来西亚等国家。人民币的使用主要是伴随着旅游业的发展而发生的。

第二种类型是中朝、中越、中缅等边境地区。人民币的使用主要是伴随着边境旅游和边境贸易的发展而发生的。由于人民币币值稳定，使用范围又比较广，在这些地区中出现了不仅在边境旅游和边境贸易中使用人民币，而且在该地区居民之间的商品交换中也使用人民币的现象。比如，在老挝东北地区，人民币甚至替代本币流通，最远深入到老挝首都万象一带。在中缅边贸中，每年跨境流动的人民币达 10 多亿元。人民币可在越南全境流通，越南国家银行已开

---

① 人民币国际化之路：在渐行渐强中越走越宽广，《中国产经新闻》，记者杜文科，2019 年 7 月 2 日。

② 人民币区域化问题探讨，《吉林金融研究》，赵慧，2009 年 12 月 15 日；人民币区域化的新进展及发展态势，《中国社会科学院学报》，曹红辉，2008 年 7 月 1 日。

展人民币存储业务。

第三种类型是港澳台地区。这是人民币流通最为活跃的地区，由于内地和港澳地区之间存在着密切的经济联系，人民币的兑换和使用相当普遍。台湾地区也在日常消费和小额贸易的支付中开始大量接受人民币，并实现人民币与新台币之间的现钞兑换，这为促进两岸经贸往来和交流提供了金融支持手段，也为扩大和深化经济金融联系创造了新的领域。

### 16.3.3　人民币在周边国家区域化使用中的问题

虽然人民币还未实现自由兑换，但上述现象表明市场中的确出现对人民币的较大需求。其中，较为现实和主要的需求体现在计价和结算功能上。

但是，人民币周边国家或地区流通一直存在两个问题[①]：一是人民币的回流问题。如果人民币没有畅通的渠道回流到我国，人民币在周边国家或地区的使用将受到限制。二是人民币的汇款和境外人民币的存款问题。如果还停留在人民币现钞流动的方式，人民币在周边国家或地区的使用范围和使用规模难以扩大。

## 16.4　中国企业境外上市及发债情况

### 16.4.1　境外上市情况

2018 年共有 324 家中国企业通过 IPO（首次公开募股）登陆资本市场，占全球 IPO 总数的 24%；首发募资合计 4 047 亿元（人民币，下同），占全球 IPO 募资总额的 29%。至此，中国上市公司数量已达 6 961 家。其中，选择在港股上市的中国公司有 178 家，占据了中企 IPO 的 55%。其中：

（1）美国

截至 2019 年 1 月，在美国上市交易的中国企业数量有 233 家，市值总额达到 17 935.64 亿美元，其中市值超千亿美元的企业有 4 家，分别为阿里巴巴（4 127.02 亿美元）、中国移动（2 119.62 亿美元）、台积电（1 977.97 亿美元）、中石油（1 172.62 亿美元）。

2018 年，中国境内有 34 家中企赴美 IPO 上市，募资总额 86.03 亿美元。其中，有 18 家企业在纳斯达克实现上市，有 15 家企业在纽交所上市，还有 1 家企业即安博教育（AMBO）在美国证券交易所上市。

---

① 论人民币区域化与人民币离岸金融中心的形成，《中国经济问题》，李翀，2004 年 11 月 20 日。

表 16－7            **2018 年境内中企美国 IPO 名单**

| 序号 | 上市时间 | 股票代码 | 发行人 | 上市地点 | 所属省份 | 上市方式 |
|---|---|---|---|---|---|---|
| 1 | 2018 年 2 月 5 日 | SSLJ | 盛世乐居 | 纳斯达克 | 湖北省 | VIE 架构 |
| 2 | 2018 年 2 月 8 日 | HMI | 华米科技 | 纽交所 | 安徽省 | VIE 架构 |
| 3 | 2018 年 2 月 16 日 | FAMI | 农米良品 | 纳斯达克 | 浙江省 | VIE 架构 |
| 4 | 2018 年 3 月 16 日 | AIHS | 爱鸿森 | 纳斯达克 | 四川省 | VIE 架构 |
| 5 | 2018 年 3 月 20 日 | DNJR | 点牛金融 | 纳斯达克 | 上海市 | VIE 架构 |
| 6 | 2018 年 3 月 23 日 | STG | 尚德机构 | 纽交所 | 北京市 | VIE 架构 |
| 7 | 2018 年 3 月 27 日 | GHG | 格林豪泰 | 纽交所 | 山东省 | 红筹上市 |
| 8 | 2018 年 3 月 28 日 | ONE | 精锐教育 | 纽交所 | 上海市 | VIE 架构 |
| 9 | 2018 年 3 月 28 日 | BILI | bilibili | 纳斯达克 | 上海市 | VIE 架构 |
| 10 | 2018 年 3 月 29 日 | IQ | 爱奇艺 | 纳斯达克 | 北京市 | VIE 架构 |
| 11 | 2018 年 4 月 18 日 | AGMH | 安高盟 | 纳斯达克 | 北京市 | 红筹上市 |
| 12 | 2018 年 5 月 11 日 | HUYA | 虎牙直播 | 纽交所 | 广东省 | VIE 架构 |
| 13 | 2018 年 5 月 24 日 | CLPS | 华钦科技 | 纳斯达克 | 上海市 | 红筹上市 |
| 14 | 2018 年 6 月 1 日 | AMBO | 安博教育 | 全美交易所 | 北京市 | VIE 架构 |
| 15 | 2018 年 6 月 15 日 | NEW | 朴新教育 | 纽交所 | 北京市 | VIE 架构 |
| 16 | 2018 年 6 月 27 日 | UXIN | 优信 | 纳斯达克 | 北京市 | VIE 架构 |
| 17 | 2018 年 7 月 26 日 | CANG | 灿古 | 纽交所 | 上海市 | VIE 架构 |
| 18 | 2018 年 7 月 26 日 | JG | 极光 | 纳斯达克 | 广东省 | VIE 架构 |
| 19 | 2018 年 7 月 26 日 | PDD | 拼多多 | 纳斯达克 | 上海市 | VIE 架构 |
| 20 | 2018 年 9 月 12 日 | NIO | 蔚来汽车 | 纽交所 | 上海市 | VIE 架构 |
| 21 | 2018 年 9 月 12 日 | YI | 1 药网 | 纳斯达克 | 广东省 | VIE 架构 |
| 22 | 2018 年 9 月 14 日 | QTT | 趣头条 | 纳斯达克 | 上海市 | VIE 架构 |
| 23 | 2018 年 9 月 19 日 | XYF | 小赢科技 | 纽交所 | 广东省 | VIE 架构 |
| 24 | 2018 年 9 月 25 日 | VIOT | 云米 | 纳斯达克 | 广东省 | VIE 架构 |
| 25 | 2018 年 9 月 27 日 | LAIX | 英语流利说 | 纽交所 | 上海市 | VIE 架构 |
| 26 | 2018 年 9 月 28 日 | CTK | 触宝 | 纽交所 | 上海市 | VIE 架构 |
| 27 | 2018 年 10 月 19 日 | NIU | 小牛电动 | 纳斯达克 | 北京市 | VIE 架构 |
| 28 | 2018 年 10 月 25 日 | PT | 品钛 | 纳斯达克 | 北京市 | VIE 架构 |
| 29 | 2018 年 11 月 7 日 | CNF | 泛华金融 | 纽交所 | 广东省 | 红筹上市 |
| 30 | 2018 年 11 月 15 日 | WEI | 微贷网 | 纽交所 | 浙江省 | VIE 架构 |
| 31 | 2018 年 11 月 20 日 | TC | 团车 | 纳斯达克 | 北京市 | VIE 架构 |
| 32 | 2018 年 12 月 6 日 | MOGU | 蘑菇街 | 纽交所 | 浙江省 | VIE 架构 |
| 33 | 2018 年 12 月 12 日 | TME | 腾讯音乐 | 纽交所 | 广东省 | VIE 架构 |
| 34 | 2018 年 12 月 14 日 | QFIN | 360 金融 | 纳斯达克 | 上海市 | VIE 架构 |

资料来源：前瞻产业研究院整理。

（2）中国香港

截至 2017 年 12 月底，在香港特别行政区上市的内地企业有 1 051 家，其中包括 H 股、红筹股及民营企业，总市值约为 2.9 万亿美元，占市场总值的 66%。2018 年香港新上市的 218 家企业中，来自中国内地的共 111 家，占当年香港新上市企业数量的 50.9%。其中，通过 IPO 上市的 103 家，共募资 2 737.63 亿港元，占当年香港 IPO 募资总额（2 864.97 港元）的 95.6%。

### 16.4.2　境外债券发行情况

（1）美元债券

截至 2018 年 11 月末，中资企业在国际债券市场共计发行 370 只美元债券（剔除永续债和补充一级资本债券 AT1），发行规模为 1 384 亿美元，较上年同期下降 19.3%，其中投资级债券 800 亿美元，较上年同期下降 27.5%；高收益或无评级债券 584 亿美元，较上年同期下降 4.6%[①]。

（2）人民币债券

2018 年全年，共有 1 186 家境外机构投资者进入银行间债券市场，已累计发行人民币债券 1 980.6 亿元，投资规模 1.73 万亿元。

## 16.5　人民币与欧元、人民币与美元合作的重要契机

### 16.5.1　美元国际地位走低，人民币国际化进程加速

2017 年以来美元持续走低，为人民币国际化创造契机。2017 年 12 月美国参议院通过了税改法案。美国税收联合委员会的数据显示，此次税改会使联邦收入在未来 10 年内减少 1.45 万亿美元，与此同时政府财政支出增加，致使赤字加重。按美国尽责联邦预算委员会估算，到 2019 财年美国财政赤字将达 1.2 万亿美元，并且此后将长期维持在万亿美元大关之上。为维持债务缺口，美国政府发债需求增加。2017 年美联储三次加息，美元指数却跌了近 10%，创下自 2003 年以来的最大年度跌幅，当年美元跌了近 15%。2018 年迄今，延续着上年的跌势美元指数已下跌约 1.3%。美国政府的减税政策迫使美元面临贬值压力。在美元疲软对欧洲诸国外汇储备造成贬值压力的背景下，将人民币纳入外汇储备是一种长期价值投资，能起到提高收益、分散风险降低其外汇储备价值波动的作用，为人民币国际化提供契机。

---

① 中资企业美元债券市场回顾与展望，《债券》，彭振中，2018 年 12 月 20 日。

### 16.5.2 美国贸易保护主义促进中欧、中日产业合作

当前，全球金融市场受西方政治经济影响根深蒂固，美国等发达国家坚决维护经济和金融霸权，贸易战愈演愈烈，抑制我国高端科技产业发展的目标明确。2018年3月1日，特朗普表示，将对进口钢铁和铝分别征收25%和10%的关税；3月22日其又表示将在每年向600亿美元中国商品征收关税。此两项带有严重贸易保护主义的措施将带来的贸易成本提高和对市场信心的影响阻碍中美贸易发展，一定程度上限制了人民币国际化进程。此外，减税作为美国去全球化的策略之一，将造成人民币、欧元支付和结算业务的减少。但总体来看，虽然美国政府推行贸易壁垒、减税等政策带来的贸易保护主义和去全球化在短期内将对人民币国际化形成一定阻碍，但是考虑到中欧和中日经贸合作关系的强化、美元疲软持续，以及人民币、欧元和日元在金融领域地位的提升，人民币国际化进程将持续推进。

### 16.5.3 挑战美元国际支付市场地位，中欧加快新体系建设

目前，欧洲正在建设自己主导的新的支付系统——SVP系统。SVP系统被认为是欧盟开创的一个独立于美国之外的金融支付体系，并试图以此保持欧盟在全球支付市场中的领导地位。

同时，中国已于2015年10月正式建立人民币跨境支付系统（CIPS）。2018年中国的人民币跨境支付系统（CIPS）处理业务144.24万笔，与2017年相比增长了14.57%，处理金额达到了26.45万亿元，与2017年相比增速高达81.71%。中国已在多个国家和地区设立或授权人民币清算银行，清算量累计超过285.6万亿元。

虽然现阶段欧洲的SVP和中国的CIPS与美国的SWIFT相比系统差距巨大，但SVP和CIPS的成长空间很大，假以时日或许能形成SWIFT、SVP和CIPS"三足鼎立"的国际支付结算格局。

### 16.5.4 "美元石油"地位受到挑战，全球亟须建立石油支付新体系

据《俄罗斯卫星社》报道称，JCOPA（联合全面行动计划）的参与者们决定建立一个独立的支付体系，尤其是针对伊朗的石油进出口交易，以规避美国对伊朗的限制，参与者包括英国、中国、法国、德国、俄罗斯和伊朗。支付体系的建立意味着今后各国对伊朗的进出口交易将使用美元以外的货币支付，这令石油美元地位受到了挑战。

长期以来，石油交易均以美元计价。美国凭借美元计价地位，向伊朗发出禁令，并威胁其他国家禁止购买伊朗石油。许多国家已经计划着绕开美元和伊朗进行石油交易，尤其是像欧盟、日本这种严重依赖能源进口的国家。

针对美国的"限制令"，中国首先明确声明，他国无权干涉中国和伊朗的石油交易。2018 年前 5 个月，中国对伊朗的原油进口已增长 9%。目前，中国不仅成为伊朗的最大石油出口国，还与伊朗建立了多个油田投资合作项目。伊朗则绕开美元，选择用人民币进行石油交易结算。

目前，JCOPA 的参与者们正在讨论建立支付系统的细节，并使之合法，并保证和伊朗交易的企业利益不受损。可见，美国的"禁油令"不但令美元石油的地位受到挑战，而且意外地推进了伊朗与欧盟、日本、中国在石油市场的合作关系。

## 16.6 中国、欧盟和日本本币合作的经贸基础

### 16.6.1 中欧整体经贸合作情况

贸易方面，欧盟和中国分别是对方第一大和第二大贸易伙伴，双方合作稳步提升。据欧盟统计局公布的数据，2018 年欧盟对中国出口 2 099 亿欧元，进口 3 940 亿欧元，贸易逆差 1 840 亿欧元。中欧双边贸易额达 6 039 亿欧元，同比增长 5.3%，中国是欧盟最大的进口贸易伙伴和第二大贸易出口对象国，仅次于美国[①]。其中，进口额和出口额最大的均为德国，分别达到 775 亿美元和 1 063 亿美元。

表 16 – 8　　　　2018 年 1～12 月中国与欧洲国家贸易统计表　　　单位：万美元

| 国家（地区） | 进出口额 | 出口额 | 进口额 | 累计比上年同期 ±% | | |
|---|---|---|---|---|---|---|
| | | | | 进出口 | 出口 | 进口 |
| 总值 | 462 303 804 | 248 740 074 | 213 563 729 | 12.6 | 9.9 | 15.8 |
| 欧洲 | 73 380 974 | 41 740 105 | 31 640 869 | 11.0 | 10.1 | 12.3 |
| 欧盟（28 国） | 68 216 424 | 40 863 164 | 27 353 260 | 10.6 | 9.8 | 11.7 |
| 欧元区（19 国） | 51 037 156 | 28 997 425 | 22 039 731 | 11.1 | 10.3 | 12.2 |
| 德国 | 18 388 079 | 7 754 679 | 10 633 399 | 9.4 | 9 | 9.7 |
| 荷兰 | 8 518 005 | 7 285 032 | 1 232 972 | 8.6 | 8.5 | 9.4 |
| 法国 | 6 289 868 | 3 067 821 | 3 222 047 | 15.5 | 10.9 | 20.2 |
| 意大利 | 5 423 533 | 3 317 258 | 2 106 275 | 9.1 | 13.6 | 2.8 |
| 比利时 | 2 403 012 | 1 706 145 | 696 867 | 3.2 | 8.4 | -7.7 |
| 西班牙 | 3 371 818 | 2 495 385 | 876 434 | 9 | 8.9 | 9.2 |
| 芬兰 | 786 754 | 308 522 | 478 232 | 10.7 | 8.4 | 12.3 |

---

① 东方财富网，http://forex.eastmoney.com/a/201903231077730896.html。

续表

| 国家（地区） | 进出口额 | 出口额 | 进口额 | 累计比上年同期 ±% | | |
| --- | --- | --- | --- | --- | --- | --- |
| | | | | 进出口 | 出口 | 进口 |
| 奥地利 | 975 102 | 282 780 | 692 321 | 16. 2 | 11. 9 | 18 |
| 爱尔兰 | 1 450 937 | 364 988 | 1 085 950 | 31. 5 | 25. 3 | 33. 8 |
| 斯洛伐克 | 778 031 | 253 584 | 524 447 | 46. 4 | - 7. 1 | 102. 9 |
| 葡萄牙 | 600 013 | 375 127 | 224 886 | 7. 4 | 8. 9 | 5. 1 |
| 希腊 | 706 372 | 649 956 | 56 416 | 36. 3 | 36. 8 | 31. 2 |
| 马耳他 | 178 077 | 143 157 | 34 920 | - 29 | - 31. 7 | - 15 |
| 斯洛文尼亚 | 501 589 | 442 483 | 59 106 | 48. 3 | 53. 3 | 19. 3 |
| 卢森堡 | 111 764 | 80 559 | 31 204 | 10. 8 | 14. 9 | 1. 3 |
| 拉脱维亚 | 138 031 | 116 719 | 21 311 | 4. 1 | 1. 7 | 20. 2 |
| 立陶宛 | 209 304 | 176 294 | 33 010 | 12. 8 | 10. 2 | 29. 4 |
| 爱沙尼亚 | 127 690 | 103 154 | 24 536 | 0. 8 | 2. 5 | - 5. 8 |
| 塞浦路斯 | 79 178 | 73 782 | 5 397 | 37. 1 | 40. 7 | 1. 2 |
| 其他欧盟国家 | 17 179 268 | 11 865 739 | 5 313 529 | 9. 0 | 8. 8 | 9. 5 |
| 英国 | 8 043 836 | 5 655 889 | 2 387 947 | 1. 8 | - 0. 3 | 6. 9 |

表 16 - 9　　　　　　2017 年 1 ~ 12 月中国与欧洲国家贸易统计表　　　单位：万美元

| 国家（地区） | 进出口额 | 出口额 | 进口额 | 累计比上年同期 ±% | | |
| --- | --- | --- | --- | --- | --- | --- |
| | | | | 进出口 | 出口 | 进口 |
| 总值 | 296 870 149 | 163 242 037 | 133 628 112 | 11. 7 | 7. 5 | 17. 3 |
| 欧洲 | 48 260 144 | 27 595 853 | 20 664 291 | 10. 3 | 7. 7 | 13. 8 |
| 欧盟（28 国） | 45 048 434 | 27 066 002 | 17 982 432 | 11. 8 | 8. 8 | 16. 5 |
| 欧元区（19 国） | 33 475 947 | 19 036 172 | 14 439 775 | 11. 6 | 8. 4 | 16. 1 |
| 美国（对比研究） | 约 5 836.97 亿美元 | 约 4 297.55 亿美元 | 约 1 539.43 亿美元 | 15. 2 | 14. 5 | 17. 3 |
| "一带一路"（对比研究） | 约 7.4 万亿元人民币 | 约 4.3 万亿元人民币 | 约 3.1 万亿元人民币 | 17. 8 | 12. 1 | 26. 8 |
| 德国 | 12 263 498 | 5 165 004 | 7 098 494 | 9. 7 | 7. 8 | 11. 1 |
| 荷兰 | 5 556 917 | 4 713 601 | 843 316 | 15. 7 | 16. 2 | 13. 5 |
| 法国 | 4 008 851 | 2 014 813 | 1 994 038 | 14. 7 | 9. 8 | 20. 2 |
| 意大利 | 3 660 647 | 2 159 559 | 1 501 088 | 14. 1 | 8. 5 | 23. 4 |
| 比利时 | 1 716 107 | 1 167 434 | 548 673 | 6. 8 | 6. 6 | 7. 2 |
| 西班牙 | 2 281 667 | 1 703 273 | 578 394 | 11. 4 | 6. 9 | 27. 3 |

续表

| 国家（地区） | 进出口额 | 出口额 | 进口额 | 累计比上年同期 ± % | | |
|---|---|---|---|---|---|---|
| | | | | 进出口 | 出口 | 进口 |
| 芬兰 | 527 253 | 212 047 | 315 206 | 10.6 | − 2.8 | 21.8 |
| 奥地利 | 608 638 | 184 135 | 424 503 | 10.3 | 7.5 | 11.5 |
| 爱尔兰 | 830 365 | 204 720 | 625 646 | 45.5 | 1.3 | 69.6 |
| 斯洛伐克 | 386 885 | 203 497 | 183 388 | − 1 | − 1.8 | − 0.1 |
| 葡萄牙 | 423 496 | 270 452 | 153 044 | 2.6 | − 10.3 | 37.4 |
| 希腊 | 354 981 | 324 400 | 30 581 | 8.1 | 4.8 | 63.7 |
| 马耳他 | 190 494 | 158 508 | 31 986 | 40.9 | 48.4 | 12.9 |
| 斯洛文尼亚 | 235 055 | 200 132 | 34 923 | 18.6 | 19.9 | 11.6 |
| 卢森堡 | 67 629 | 44 287 | 23 342 | − 45 | − 55.5 | − 0.8 |
| 拉脱维亚 | 95 238 | 82 908 | 12 330 | 8.3 | 6.1 | 25.8 |
| 立陶宛 | 132 196 | 114 641 | 17 555 | 25.5 | 22.3 | 51.2 |
| 爱沙尼亚 | 92 167 | 73 334 | 18 833 | 9.6 | 7.8 | 17.2 |
| 塞浦路斯 | 43 862 | 39 426 | 4 436 | 12.4 | 11 | 25.7 |
| 其他欧盟国家 | 11 572 488 | 8 029 830 | 3 542 657 | 9.9 | 6.8 | 17.6 |
| 英国 | 5 857 958 | 4 224 324 | 1 633 635 | 6.6 | 3.3 | 16.2 |

**表 16 – 10　　　2016 年 1 ~ 12 月中国与欧洲国家贸易统计表**　　　单位：万美元

| 国家（地区） | 进出口额 | 出口额 | 进口额 | 累计比上年同期 ± % | | |
|---|---|---|---|---|---|---|
| | | | | 进出口 | 出口 | 进口 |
| 总值 | 368 557 307 | 209 815 367 | 158 741 940 | − 6.8 | − 7.7 | − 5.5 |
| 欧洲 | 59 803 611 | 34 620 878 | 25 182 733 | − 3.3 | − 4.7 | − 1.2 |
| 欧盟（28 国） | 54 701 794 | 33 904 794 | 20 797 000 | − 3.1 | − 4.7 | − 0.4 |
| 欧元区（19 国） | 40 534 310 | 23 755 193 | 16 779 117 | − 3.2 | − 5.0 | − 0.6 |
| 美国（对比研究） | 约 5 196.1 亿美元 | — | — | − 6.7 | — | — |
| "一带一路"（对比研究） | 约 9 535.9 亿美元 | 约 5 874.8 亿美元 | 约 3 661.1 亿美元 | − 4.9 | − 4.4 | − 5.7 |
| 德国 | 15 128 664 | 6 521 389 | 8 607 275 | − 3.5 | − 5.7 | − 1.8 |
| 荷兰 | 6 724 004 | 5 744 970 | 979 034 | − 1.5 | − 3.4 | 11.5 |
| 法国 | 4 713 496 | 2 465 744 | 2 247 752 | − 8.2 | − 7.8 | − 8.7 |
| 意大利 | 4 306 496 | 2 636 095 | 1 670 401 | − 3.6 | − 5.3 | − 0.7 |
| 比利时 | 2 161 390 | 1 473 270 | 688 120 | − 6.9 | − 9.1 | − 1.8 |
| 西班牙 | 2 744 412 | 2 131 205 | 613 207 | 0.0 | − 2.5 | 9.8 |

| 国家（地区） | 进出口额 | 出口额 | 进口额 | 累计比上年同期±% | | |
|---|---|---|---|---|---|---|
| | | | | 进出口 | 出口 | 进口 |
| 芬兰 | 632 768 | 287 545 | 345 223 | −9.9 | −18.8 | −0.9 |
| 奥地利 | 725 701 | 223 977 | 501 724 | −2.8 | −10.3 | 1.0 |
| 爱尔兰 | 806 954 | 277 745 | 529 210 | 13.5 | −1.6 | 23.5 |
| 斯洛伐克 | 527 114 | 286 125 | 240 990 | 4.8 | 2.4 | 7.7 |
| 葡萄牙 | 558 420 | 400 269 | 158 151 | 28.2 | 38.3 | 8.2 |
| 希腊 | 448 398 | 420 092 | 28 307 | 13.5 | 14.6 | −0.9 |
| 马耳他 | 196 496 | 156 493 | 40 003 | −30.3 | −34.2 | −9.3 |
| 斯洛文尼亚 | 270 554 | 226 900 | 43 654 | 13.6 | 8.5 | 50.8 |
| 卢森堡 | 156 088 | 125 540 | 30 548 | −40.7 | −46.0 | −1.2 |
| 拉脱维亚 | 119 448 | 106 232 | 13 216 | 2.3 | 3.9 | −8.6 |
| 立陶宛 | 145 412 | 129 054 | 16 358 | 7.7 | 6.6 | 17.9 |
| 爱沙尼亚 | 117 525 | 96 357 | 21 168 | −1.1 | 1.1 | −9.9 |
| 塞浦路斯 | 50 969 | 46 192 | 4 778 | −20.3 | −21.7 | −4.3 |
| 其他欧盟国家 | 14 167 485 | 10 149 602 | 4 017 883 | −2.8 | −4.1 | 0.4 |
| 英国 | 7 434 198 | 5 568 931 | 1 865 267 | −5.3 | −6.5 | −1.5 |

**表 16-11  2015 年 1~12 月中国与欧洲国家贸易统计表**  单位：万美元

| 国家（地区） | 进出口额 | 出口额 | 进口额 | 累计比上年同期±% | | |
|---|---|---|---|---|---|---|
| | | | | 进出口 | 出口 | 进口 |
| 总值 | 395 690 073 | 227 494 984 | 168 195 089 | −8 | −2.9 | −14.2 |
| 欧洲 | 61 836 566 | 36 345 596 | 25 490 970 | −7.5 | −3.9 | −12.1 |
| 欧盟（28 国） | 56 475 484 | 35 587 590 | 20 887 894 | −8.2 | −4 | −14.5 |
| 欧元区（19 国） | 41 895 071 | 25 007 989 | 16 887 083 | −9.8 | −6.2 | −14.7 |
| 美国（对比研究） | — | — | — | — | — | — |
| "一带一路"（对比研究） | — | — | — | — | — | — |
| 德国 | 15 678 368 | 6 916 091 | 8 762 277 | −11.8 | −4.9 | −16.6 |
| 荷兰 | 6 825 540 | 5 946 295 | 879 244 | −8.1 | −8.4 | −5.9 |
| 法国 | 5 141 010 | 2 675 309 | 2 465 701 | −7.5 | −6.8 | −8.9 |
| 意大利 | 4 469 236 | 2 783 737 | 1 685 499 | −7 | −3.2 | −12.6 |
| 比利时 | 2 321 943 | 1 621 297 | 700 646 | −14.9 | −5.8 | −30.3 |
| 西班牙 | 2 746 092 | 2 186 048 | 560 044 | −0.9 | 1.7 | −9.7 |
| 芬兰 | 702 616 | 354 131 | 348 485 | −23.2 | −30.5 | −14 |

续表

| 国家（地区） | 进出口额 | 出口额 | 进口额 | 累计比上年同期±% | | |
|---|---|---|---|---|---|---|
| | | | | 进出口 | 出口 | 进口 |
| 奥地利 | 746 538 | 249 718 | 496 820 | －9.5 | 4.2 | －15.1 |
| 爱尔兰 | 711 039 | 282 346 | 428 692 | 8.8 | 0.8 | 14.8 |
| 斯洛伐克 | 503 238 | 279 508 | 223 730 | －18.9 | －1.2 | －33.7 |
| 葡萄牙 | 436 283 | 289 738 | 146 545 | －9.1 | －7.6 | －11.9 |
| 希腊 | 395 118 | 366 562 | 28 557 | －12.8 | －12.4 | －17.4 |
| 马耳他 | 282 142 | 238 033 | 44 109 | －25.4 | －25.4 | －25.4 |
| 斯洛文尼亚 | 238 108 | 209 154 | 28 954 | 2.5 | 5 | －12.7 |
| 卢森堡 | 263 497 | 232 544 | 30 953 | 17 | 19.3 | 1.9 |
| 拉脱维亚 | 116 781 | 102 322 | 14 459 | －20.2 | －22.3 | －1.6 |
| 立陶宛 | 13 410 | 120 831 | 13 879 | －25.8 | －27.1 | －11.9 |
| 爱沙尼亚 | 118 845 | 95 349 | 23 496 | －13.4 | －16.8 | 4.2 |
| 塞浦路斯 | 63 967 | 58 974 | 4 993 | －41.9 | －43.2 | －20.2 |
| 其他欧盟国家 | 14 580 412 | 10 579 601 | 4 000 811 | －3.2 | 1.4 | －13.7 |
| 英国 | 7 851 830 | 5 958 168 | 1 893 663 | －2.9 | 4.3 | －20.2 |

投资方面，中国对欧盟直接投资平稳增长，欧盟对中国投资大幅增加。商务部统计数据显示，2018 年中国企业对欧盟直接投资达 78.2 亿美元，同比增长了 3.3%①。欧盟 28 国对中国投资增长超过 22%，其中英国、德国增长高达 150.1% 和 79.3%②。中国政府过去一年在汽车、金融、电信等领域新出台的开放举措，率先受益的也都是欧洲企业。随着中国现代化发展的深入，中国的资金、技术也开始给欧洲带来增长、就业、服务，甚至为欧洲抵御债务危机提供了支持和帮助。

表 16－12　　　　　　中国对欧盟直接投资统计表　　　　单位：亿美元

| 国别 | 2018 年 | 2017 年 | 2016 年 | 2015 年 | 2014 年 |
|---|---|---|---|---|---|
| 欧盟 | 78.2 | 102.7 | 99.94 | 54.8 | — |
| 美国（对比研究） | 48 | 64.3 | 169.81 | 80.3 | — |
| "一带一路"（对比研究） | 156.4 | 143.6 | 145.3 | 148.2 | — |

---

① 北青网，http://www.sohu.com/a/298281546_ 255783。

② 全景网，http://www.sohu.com/a/305836954_ 115124。

### 16.6.2　中国与欧元区重要国家合作情况

（1）德国

贸易方面，据德国联邦统计局消息，2018 年中国与德国的贸易进出口额为 1 993 亿欧元，中国已连续三次成为德国最重要的贸易伙伴。名列第二的是荷兰，为 1 894 亿欧元，紧随荷兰的是美国，为 1 780 亿欧元。德国从中国进口的货物超过出口到中国的货物。但从 2015 年开始，德国对中国的贸易逆差逐步减少，2018 年德国对中国的贸易逆差为 130 亿欧元，2017 年为 145 亿欧元[①]。

投资方面，中国成为德国最重要的投资来源国之一。据德国联邦外贸与投资署发布的 2018 外国企业在德国投资报告，美国 2018 年在德国投资 345 个项目，排名第一；瑞士 229 个项目，排名第二；中国 188 个项目，排名第三。近十年来，中国企业在德国投资规模增大。自 2010 年以来，共计有超过 1 650 个来自中国的投资项目落户德国，因此中国每年都被列入德国最重要的投资来源国前三名[②]。

（2）法国

贸易方面，中法经贸合作不断深化。法国是中国在欧盟内第四大贸易伙伴、第四大实际投资来源国、第二大技术引进国。中国是法国亚洲第一大、全球第六大贸易伙伴[③]。2018 年，中法双边贸易额 629 亿美元，同比增长 15.5%，创造历史最高水平。其中，中方出口额 306.8 亿美元，同比增长 10.9%，进口额 322.2 亿美元，同比增长 20.2%。2019 年前两个月，中法贸易额达到 106 亿美元，同比增长 19.4%。其中，法国对中国出口增长 42.2%[④]。

投资方面，中法双向投资发展势头良好。法国在华投资主要集中在能源、汽车、航空、通信、化工、水务、医药等领域，大部分为生产性企业。截至 2018 年年底，法国在华投资项目 5 686 个，实际投资 175.3 亿美元，增长 28%。中国对法国直接投资 2.6 亿美元，增长 12%。截至 2019 年 1 月，中法双向投资累计超过了 400 亿美元。

（3）意大利

2019 年 3 月，中国和意大利签署了关于共同推进"一带一路"建设的谅解备忘录，意大利由此成为"七国集团"（G7）中，第一个正式加入"一带一路"倡议的西方发达国家。

---

① 经济观察报，https：//xueqiu. com/3502728586/121358000。

② 新华社，https：//baijiahao. baidu. com/s？id=1633341595996470212&wfr=spider&for=pc。

③ 外交部，https：//www. fmprc. gov. cn/web/gjhdq_676201/gj_676203/oz_678770/1206_679134/sbgx_679138/。

④ 环球时报—环球网，http：//world. huanqiu. com/exclusive/2019－03/14585672. html？agt=15438。

贸易方面，中意双边贸易发展迅速。意大利是中国在欧盟内的第五大贸易伙伴、第五大投资来源国和第三大技术引进国；中国是意大利在亚洲的第一大贸易伙伴、全球第三大进口来源国和第二大投资来源国。中国商务部网站最新统计数据显示，2018 年，中意双边贸易额增长 9.1%，达 542 亿美元，创历史新高①。

投资方面，中国对意大利投资蓬勃开展。截至 2018 年年底，意大利在华累计实际投资 73.1 亿美元，中国对意投资超过 135 亿欧元。目前，在意中资企业超过 600 家，营业额约 180 亿欧元，企业员工超过 3 万人②。

### 16.6.3　中日整体经贸合作情况

贸易方面，中国是日本最大的进出口贸易伙伴，经贸合作企稳回升、稳步推进。据日本海关统计，2018 年日本与中国双边货物进出口额为 3 175.3 亿美元，增长 6.8%。其中，日本对中国出口 1 439.9 亿美元，增长 8.4%，占日本出口总额的 19.5%，提高了 0.5 个百分点；日本自中国进口 1 735.4 亿美元，增长 5.5%，占日本进口总额的 23.2%，下降了 1.3 个百分点。日本与中国的贸易逆差为 295.5 亿美元，下降 6.8%。

表 16-13　　　　　**2014—2018 年日本与中国贸易统计表**　　　　单位：亿美元

| 年份 | 进出口额 | 出口额 | 进口额 | 累计比上年同期 ±% | | |
| --- | --- | --- | --- | --- | --- | --- |
| | | | | 进出口 | 出口 | 进口 |
| 2018 | 3 175.3 | 1 439.9 | 1 735.4 | 6.8 | 8.4 | 5.5 |
| 2017 | 2 972.8 | 1 328.6 | 1 644.2 | 9.9 | 16.7 | 5 |
| 2016 | 2 705.0 | 1 138.9 | 1 566.1 | 0.2 | 4.3 | −2.5 |
| 2015 | 2 698.6 | 1 092.9 | 1 605.7 | −12.2 | −13.6 | −11.3 |
| 2014 | 3 074.8 | 1 264.8 | 1 810.0 | −0.8 | −2.0 | 0.1 |

投资方面，中国对日本直接投资增长势头迅猛。截至 2017 年年底，中国对日本直接投资存量为 2 866 亿日元，较上一年增长 51.4%。2018 年上半年，从外国对日投资流量来看，中国对日投资流量同比骤增 327.8%。

表 16-14　　　　**2014—2018 年各地区对日直接投资流量的年度情况**　　单位：亿日元

| 国家（地区） | 2014 年 | 2015 年 | 2016 年 | 2017 年 | 2018 年 | |
| --- | --- | --- | --- | --- | --- | --- |
| | | | | | | 同比增幅（%） |
| 亚洲 | 6 782 | 6 772 | 9 328 | 6 320 | 3 281 | −26.7 |
| 中国 | 802 | 772 | −112 | 1 080 | 231 | 327.8 |

---

① 搜狐新闻，http://www.sohu.com/a/302957267_157514。

② 商务部，http://www.mofcom.gov.cn/article/i/jyjl/m/201903/20190302839498.shtml。

续表

| 国家（地区） | 2014 年 | 2015 年 | 2016 年 | 2017 年 | 2018 年 | |
|---|---|---|---|---|---|---|
| | | | | | | 同比增幅（%） |
| 中国香港 | 2 279 | 1 191 | 1 589 | −265 | 494 | 361.7 |
| 中国台湾 | 1 264 | 851 | 2 564 | 863 | 243 | −37.4 |
| 韩国 | 699 | 1 133 | 645 | 1 094 | 658 | 29.3 |
| 东盟 | 1 736 | 2 810 | 4 653 | 3 568 | 1 673 | −51.2 |
| 新加坡 | 1 440 | 2 290 | 3 940 | 3 847 | 581 | −84.7 |
| 北美 | 7 586 | 5 237 | 6 887 | 6 465 | 244 | −92.6 |
| 美国 | 7 576 | 5 268 | 6 881 | 6 568 | 204 | −94.0 |
| 中南美 | 729 | −2 399 | 1 808 | 2 983 | 5 534 | 240.8 |
| 大洋洲 | 618 | −771 | 875 | 280 | 2 358 | — |
| 欧洲 | 4 409 | −2 836 | 24 055 | 5 053 | 1 201 | −4.0 |
| 欧盟 | 3 758 | −2 625 | 23 001 | 3 478 | 1 041 | 2.6 |
| 全球 | 20 745 | 6 272 | 43 165 | 21 179 | 14 027 | 31.6 |

数据来源：《日本国际收支统计》（日本财务省、日本银行）。

**表 16−15　对日直接投资存量（截至 2017 年年底）前 10 位国家和地区情况**

| 序号 | 国家（地区） | 存量（亿日元） | 所占比重（%） |
|---|---|---|---|
| 1 | 美国 | 66 702 | 23.4 |
| 2 | 荷兰 | 45 950 | 16.4 |
| 3 | 法国 | 34 995 | 12.3 |
| 4 | 新加坡 | 25 421 | 8.9 |
| 5 | 英国 | 17 210 | 6.0 |
| 6 | 开曼群岛 | 14 138 | 5.0 |
| 7 | 瑞士 | 12 586 | 4.4 |
| 8 | 中国香港 | 9 602 | 3.4 |
| 9 | 德国 | 8 937 | 3.1 |
| 10 | 卢森堡 | 8 566 | 3.0 |

### 16.6.4　人民币与欧元、日元第三方市场合作情况

一是秉持"共商共建共享"原则，深入推进第三方市场合作的"一带一路"国际合作新模式。第三方市场合作为中国首创。2015 年 6 月，中法两国政府正式发表《中法关于第三方市场合作的联合声明》，首次提出了"第三方市场合

作"概念①。第三方市场合作是在面对全球经济深度调整和下行压力冲击之下，通过发挥中欧、中日的各自优势，进行优化资源配置、释放潜在需求以及培育新就业机会和经济新发展的模式。中欧、中日第三方市场合作能将欧洲国家和日本的先进技术、中国的优势产能及东道主国家的需求有效对接，实现 1＋1＋1＞3 的效果。

二是中国积极推动与欧洲多国和日本开展第三方市场合作，合作成果丰硕。2015 年至今，中国已同包括法国、意大利、西班牙、比利时、荷兰等多个欧洲国家，或共同发表联合声明，或签署谅解备忘录，对开展第三方市场合作达成共识。实践中，中国与欧洲相关国家建立了常态化工作机制，定期举办工作会议，并与有关国家签署示范项目清单②。

2018 年 5 月，中国与日本签署了《关于中日第三方市场合作的备忘录》，正式建立第三方市场合作关系。

表 16－16 　　　　　　中国与欧洲国家和日本第三方市场合作情况

| 序号 | 合作国家 | 合作文件 | 签约时间 |
|---|---|---|---|
| 1 | 法国 | 《中法关于第三方市场合作的联合声明》 | 2015 年 6 月 |
| 2 | 葡萄牙 | 《中葡关于加强第三方市场合作的谅解备忘录》 | 2016 年 10 月 |
| 3 | 意大利 | 《中意关于开展第三方市场合作的谅解备忘录》 | 2018 年 9 月 |
| 4 | 比利时 | 《中华人民共和国商务部与比利时王国联邦外交、外贸与发展合作部关于在第三方市场发展伙伴关系与合作的谅解备忘录》 | 2018 年 10 月 |
| 5 | 荷兰 | 《中华人民共和国商务部与荷兰外交部关于加强第三方市场合作的谅解备忘录》 | 2018 年 10 月 |
| 6 | 日本 | 《关于中日第三方市场合作的备忘录》 | 2018 年 5 月 |
| 7 | 西班牙 | 《中华人民共和国商务部与西班牙王国工业、贸易和旅游部关于加强第三方市场合作的谅解备忘录》 | 2018 年 11 月 |
| 8 | 奥地利 | 《中奥关于开展第三方市场合作的谅解备忘录》 | 2019 年 4 月 |

三是中欧、中日第三方市场合作由倡议共识走向落地实施，合作共赢惠及各方。以德国西门子为例，公开数据显示，截至 2017 年，西门子已与中国能建、中国电建和中石油等上百家中国央企，在"一带一路"的电力、油气与化工、矿山与工业等投资领域开展了合作，由此获得了巨大的商机。2017 年，西门子在中国的总营收达到 72 亿欧元，比 2014 财年增长了 12%，增速是 2011—2014 财年的十五倍。因此，在有例可循、有利可图的情况下，不少西方发达国家的

①　第三方市场合作为"一带一路"注入新动能，《新产经》，周贝贝，2019 年 5 月 1 日。
②　中国"一带一路"网，https：//baijiahao. baidu. com/s？ id ＝ 1630254653716495338&wfr ＝ spider&for ＝ pc。

企业有极大诱因与中国企业展开第三方市场合作，以获得更大的利益①。

日本企业对"一带一路"倡议、第三方合作的态度非常积极②。日本的大企业伊藤忠、丸红、三菱、三井都在研究如何加强与中方企业在"一带一路"沿线国家和地区开展涵盖基础设施、农业、加工制造业、新能源开发等多领域合作。其中，中国太阳能大厂晶科能源和日本著名的丸红株式会社在阿拉伯联合酋长国的阿布达比兴建的大型太阳能电站项目，发电总容量达 1 177GW，预计2019 年 9 月开始投入商业运营。

## 16.7 人民币与欧元、日元合作的战略意义

### 16.7.1 政治层面

当前，美国奉行"美国优先"的政治外交政策，以损害美国经济发展为由对多个国家和地区挥动起贸易管制的大棒，这里面就包括作为美国传统盟友的欧盟和日本。中国、欧盟和日本有着良好的经贸合作基础，在当前中美贸易摩擦不断升级的情况下，通过本币合作，可以加强中国与欧盟以及中国与日本的政治互信关系，进一步深入推动中欧和中日各领域合作向纵深发展，分解以美国为首的西方阵营，实现"围魏救赵"的效果。

### 16.7.2 "一带一路"和产能合作层面

"一带一路"为凝聚更多国家共识，探索完善全球多边投融资和贸易合作新规则提供了平台。中欧、中日就"一带一路"倡议达成了相当共识。加快推动中欧、中日在"一带一路"建设的合作，是突破以美国为核心的地缘政治经济圈封锁的关键，可以通过加强人民币、欧元和日元合作等金融创新方式打造"一带一路"多层次金融平台，建立长期、稳定、可持续、风险可控的"一带一路"金融保障体系，降低"美元独大"带来的美国货币政策外溢性风险，完善平等互利的全球经济金融治理体系。同时，有利于消减少数日本和西方人士对"一带一路"的偏见，回击"一带一路"项目透明度低、"债务陷阱"等不实论调。

### 16.7.3 美国制裁合规层面

加强中欧和中日本币合作，一方面，可以直接大幅提升人民币、欧元与日元在国际经贸金融合作中的使用数量，有效降低美元的使用规模，丰富国际经

---

① 大公报，http：//www.takungpao.com/finance/236134/2019/0410/274069.html。
② 中日第三方市场合作前景乐观，《中国贸易报》，周东洋，2018 年 10 月 30 日。

贸金融合作的货币篮子。另一方面，可以有效避开美国掌控下的美元支付清算系统，经贸金融合作资金不再经过美国进行支付结算，从货币层面消除了美国通过限制美元使用而施加金融制裁的可能，从而有利于防范化解美国制裁合规风险，维护金融安全。

### 16.7.4　市场预期层面

加强中欧、中日本币合作，有利于提升三方本币在国际市场上的地位和作用，稳定国际市场对人民币、欧元与日元的预期，增强全球投资者对人民币、欧元和日元的信心，提高人民币、欧元和日元在国际货币储备中的比重以及国际经贸金融合作中的使用规模，最大程度上减小美元量化宽松或紧缩带来的汇率大幅波动等负面冲击。

### 16.7.5　我国外汇储备安全层面

中国现在处在美元套利的第三阶段，而且是后期[①]。因量化宽松而开闸放水的美元，被引进中国后，进入实业的资金实际上越来越少，美元大量进入了其他虚拟经济领域，形成巨大的资产泡沫。当下中美对抗中，美国最重要的做法就是激化中国国内矛盾，戳破经济泡沫，引爆金融与经济危机。加强人民币与欧元、日元的合作，可以丰富我国的货币篮子，减少美元在我国经济中所占的比重，进而降低美元对我国经济的影响，提升我国应对美元套利的能力，防范和化解美元陷阱。

### 16.7.6　货币和金融合作层面

加强中欧和中日本币合作，有利于在互利共赢的基础上实现人民币、欧元和日元的币值稳定，以阻力最小化原则，强化人民币作为国际货币的支付、结算、交易和外汇储备等职能，提升人民币国际化水平。

## 16.8　加强人民币与欧元和日元合作的政策建议

以"一带一路"为纽带，加快推进中国、欧盟和日本的本币合作，防范"美元陷阱"和美国制裁合规风险，既是落实总体国家安全观的要求，也是推动人民币国际化的必由之路。

---

[①]　中国要警惕美元陷阱——金融安全与总体国家安全，《中国经济周刊》，江涌，2018 年 8 月 20 日。

### 16.8.1 以"共商、共建、共享"原则加强经济金融合作

一是加强宏观经济政策和货币政策协调，构建中国—欧盟和中国—日本经济合作框架。中国应当借鉴国际货币经验，积极和欧元区国家和日本构建经济合作框架，统筹推进人民币与欧元和日元合作，为人民币国际化创造更为有利的区域合作基础。二是成立中欧、中日央行合作组织。人民币与欧元合作的关键，是要尽快形成中国央行、欧洲央行与欧元区国家央行以及中国央行、日本央行广泛参与，以人民币与欧元和人民币与日元合作为核心的区域性货币合作体系，促进中欧、中日投融资和贸易合作的便利化。三是对接和完善中欧、中日货币支付系统。应当本着"共商共建共享"原则，尽快对接和完善中欧、中日货币支付系统，为资金融通、贸易畅通、设施联通等所需的人民币和欧元资金流动打通渠道。

### 16.8.2 稳步推进人民币与欧元和日元合作

一是始终以国内经济稳健发展为前提。国内经济的健康发展是开展本币合作的重要基础。中国要牢固树立国内经济优先稳健发展的理念，对外投资要严防国内产业空心化，保证供给侧结构性改革取得实效。二是保持人民币币值稳定。货币币值不稳，将影响各国预期，对接受该国货币作为结算、投资、储备货币存在顾虑，甚至国际社会将出现投机性抛售该国货币情况。应当通过与日本和欧盟以及欧元区国家开展投融资区域合作，形成货币合作体系，分担人民币贬值或升值压力，保持人民币币值相对稳定。三是稳步推进资本项目开放。应当以提高跨境贸易人民币计价结算职能、创新发展人民币金融资产品种、建设人民币在岸和离岸金融中心等为重点，加快解决我国金融领域存在的短板，稳步推进有管理的资本项目开放。

### 16.8.3 加强和深化第三方市场合作

中欧和中日各方建立第三方市场合作关系以来，在诸多领域建立了较好的合作基础，继续深耕"第三方市场合作"时机已非常成熟。第三方市场合作扩大了中欧和中日利益交汇点，是对原有合作领域的拓展升级，有利于进一步打牢中欧和中日伙伴关系基础；有利于推动国际市场大融合、大开放、大对接，从而为构建开放型世界经济汇聚更多正能量；有利于聚拢中欧和中日优势资源，凸显"一带一路"共商共建共享的原则。中欧和中日开展第三方市场合作是对互利共赢理念的践行，有利于消减少数西方和日本人士对"一带一路"的偏见，回击"一带一路"项目透明度低、"债务陷阱"等不实论调。

### 16.8.4　优化中欧、中日投资和贸易合作环境

一是以自由贸易和投资合作协议固化政策沟通成果。中国应当加强和欧盟特别是欧元区国家以及日本的政策沟通，促进贸易和投资便利化，将成果以法律文件形式固化，签署促进自由贸易和投资合作的协议，为人民币国际化打下更为扎实的政策和法律保障基础，更好地实现人民币计价结算、交易、储备等职能。二是鼓励在对外投资和贸易合作中使用人民币、欧元和日元。加强和日本、欧盟以及欧元区国家的政策沟通，清除人民币使用的法律和金融基础设施障碍；出台鼓励在对外投资和贸易活动中使用人民币、欧元和日元的政策制度；采取优先融资、税收优惠和财政补贴等多种方式，引导中资企业在投资和贸易活动中使用人民币、欧元和日元。

### 16.8.5　加强人民币的金融交易和储备职能

一是加强人民币离岸中心和金融产品的多元化建设。在国内资本项目有管理的可兑换情况下，在欧洲和日本打造人民币离岸中心，创新人民币金融产品，推动在岸市场和离岸市场的互联互通，是实现人民币国际化的必经路径。应在欧盟国家和日本打造多元化的人民币离岸中心，在国际结算、外汇买卖、债券发行、国际清算、国际信贷等传统跨境业务的基础上，加快发展人民币投资和融资类相关产品，实现人民币国际化的贸易驱动、投资计价驱动及金融产品创新驱动等多层次发展模式。二是以货币互换推动人民币的投资和外汇储备职能，提升人民币、欧元和日元合作水平。我国已与欧盟、日本签署货币互换协议，除了能够互相提供流动性支持外，还能够促进人民币与欧元和人民币与日元作为双边贸易结算货币，促进以人民币、欧元和日元作为计价货币进行直接投资和金融资产投资，并在此基础上推动中欧、中日双方增加人民币、欧元和日元外汇储备。

### 16.8.6　提高金融服务质量

一是增加欧元区国家和日本人民币清算行和代理行数量。应当尽快在更多条件成熟的欧元区国家设立人民币清算行，增加日本的人民币清算行数量。在不具备条件的欧盟国家，则应当积极推行"代理行"模式，即允许和鼓励欧洲国家金融机构在中资银行的境内或海外机构开立人民币同业往来账户，进行人民币资金的跨境结算和清算，为使用人民币资金支持中欧投资、贸易和金融合作提供更大的便利。二是进一步优化中资金融机构在欧元区国家和日本的布局。应当统筹离岸人民币中心、人民币清算行和"代理行"建设，优化中资金融机构在欧洲和日本的布局，因地制宜地成立分支机构、设计金融产品、提供金融服务、控制金融风险，为所在国提供更加优质的人民币、欧元和日元服务，提

升人民币和欧元合作水平。

### 16.8.7 加快大宗商品人民币计价结算

大宗商品交易是国际贸易领域实现货币替换的关键。在"一带一路"建设中，应当加强与俄罗斯、巴西、委内瑞拉、伊朗以及其他"一带一路"沿线国家和地区开展人民币计价结算的大宗商品合作，如石油、天然气、矿产品、农产品等，大力推进境内原油期货人民币计价结算，加快铁矿石等人民币计价商品合约的国际化交易，为大宗商品交易提供必要的人民币金融衍生产品支持，逐步提高国际贸易中人民币的使用程度，实现人民币国际化的重要职能。

### 16.8.8 推动周边国家基础设施项目开始使用人民币融资

"一带一路"建设资金需求巨大，仅基础设施建设投资总额就可能达6万亿美元左右，融资途径涉及贷款、股权融资、债券融资等多个方面。推动周边国家基础设施项目使用人民币融资，可以充分发挥"一带一路"的桥梁和纽带作用，强化区域内人民币结算、计价和储备等国际货币职能，夯实做强人民币区域化基础，推动人民币国际化发展。

### 16.8.9 和欧盟、日本的货币当局共同提高人民币、欧元和日元的储备货币比例

通过中欧、中日货币互换协议，推动人民币、欧元和日元作为相互之间的贸易结算货币，促进以人民币、欧元和日元作为计价货币进行直接投资和金融资产投资，以此为基础提升对方本币在本国货币储备中的地位，提高中欧、中日人民币、欧元和日元外汇储备比例，降低美元在各方货币篮子中的比重，消减美元所带来的金融安全风险，破局"美元陷阱"。

### 16.8.10 全面完善人民币跨境支付结算系统（CIPS）

积极构筑和参与不经美元环球同业银行金融电信协会系统（SWIFT）和纽约清算所银行同业支付系统（CHIPS）的结算体系。一方面，应当加快推动人民币跨境支付结算基础设施建设，完善人民币跨境支付系统（Cross – border Interbank Payment System，CIPS），并通过中国现代化支付系统（China National Advanced Payment System，CNAPS）进行最终清算，提高跨境人民币清算的安全性与处理效率，为人民币国际化提供必要的金融基础设施保障。另一方面，也要积极参与欧盟的 SPV 系统等非美元支付结算系统建设，这符合经济发展全球化的新趋势，今后跨境投资和贸易结算等完全可采用人民币、欧元和日元的多货币及数字货币等媒介的多重混合体模式。

# 第 17 章　法定数字货币和人民币国际化[①]

## 17.1　互联网金融和数字货币

### 17.1.1　互联网金融的深远影响

互联网金融是指互联网机构从事金融行业的金融业态。2013 年被认为是我国互联网金融大发展的元年,互联网企业凭借用户、渠道、流量等独特优势,依托云计算、社交网络、搜索引擎等信息科技,探索出一套不同于传统金融机构的业务模式。第三方网络支付、P2P 等网络信贷、众筹平台等互联网融资、余额宝等互联网货币基金和以比特币为代表的数字货币等最典型的互联网金融生态,几乎同时在支付、信贷、证券、储蓄和货币等 5 个方面开始“搅局”传统金融业。互联网金融模式对我国乃至世界经济发展产生了深远影响。截至 2019年 6 月,阿里、腾讯、百度、京东、苏宁等互联网企业开始在金融领域快速扩张并试图构建自己的金融业务模式。我国银行、券商、基金、保险等传统金融业机构也开始在互联网金融领域积极谋变以巩固既有优势地位,建设银行、工商银行、中国银行等全球系统重要性银行陆续成立了金融科技子公司。

随着互联网技术的日益成熟,人工智能、大数据、云计算、区块链等领域的金融产业化发展迅速,正在逐渐打破、影响并从根本上改变传统的金融业态和固有的金融格局,搭建起了特点突出的互联网金融版图。互联网和金融产业的融合发展已经有了非常成熟的应用模式、技术方案、实施路径和典型案例。以移动支付为例,我国移动支付市场规模已经是美国的 50 倍,很多城市几乎已经进入到了“无现金社会”。展望未来,区块链技术是金融科技的中坚力量。区块链技术将数据区块以时间顺序依次相连,组合形成分布式的链式数据结构,以加密的方式保证数据不可篡改和不可伪造,具有去中心化和共识信任等技术特点,与金融的信息安全、交易数据溯源等要求高度契合,不仅可以提升金融行业的运营能力和盈利能力,还能提高风控水平,降低监管和合规成本,能够

---

[①]　本章部分内容发表于《中国金融》2019 年第 24 期,题为《法定数字货币和人民币国际化》(作者:孟刚)。

充分体现金融行业运营管理的效益性、安全性和流动性的基本原则，是数字货币的金融科技基础。

### 17.1.2　数字货币的本质——从比特币说起

众所周知，货币经历了商品、金银和纸币的演化过程。一般认为，货币电子化是相对于以上实物货币而言的电子化形态的货币。货币电子化包括比特币等数字货币。2008 年 11 月 1 日，网名"中本聪"的神秘人，在密码学爱好者经常光顾的网络论坛发表文章《比特币：一种点对点的电子先进系统》，阐述了基于计算技术和密码学原理，以 P2P 形式流通的分布式匿名数字货币——比特币。比特币等数字货币特指加密数字货币，是区块链技术在金融领域实施和应用的典型案例。国际清算银行将货币电子化分为两类：一类是以 Account（账户）为基础，如银行存款等；二是以 Token（区块链经济中的代币，权益凭证）为基础，即加密数字货币，如比特币等。比特币等数字货币不是法定货币，不具有法偿性和强制性等货币属性，不是"真正意义上的货币"，但由于技术上的先进性，因此已经具备了货币的很多使用价值功能。

马克思在《资本论》第 3 卷中阐明了货币的起源和本质。货币是从商品世界中分离出来的固定地充当一般等价物的特殊商品，体现着商品生产者之间的社会生产关系，具有两种使用价值。一是货币作为货币所具有的使用价值，即价值尺度、流通手段、贮藏手段、支付手段、世界货币等 5 种货币职能。二是货币作为资本所具有的使用价值，即货币转化为资本将产生利润。从本源上讲，货币是人类社会进入信用经济时代的产物。数字货币的产生及本质和传统货币一脉相承，是人类社会步入数字化时代后，货币的信用等级和信用形态进一步提升过程中的必然产物。数字货币的使用价值和传统货币相比，不仅没有本质上的区别，还能降低发行和运营成本，易于数据溯源和监管，能够更好地实现服务实体经济的货币职能。

### 17.1.3　央行法定数字货币的演进

中国人民银行（以下简称"央行"）始终对比特币等私人部门类数字货币严格监管，并高度重视法定数字货币的研发。2014 年，央行等 5 部委发布了《关于防范比特币风险的通知》，认定比特币为虚拟资产，不具有货币属性，并实施异常严厉的监管。同年，央行专门成立了数字货币研究小组，论证并启动法定数字货币研发工作。2015 年，央行等 10 部委发布了《关于促进互联网金融健康发展的指导意见》，列出了 6 种具体的互联网形态，但将数字货币排除在外。同年，央行成立了数字货币研究所，专注于研究数字货币和金融科技创新。迄今为止，央行已经对发行法定数字货币、业务运行框架以及法定数字货币多场景应用等关键科学技术开展了深入研究。

2018 年 1 月，数字票据交易平台实验性生产系统成功上线试运行，标志着中国法定数字货币的理论和实务研究已经居于全球领先水平。2019 年 9 月，央行行长兼国务院金融稳定发展委员会办公室主任易纲在《中国金融》发表文章"新中国成立 70 年金融事业取得辉煌成就"指出，党的十八大以来，顺应金融科技发展需要，我国积极推进法定数字货币（DC/EP）研发，并取得重要进展。我国法定数字货币基于国家信用支撑发行和流通，在各环节运用密码学技术、分布式账本技术、大数据技术和条件触发机制等最前沿金融科技技术，将继续沿用现行的"中央银行—商业银行"的"二元体系"，即由央行发行，由商业银行向社会提供数字货币服务。

## 17.2　国际货币体系和人民币国际化

### 17.2.1　现行国际货币体系的弊端

布雷顿森林体系瓦解后，国际货币体系的重建始终是全球货币金融治理体系结构性改革的核心问题。美元信用和黄金脱钩后，现行的牙买加体系进入信用货币体系时代，由政治经济实力最强国家的主权货币扮演着国际主导货币的角色。以强大经济实力为支撑，美元凭借美元黄金和美元石油取代英镑取得国际货币主导地位。之后，由于货币使用的依赖性和惯性，美元独大的地位在全球范围内得到确认和巩固。现行的国际货币治理结构体系基本上是在无政府、无秩序和低效运行中。尽管日元、欧元等先后试图挑战美元，但是美国政府成功利用霸权地位，主动发动货币战争打击了竞争对手。在现行的牙买加体系下，美国的权利义务严重不对等，美元铸币税收入只增不减。美国不顾世界各国利益，以摆脱自身债务负担等为目的，多次恶意主导美元汇率大幅浮动，严重影响了世界经济健康发展。

### 17.2.2　人民币国际化的市场化和法治化道路

在此历史背景下，中国经济的快速发展强力拉动了人民币的国际化。以市场化和法治化的方式，人民币走上了国际化道路。我国先是基于对外开放的需要在 1996 年接受了《国际货币基金组织协定》第 2、3、4 款的相关规定，从整体上实现了经常项目项下的人民币可自由兑换。2001 年在加入世界贸易组织前后，我国开始积极探索加快资本项目可兑换。2009 年以发布《跨境贸易人民币结算试点管理办法》为标志，我国正式开始跨境实施人民币国际化。之后数年，人民币跨境使用在贸易、投资、外汇交易、国际支付、金融投资、储备资产等领域取得了突破性进展。2016 年 10 月 1 日，人民币正式纳入 SDR 货币篮子，人民币国际化取得历史性突破。人民币国际化不以追求货币霸权为目的，通过参与国际规则和法治合作，积极推动完善平等互利的国际货币金融治理体系，不仅符合中国利益，也为世界各国提供了以强大主权信用为支撑的优质国际货币选择，有助于实现国际货币体系多元化，有助于促进改革不合理的国际货币治理结构，有助于防范全球货币金融危机。

## 17.3　法定数字货币有助于人民币国际化

### 17.3.1　有助于货币政策的独立性和币值稳定

从英镑、美元、日元、欧元等货币的国际化经验和教训看，在实体经济健康发展的前提下，货币国际化成功与否的关键是价值稳定，这样才能稳住国际社会预期，有助于各国接受该货币作为国际支付、结算、投资和储备货币。法定数字货币作为更安全的电子支付工具，也会如同电子支付一样扩大货币乘数，加快金融资产之间相互转换的速度，对货币政策带来一些新的影响。但是，由于央行是法定数字货币发行人，可以直接穿透到最终用户，更易实施穿透式管理和统计监测，并且会缓解设定目标通货膨胀率缓冲的政策压力，克服财政赤字货币化的冲动，还能通过前瞻条件触发设计，增强货币政策制定和执行的科学性，从而更加有利于坚持我国货币政策的独立性，保持人民币作为法定货币的价值稳定。

### 17.3.2　有助于积极对接国际规则和法治合作

对接国际规则和法治合作，是提高人民币国际公信力的关键，有助于人民币国际化从国际法角度得到国际社会更广泛认可。大多数国家认可由中央银行主导的数字货币框架，并对数字货币的国际法治规范高度重视。20 国集团为促进国际金融体系稳定而设立的金融稳定理事会也专门发布报告，全面梳理了主要国际经济组织对数字货币等加密资产的研究及风险评估工作，并确定了 25 个国家共 94 家加密资产监管机构以及 7 个相关国际组织的名单和职责，并于 2019 年 4 月提交给 G20 财长和央行行长会议。其中，我国国家互联网信息办公室、工业和信息化部、公安部、银保监会、证监会和人民银行被列为加密资产监管机构，并明确了各自职责。法定数字货币成功发行将是人民币从国际规则和法治合作角度实现"弯道超车"的又一重要契机。

### 17.3.3　有助于完善人民币跨境支付系统

很多国家的人民币货币跨境支付系统尚不健全，已经成为推进人民币国际化的"瓶颈"。欧盟国家货币一体化成功的重要前提之一，是欧洲 16 国早在 1950 年就成立了欧洲支付联盟，有效解决了货币支付、结算和兑换等问题。美国的清算所银行同业支付系统（CHIPS）和环球同业银行金融电信协会系统（SWIFT）为提高和巩固美元的国际化地位作出了决定性贡献。我国的法定数字货币将采用"一币两库三中心"的体系架构，无论是央行和商业银行存放数字货币的数据库建设，还是认证中心、数据中心和登记中心的建设，都将极大促进我国金融科技系统的技术水平提升。毋庸置疑，法定数字货币的发行流通，有助于我国加快人民币跨境支付系统（CIPS）等金融基础设施建设，健全人民币登记、托管、交易、支付、清算和结算等系统功能，将人民币交易系统的报价、成交、清算以及交易信息发布等功能延伸到各国的金融机构，加快形成支持多币种结算清算的人民币全球化支付体系。

### 17.3.4  有助于优化跨境投资和贸易中的货币格局

衡量某种货币国际化程度的关键指标，是看这种货币在跨境贸易和投资中的使用程度。近几年来，最活跃的 8 种国际货币在国际支付市场中的排名和所占份额整体变动很小。截至 2019 年 6 月，美元、欧元、英镑、日元、人民币各自所占份额分别约为 40.1%、33.74%、6.63%、3.73% 和 1.99%。国际支付市场这种局面的形成有着复杂的历史原因。20 世纪 70 年代后，石油、铁矿石、煤炭、天然气、粮食等全球大宗商品陆续以美元计价结算。这不仅是因为美国拥有雄厚的政治经济主权信用实力背景而具有美元安全性，还由于美国有着全球最先进的支付结算系统和最发达的金融产品体系，因此具有最好的美元流动性和投资性。基于国际主导货币的使用惯性和路径依赖，可以预判，在没有重大外力推动的情况下，国际支付市场的货币使用格局在中短期内很难会有根本性变化，这显然不利于公平合理地推进人民币国际化。法定数字货币为优化跨境投资和贸易中的货币格局提供了机遇。在金融互联网时代，能够显著提升跨境投资和贸易便利化水平的金融科技技术，将是改变国际支付货币大格局的突破性力量。

### 17.3.5  有助于加强金融合作和金融安全

从次贷金融危机看，在逐利资本的驱动下，美国等发达国家通过所谓的金融创新产生了全球性的流动性过剩，脱离了实体经济的实际需要。为了溢出本国的过剩流动性，美国等发达国家又故意忽视发展中国家低下的金融风控水平，大肆宣扬和放大金融自由化和金融开放的好处，强迫发展中国家开放本国金融市场，导致金融危机迅速转嫁和传导，全球金融开放与金融安全不能得到合理兼顾。法定数字货币赋予货币独一无二的编码，可以准确溯源货币交易流向等重要信息，不仅可以有效防止洗钱等犯罪行为，还可以提高货币当局的宏观审慎管理水平和微观金融监管措施的准确性，特别是有助于各国共同加强跨境资本流动管理。法定数字货币有利于国际社会在资本流动、金融创新、运营监管等方面加强金融合作，提升全球金融安全的合作水平，进而增强国际社会对人民币国际化的信任和接受程度。

## 17.4 结论和政策建议

### 17.4.1 结论

纵观历史，革命性的技术进步和突破性的外部冲击是国际货币体系演变的重要推动力。如同中国改革开放的道路一样，推动法定数字货币和人民币国际化既要依靠市场化驱动，也要摸着石头过河。大方向正确，就要理论上敢于突破，实践中勇于创新。当前，我国对法定数字货币的研究处于世界领先水平，应当以"一带一路"建设为契机，充分发挥金融科技的先发优势和比较优势，在国际货币市场积极推动人民币国际化，构建以人民币为中心的集支付、结算、计价、投资、储备等功能为一体的互联网货币金融体系，为共建人类命运共同体作出应有的贡献。

### 17.4.2 政策建议

（1）加强对法定数字货币和人民币国际化的联动推进研究

有学者担心法定数字货币更容易引起资本外流，因此建议把法定数字货币的使用限制在国内，这一想法是缺乏远见卓识的。法定数字货币是具有跨时代意义的全球性金融科技革命，一定要综合考虑货币主权、货币政策、宏观审慎管理、资本账户开放、跨境资本流动管理、外汇管理和货币国际化等诸多因素。只有在解决好宏观理论问题合理性的前提下，才能落实好微观技术落地层面的金融科技技术问题。我国应当立足长远，从理论研究层面充分考虑好法定数字货币的全球跨境使用问题，特别是要在法定数字货币的研发过程中，从设计环节就嵌入推动人民币国际化的诸多元素。

（2）制定产业、税收、财政补贴等方面的鼓励政策，主动培育数字货币和人民币国际化共同推进的市场力量

以货币国际化为代表的国际金融地位是一国政治经济综合实力保持全球领先地位的战略制高点。回顾历史，英国率先进入"蒸汽时代"，发展成为近代工业革命领袖，为英镑国际化奠定了扎实基础；美国率先进入"电气时代"和"互联网时代"，至今仍稳居世界头号强国地位，成就了百年美元的历史。中国应当抓住新科技革命的历史机遇，有重点地整合产业、税收、财政补贴等方面的政策资源，坚定不移地支持"互联网＋产业"，率先进入"数字货币时代"，以法定数字货币的新动能推动人民币国际化迈上新台阶。

（3）在"一带一路"沿线国家和地区打造推进法定数字货币和人民币国际

化的离岸市场

"一带一路"境外人民币离岸市场为法定数字货币和本币金融合作的机制及产品创新提供了平台，可以为沿线国家和地区有效供给中国智慧，是金融创新的最前沿孵化器。应当以发行法定数字货币和人民币国际化为契机，在条件成熟的"一带一路"支点国家打造多元化的人民币离岸市场，既提供服务投资和贸易合作的支付、结算、信贷等基础性金融服务，又提供金融投资产品和衍生产品等综合性金融服务，核心目标是培育引领全球金融创新的内在动能。

（4）加强国际合作，特别是国际规则和法治合作，提升国际社会对数字货币和人民币跨境使用的认可度

从政府层面，应当积极参加巴塞尔委员会、支付和市场基础设施委员会、金融稳定理事会、经济合作与发展组织、金融行动特别工作组等国际组织的研讨活动或联合项目。从企业层面，应当鼓励互联网金融企业"走出去"开展产品宣介、技术合作、市场拓展等国际合作，优化法定数字货币和人民币国际化的国际营商环境，为中外企业的产能、投资、贸易、跨境电商等国际经济合作提供更便利的金融互联互通服务。

（5）全面梳理我国有关数字货币和人民币国际化的法律制度，为将来的立法、行政、司法等做好前期准备

我国目前关于数字货币的立法基本处于真空状态，法定数字货币的发行和使用等问题都没有在现有的货币法律规范中有所体现，现有货币法律体系的废改立工作尚未启动。从行政监管法律规范的角度看，有些国家采用"沙盒监管"模式为金融创新提供一个安全的"缓冲地带"的创新做法，在我国没有法律依据，无法借鉴使用。此外，从司法角度看，尚没有以供未来遵循为目的，较为深入地研究解决数字货币纠纷的国际国内判例。法治思维是深化金融创新，防控金融风险的基石。应当在联动推进法定数字货币和人民币国际化时，同步加强法治思维的顶层设计。

# 第18章 结论："一带一路"推进人民币国际化的政策建议[①]

## 18.1 夯实国内经济基础，稳中求进推进人民币国际化

### 18.1.1 始终以国内经济稳健发展为前提

主要国际货币的国际化经验告诉我们，货币国际化遵循着一定的必然规律，是货币发行国的政治经济地位发展到一定阶段后的产物。国内经济稳健发展是人民币国际化成功和长久的前提。推进人民币国际化要抓住机遇，但不能操之过急，更不能对国内经济稳健发展带来冲击。因此，在国内外对人民币国际化呼声日益强烈的舆论环境下，中国要保持清醒头脑，稳中求进，坚持货币政策独立性，牢固树立国内经济优先稳健发展的理念，对外投资要严防国内产业空心化，保证供给侧结构性改革取得实效。

### 18.1.2 保持人民币币值稳定

货币币值不稳定，将影响各国预期，对接受该国货币作为结算、投资、储备货币存在顾虑，甚至在国际市场上将出现抛售该国货币的情况，投机资本快进快出，更会严重危害国内经济健康发展。从历史经验看，无论是英镑的大幅贬值还是日元的大幅升值，都对这两个国家经济造成了很大危害，严重挫伤了英镑和日元的国际化。为了化解美国和西方国家对人民币汇率的压力，应当借鉴马克和欧元的区域化经验，通过和"一带一路"沿线国家和地区开展投融资区域合作，形成货币合作体系，分担人民币贬值或升值压力，坚持有管理的浮动汇率制度，保持人民币币值相对稳定。

### 18.1.3 稳步推进资本项目开放

金融市场的自由化和市场化将有效促进货币国际化，但是，如果调控失控，也将对该国经济金融体系造成毁灭性冲击。主要货币的国际化经验告诉我们，

---

① 本章部分内容发表于《上海金融》2017 年第 10 期，题为《"一带一路"建设推进人民币国际化的战略思考》（作者：孟刚）。

资本项目开放至关重要，将影响该国金融市场的广度、深度和流动性，但并不是货币国际化的前提性必要条件。中国经济在改革开放后的几十年取得了巨大成绩，但是在金融领域也积累了不少问题，如国内金融机构国际化程度不高、在岸和离岸金融市场都欠发达、跨境金融监管经验有待丰富、人民币跨境流动的金融基础设施落后等。当前，在"一带一路"推进人民币国际化进程中，应当以提高跨境贸易人民币计价结算职能、创新发展人民币金融资产品种、建设人民币在岸和离岸金融中心等为重点，加快解决我国金融领域存在的上述"短板"，稳步推进有管理的资本项目开放。

## 18.2　以"共商、共建、共享"原则加强经济金融合作

### 18.2.1　构建"一带一路"沿线国家和地区经济合作框架

日元国际化失败的一个重要因素就是日本对美国依赖过重，在早期忽视了和亚洲国家的合作，等到后期抛出"亚元"概念时，为时已晚。英国的最大宗主国地位决定了英国和其他国家的紧密经济合作为英镑国际化奠定了基础。欧元国际化成功的关键则是欧元区国家自始至终就紧密合作，欧洲经济一体化的成功，使各国间要素流动性较高，货币国际化水到渠成。中国是世界贸易大国，和各国经贸关系紧密，随着中国国内经济结构的健康发展，整个产业在向全球价值链高端迈进，具备了向"一带一路"沿线国家和地区转移优势产能和扩大贸易合作的基础。因此，中国应当借鉴国际货币经验，积极和"一带一路"沿线国家和地区构建经济合作框架，必要时成立促进经济一体化的多边机构，转移美国和西方国家的制约压力，为人民币国际化创造更为有利的区域合作基础。

### 18.2.2　成立"一带一路"沿线国家和地区央行合作组织

英镑、美元、日元和欧元的国际化都离不开以本国央行为主的，各国央行紧密合作的推动力量。因此，"一带一路"推进人民币国际化的关键，是要尽快形成沿线国家和地区央行广泛参与，以人民币为核心的区域性货币合作体系。"一带一路"沿线国家和地区和中国的政治经济合作基础扎实，对中国投资、贸易和资本的期望值和依赖程度都很高。中国应当抓住当前有利时机，成立"一带一路"沿线国家和地区央行合作组织，推动形成以沿线国家和地区央行为主的区域性货币合作体系，促进"一带一路"沿线国家和地区投融资和贸易合作的便利化，加快实现人民币的国际化职能。

### 18.2.3　对接和完善"一带一路"沿线国家和地区货币支付系统

目前，"一带一路"沿线国家和地区金融基础设施发展不平衡，很多国家的

人民币货币支付系统尚不健全，已经成为推进人民币国际化的"瓶颈"。在笔者工作过的一些"一带一路"沿线国家和地区，无论"居民"还是"非居民"，在银行开立人民币账户尚属难事，更无须谈人民币流通和支付，人民币计价结算、交易和储备等职能更是纸上谈兵、水中捞月。欧盟国家货币一体化成功启动的重要基础之一，是欧洲16国早在1950年就共同成立了欧洲支付联盟，有效解决了各国之间货币结算和自由兑换等问题。因此，应当本着"共商、共建、共享"原则，尽快对接和完善"一带一路"沿线国家和地区的货币支付系统，为资金融通、贸易畅通、设施联通等所需的人民币资金流动打通渠道。此外，应当借鉴美国的清算所银行同业支付系统（Clearing House Interbank Payment System，CHIPS），以商业化运营模式，加快完善人民币跨境支付系统（Cross – border Interbank Payment System，CIPS），并通过中国现代化支付系统（China National Advanced Payment System，CNAPS）进行最终清算，提高清算效率，降低清算成本，全面监控人民币跨境交易，为"一带一路"建设中推进人民币国际化提供必要的金融基础设施保障，让人民币资本支持"一带一路"建设享有应有的便利。

## 18.3 优化"一带一路"投资和贸易合作环境

### 18.3.1 在沿线国家和地区打造源于中国的全球价值链

"一带一路"涵盖亚非欧地区，65个沿线国家和地区的总人口超过44亿，占世界人口的63%，经济总量约占全球经济总量的30%，大多数为新兴经济体和发展中国家，普遍处经济发展的上升期，自然资源丰富，市场潜力巨大。在和"一带一路"沿线国家和地区的投资及贸易合作中，中国应当规划先行，顺势引导，吸取英、美、德、日等国的货币国际化经验，整合上下游资源，高中低端产业合理布局，推广人民币计价结算，注入人民币资本，优化人民币国际化的投资和贸易环境。中国应当和积极参与"一带一路"建设的发达国家及沿线国家和地区充分沟通，在"一带一路"沿线共同降低通关与物流费用、节省投资和贸易的时间成本、增加透明度与可预测性，在"一带一路"沿线区域营造快速和高效的通商环境，让沿线国家和地区获得更多参与全球价值链带来的收益，进而以"一带一路"沿线国家和地区为基础，将源于中国的供应链运转得更加平稳，打造源于中国的全球价值链。

### 18.3.2 以自由贸易和投资合作协议固化政策沟通成果

在对外投资和贸易中发挥主导作用，是货币国际化的前提条件、重要方式和必然选择。中国应当加强和"一带一路"沿线国家和地区的政策沟通，促进贸易和投资便利化，将成果以法律文件形式固化，签署促进自由贸易和投资合作的协议，为人民币国际化打下更为扎实的政策和法律保障基础，更好地实现人民币计价结算、交易、储备等职能。近年来，中国政府已与 30 个国家政府签署了经贸合作协议，中国商务部与 60 多个国家相关部门及国际组织，在"一带一路"国际合作高峰论坛召开期间，共同发布了推进"一带一路"贸易畅通的合作倡议。以此为基础，中国应当继续推动和"一带一路"沿线国家和地区的经贸合作，签署双边或多边自由贸易和投资合作协议，鼓励和引导人民币在投资及贸易活动中的使用。

### 18.3.3　以人民币专项贷款（基金）引导资金支持重大项目

以本币开展对外投资和援助，促进本币国际化是英镑、美元、日元和欧元国际化道路通用的行之有效的方式。2017 年 5 月，中国宣布向"一带一路"提供资金支持，给丝路基金新注资 1 000 亿元人民币，鼓励金融机构开展人民币海外基金业务，规模初步预计约 3 000 亿元人民币；国开行设立 2 500 亿元人民币"一带一路"专项贷款（基础设施、产能合作和金融合作）；中国进出口银行设立 1 300 亿元人民币"一带一路"专项贷款。在"一带一路"沿线国家和地区加大人民币专项贷款（基金）的支持力度，不仅能促使沿线国家和地区尽快完善人民币资金支付系统，还可以解决"一带一路"重大项目建设初期的资金缺口问题，形成正能量的良好预期，引导民间资本将人民币资金投入"一带一路"建设，扩大境外人民币的资金池和流动性，形成更大的资金"虹吸效应"。

### 18.3.4　鼓励在对外投资和贸易合作中优先使用人民币

分析主要货币的国际化经验，成功多在于本币在对外投资和贸易活动中使用比例较大，失败则在于本币在对外投资和贸易活动中计价和结算等职能较弱。目前，人民币的使用和中国全球"贸易大国"和"投资大国"的地位不相匹配，对外投资和贸易合作主要依靠美元、欧元等计价结算，人民币和很多"一带一路"沿线国家和地区的货币还不能直接兑换。也可以说，"一带一路"沿线国家和地区投资和贸易合作便利化的主要障碍之一，就是人民币国际化程度较低。因此，应当充分发挥中国"一带一路"建设工作领导小组的统筹协调优势，将中国人民银行、财政部、商务部、发改委、国税总局等部门的"一带一路"各项职能统一，加强和"一带一路"沿线国家和地区的政策沟通，清除人民币使用的法律和金融基础设施障碍，出台鼓励在对外投资和贸易活动中优先使用人民币的政策制度，采取优先融资、税收优惠和财政补贴等多种方式，引导中资企业在"一带一路"沿线国家和地区的投资和贸易活动中优先使用人民币。

### 18.4 加强人民币在国际贸易中的计价结算职能

引导跨境电商在沿线国家和地区以人民币计价结算。英镑和美元等国际货币的国际化道路取得成功的关键因素之一，就是在时代背景下，通过引领创新等方式，走在了国际贸易计价结算的前列。跨境电商融合了电子商务和国际贸易的优势，能够有效促进全球自由贸易。我国在跨境电商方面成果显著，培育出了完整的产业链和生态链，形成了一套适应和引领跨境电子商务发展的管理制度和规则。2015 年，中国跨境电商交易规模为 5.4 万亿元人民币，同比增长28.6%。其中跨境出口交易 4.49 万亿元，跨境进口交易 9 072 亿元，杭州成为首个跨境电子商务综合试验区。2016 年年初，广州、深圳、天津、上海、重庆、大连等 12 个市新设跨境电子商务综合试验区，复制推广杭州的"六大体系、两大平台"① 经验做法。我国的跨境电子商务产业在"一带一路"沿线国家和地区有很强的比较优势，能够改变消费者的消费习惯，易于过渡到人民币和合作伙伴国本币共同计价结算的模式，使消费者在新的购物方式下逐渐形成货币依赖性，在推进人民币国际化方面潜力巨大。

### 18.5 加强人民币的金融交易和储备职能

#### 18.5.1 加大人民币离岸中心和金融产品的多元化建设

实现人民币的国际化职能，中国需要和其他国际货币国家一样，打造高度发达的金融市场作为支撑。在国内资本项目有管理的可兑换情况下，打造人民币离岸中心，创新人民币金融产品，推动在岸市场和离岸市场的互联互通，是实现人民币国际化的必经路径。随着"一带一路"建设的深入，与贸易和投资相关的人民币离岸市场和人民币金融产品需求凸显，比如企业可以用离岸市场的银行人民币固定存款或债券等固定收益类金融资产进行人民币跨境贸易融资，银行可以在离岸市场开发人民币货币基金产品、人民币计价衍生产品和人民币外汇交易类产品等，满足全球客户的投资需求，吸引境外银行、非银行机构投资者和个人投资者。因此，中国应当在条件成熟的"一带一路"沿线国家和地区打造多元化的人民币离岸中心，在国际结算、外汇买卖、债券发行、国际清算、国际信贷等传统跨境业务的基础上，加快发展人民币投资和融资类相关产品，实现人民币国际化的贸易驱动、投资计价驱动及金融产品创新驱动等多层

---

① "六大体系"是指信息共享体系、金融服务体系、智能物流体系、电子商务信用体系、统计监测体系、风险防控体系。"两大平台"是指"单一窗口"平台和线下的综合园区平台。

次发展模式。

### 18.5.2　以货币互换推动人民币的投资和外汇储备职能

历史上，英国央行通过货币互换合作有效化解了英镑信用危机。日本通过货币互换合作构建了东亚地区区域性货币合作框架。截至目前，中国人民银行已经与"一带一路"沿线超过 21 个国家和地区央行签署了双边本币互换协议，总规模超过万亿元。我国和"一带一路"沿线国家和地区签署货币互换协议，除了能够互相提供流动性支持外，还能够促进人民币作为双边贸易结算货币，促进以人民币作为计价货币进行直接投资和金融资产投资，并在此基础上推动"一带一路"沿线国家和地区增加人民币外汇储备。储备货币是指以外币计价的资产或存款，主要由政府或官方机构作为外汇储备持有。2010 年 9 月，马来西亚央行在香港购买了价值 100 亿美元的人民币计价债券作为其外汇储备，这是人民币首次成为其他国家央行的储备货币。截至 2016 年 12 月，IMF 的官方外汇储备货币构成数据库中，人民币资产占比为 1.07%，至少有 40 个国家和地区以不同的方式将人民币作为储备货币。近年来，许多"一带一路"沿线国家和地区出现了严重的美元流动性不足情况，因此对我国提供流动性支持的需求很强烈。以货币互换推动"一带一路"沿线国家和地区增加人民币外汇储备是一种行之有效的市场化运作方式。

## 18.6　提高金融服务质量

### 18.6.1　增加"一带一路"沿线人民币清算行和代理行数量

借鉴美元、欧元和日元等货币国际化经验，形成一定规模的海外存量是货币在国际市场循环流动的基础。因此，可以将"一带一路"沿线国家和地区的人民币跨境清算和中国国内清算业务分开处理，完善海外人民币业务清算网络，建立高效的人民币资金清算渠道。截至 2017 年 5 月，中国已经在全球设立了 23 个境外人民币业务清算行，其中只有 7 个在"一带一路"沿线国家和地区，尚不能满足"一带一路"建设资金融通的现实需要，不少企业由于清算和结算渠道成本过高而放弃了以人民币结算。为了在"一带一路"建设中统筹运用好人民币资金，进一步提高人民币资金使用效率，应当尽快在更多条件成熟的"一带一路"沿线国家和地区设立人民币清算行。在不具备条件的"一带一路"沿线国家和地区，则应当积极推行"代理行"模式，即允许和鼓励"一带一路"沿线国家和地区的金融机构在中资银行的境内或海外机构开立人民币同业往来账户，进行人民币资金的跨境结算和清算，为使用人民币资金支持"一带一路"投资、贸易和金融合作提供更大的便利。

### 18.6.2 加快中资金融机构在"一带一路"沿线的布局

几大国际货币都有一个共同规律，就是所在国的银行业高度发达，全球化程度高，境外分支机构布局基本上能够满足本国企业的境外金融服务需要。这些国家的银行业在全球蓬勃发展，就是通过为本国企业提供金融支持而逐步发展壮大起来的。例如，1959 年，英国汇丰集团所属的汇丰银行收购了中东英格兰银行，从而进军中东市场，1978 年在沙特阿拉伯成立沙特阿拉伯英国银行，1982 年在埃及成立埃及英国银行。1976—1979 年，德国的德意志银行相继在十几个国家设立分支机构，在 1988 年之前，又向包括亚太地区在内的 12 个国家扩张。到目前为止，绝大部分德意志银行员工已经在德国以外的其他国家工作过。近年来，中国银行业发展迅猛，已有 4 家银行跃居全球十大银行之列，分支机构布局和日本银行业类似，主要集中在全世界金融最发达或经济总量较大的国家和地区，但是在"一带一路"沿线国家和地区已经出现"滞后"状态，缺乏分支机构网点。当前，中资企业在"一带一路"沿线国家和地区的投资和贸易合作发展迅速，中国金融机构应当积极在"一带一路"沿线国家和地区搭建银政企合作平台，以政府政策指导和客户需求为导向，因地制宜，尽快地成立分支机构、设计金融产品、提供金融服务、控制金融风险。

# 附件 十八大以来中国金融创新 48 例

## 一、货币政策工具、资金交易、投资类

1. 2013 年中国人民银行决定启用公开市场短期流动性调节工具（Short－term Liquidity Operations，SLO）

公开市场短期流动性调节工具（Short－term Liquidity Operations，SLO），作为公开市场常规操作的必要补充，在银行体系流动性出现临时性波动时相机使用。"公开市场业务公告〔2013〕第 1 号"指出，为进一步完善公开市场操作机制，提高公开市场操作的灵活性和主动性，促进银行体系流动性和货币市场利率平稳运行，公开市场短期流动性调节工具以 7 天期以内短期回购为主，遇节假日可适当延长操作期限，采用市场化利率招标方式开展操作。

2. 2014 年中国人民银行创设 MLF（中期借贷便利）

MLF 是提供中期基础货币的货币政策工具，对象为符合要求的商业银行、政策性银行，采取质押方式发放，需要提供国债、央行票据、政策性金融债、高等级信用债等优质债券作为合格质押品。

发放对象与 SLF 一致，与 SLF 最大的区别就是期限长，一般是 3 个月、6 个月、1 年。而且，央行要求金融机构把通过 MLF 申请来的贷款资金投放到"三农"和小微企业上。

3. 银行间同业拆借

2014 年全国银行间同业拆借中心（简称"同业拆借中心"）推出利率互换新交易机制——基于双边授信的撮合交易平台 X－Swap。2015 年推出质押式回购匿名点击业务（X－Repo）。2016 年推出现券匿名点击业务（X－Bond）。2018 年推出 X－Lending 债券借贷意向报价板（X－Lending）。

4. 人民币加入 SDR

北京时间 2015 年 12 月，IMF（国际货币基金组织）正式宣布，人民币将于 2016 年 10 月 1 日加入 SDR（特别提款权），距离上一轮评估历时整整五年，IMF 终于批准人民币进入 SDR，IMF 总裁拉加德在发布会上表示："人民币进入 SDR 将是中国经济融入全球金融体系的重要里程碑，这也是对于中国政府在过去几年在货币和金融体系改革方面所取得的进步的认可。"

该决议的通过，对中国来说又是一个被称为载入史册的事件，将会对中国的金融改革和人民币汇率走势产生重要影响。同时，人民币将成为 SDR 篮子中

除美元、欧元、日元和英镑外的第 5 种货币。

5. 央行数字货币

2014 年，中国央行成立专门的研究团队，对数字货币发行和业务运行框架、数字货币的关键技术、发行流通环境、面临的法律问题等进行了深入研究。

2017 年 1 月，央行在深圳正式成立数字货币研究所。

2018 年 9 月，数字货币研究所搭建了贸易金融区块链平台。

2019 年 7 月 8 日，在数字金融开放研究计划启动仪式暨首届学术研讨会上，中国人民银行研究局局长王信曾透露，国务院已正式批准央行数字货币的研发，央行在组织市场机构从事相应工作。

2019 年 8 月 2 日，央行在 2019 年下半年工作电视会议上表示将加快推进法定数字货币的研发步伐。8 月 10 日，央行支付结算司副司长穆长春在中国金融四十人伊春论坛上表示，"央行数字货币可以说是呼之欲出了"。8 月 18 日，中共中央、国务院发布关于支持深圳建设中国特色社会主义先行示范区的意见，提到支持在深圳开展数字货币研究等创新应用。8 月 21 日，央行官微发布两篇有关数字货币的文章，一是发表于 2018 年 1 月的副行长范一飞谈央行数字货币几点考虑，二是支付结算司副司长穆长春 8 月 10 日在伊春的演讲。

央行货币的数字化有助于优化央行货币支付功能，提高央行货币地位和货币政策有效性。央行数字货币可以成为一种计息资产，满足持有者对安全资产的储备需求，也可成为银行存款利率的下限，还可成为新的货币政策工具。同时，央行可通过调整央行数字货币利率，影响银行存贷款利率，有助于打破零利率下限。

6. 2014 年央行创设 PSL（抵押补充贷款），以抵押方式向商业银行发放贷款

PSL 作为一种新的储备政策工具，有两层含义：首先从量的层面，是基础货币投放的新渠道；其次从价的层面，通过商业银行抵押资产从央行获得融资的利率，引导中期利率。央行 2014 年研究创设了 PSL。PSL 是基础货币投放的新渠道，商业银行通过抵押资产从央行获得融资。央行通过 PSL 为这些银行提供一部分低成本资金，引导投入到盈利能力弱、或有政府担保但商业定价不能满足的基础设施和民生支出等领域，可以起到降低这部分社会融资成本的作用。

7. 中国人民银行于 2013 年初创设了常备借贷便利（Standing Lending Facility）

主要功能是满足金融机构期限较长的大额流动性需求。对象主要为政策性银行和全国性商业银行。期限为 1~3 个月。利率水平根据货币政策调控、引导市场利率的需要等综合确定。常备借贷便利以抵押方式发放，合格抵押品包括高信用评级的债券类资产及优质信贷资产等。

主要特点：一是由金融机构主动发起，金融机构可根据自身流动性需求申请常备借贷便利；二是常备借贷便利是中央银行与金融机构"一对一"交易，

针对性强；三是常备借贷便利的交易对手覆盖面广，通常覆盖存款金融机构。

8. 2019 年，中国人民银行开展了 2019 年第一季度定向中期借贷便利（TM-LF）操作

操作对象为符合相关条件并提出申请的大型商业银行、股份制商业银行和大型城市商业银行。操作金额根据有关金融机构 2018 年第四季度小微企业和民营企业贷款增量并结合其需求确定为 2 575 亿元。操作期限为一年，到期可根据金融机构需求叙做两次，实际使用期限可达到三年。操作利率为 3.15%，比中期借贷便利（MLF）利率优惠 15 个基点。

9. 2018 年 6 月中国外汇交易中心创新打造了面向银行间本币市场的聊天工具 iDeal，从多方面实现了服务质量和交易效率的再升级

一是实名制 + 聊天过程全留痕，符合监管要求和机构合规需求；二是支持聊天报价无缝对接交易系统，信息不落地处理，交易安全高效；三是支持专线网和互联网的双网登录和信息互通，交流方式更为便捷；四是配套实时在线客服和数据信息服务。

截止到 2018 年年底，iDeal 使用机构数达 1 100 家，用户数近 4 000 人，通过 iDeal 达成的交易约 12 万亿元。

10. 中国外汇交易中心推出同业拆借夜盘交易

为进一步支持人民币国际化和金融市场双向开放，满足 CIPS 直接参与者的流动性管理需要，交易中心自 2018 年 5 月起提供同业拆借夜盘交易服务，夜盘交易时间为 20∶30 ~ 08∶30。

同业拆借夜盘的制度安排有力保障了不同时区金融市场人民币资金支付结算安全，满足了人民币相关资产全球化交易和清算的需要。

11. 人民币跨境支付系统（CIPS）

人民币跨境支付系统（Cross – border Interbank Payment System，CIPS）是由中国人民银行组织开发的独立支付系统，旨在进一步整合现有人民币跨境支付结算渠道和资源，提高跨境清算效率，满足各主要时区的人民币业务发展需要，提高交易的安全性，构建公平的市场竞争环境。该系统于 2012 年 4 月 12 日开始建设，2015 年 10 月 8 日上午正式启动。

中国农业银行作为 CIPS 系统的架构设计参与者和直参行，将总行 CIPS 清算中心设立在前海分行，是全国唯一设在总行之外的总行级 CIPS 清算中心。落地运营以来，清算跨境人民币往来业务共计 6.5 万余笔，金额总计 7 300 余亿元，日均清算 250 笔，金额 30 亿元。

12. 不良资产跨境转让：前海金融资产交易所落地全国首单依托交易平台进行的不良资产跨境交易业务

在跨境不良资产转让的通路打造方面，深圳已经开始了落地探索。早在 2017 年 6 月 1 日，国家外汇管理局印发《关于深圳市分局开展辖区内银行不良

资产跨境转让试点业务有关事项的批复》（汇复〔2017〕24号），同意授权深圳外汇局在辖内开展银行不良资产跨境转让试点，深圳成为全国首个获得授权自行审核管理辖内机构不良资产跨境转让业务申请的试点地区。上述批复指出，外汇局深圳市分局有权对辖区内机构提出的银行不良资产向外资转让试点业务申请进行逐笔审批，且应由辖区内申请人按《外债登记管理办法》等相关规定代境内实际债务人办理相关外债登记和汇兑手续。2018年6月，深圳外管分局在该项试点业务上不再设置时限，并对执行细节进行优化，包括：试点不再设具体期限；业务由事前审核改为事前备案；申请人开立的外债专用账户可用于接收境外投资者汇入的交易保证金。与此同时，资产出让方也不再仅限于境内银行，意味着资产管理公司（AMC）也可参与其中。

深圳前海金融资产交易所作为国内唯一一家获批不良资产跨境业务的金融资产交易所，试点开展跨境债权转让业务，2016年完成全国首单依托交易平台实现的不良资产跨境转让项目，交易金额2 340万美元。不良资产跨境转让业务进一步缓解了境内各类银行、金融资产管理公司以及其他非银金融机构处置不良资产的压力，盘活信贷存量，释放金融风险。

13. 试点QFGP（合格境外一般合伙人）、QFLP（合格境外有限合伙人）、QDIE（合格境内投资者境外投资）和RQFLP（人民币合格境外有限合伙人）跨境业务

随着资本市场的进一步开放、人民币国际化改革，QDLP、QFLP、QDIE制度慢慢推出。广东自贸区在全国先行先试开展QDIE、QFGP和QFLP等跨境业务试点。这些跨境金融创新业务吸引国内外资本支持自贸区实体经济发展，QFGP、QFLP和QDIE制度下的企业和产品自设立以来均运行稳定，投资人反映良好，资管净值稳步升高。

RQFLP试点是在QFLP的基础上，参照RQFII（人民币境外合格投资者）创新性地推出来的，在申请的额度内，让合格的LP（有限合伙人）在合格的GP（一般合伙人）的管理下，能够用这个额度把海外募集的人民币资金直接输入上海，进行各类私募股权投资。RQFLP有别于以往RQFII只能投资股市、债市，而是可投资未上市企业、上市企业的非公开交易股权、可转换债券、产业基金等。RQFLP试点的启动，将大大拓宽海外资金、特别是离岸人民币资金投资中国内地市场的渠道。

14. MPA新增指标

央行营业管理部、北京银保监局筹备组、北京市金融工作局等多部门联合印发《关于进一步深化北京民营和小微企业金融服务的实施意见》（以下简称《意见》）。《意见》提出将加大货币政策支持力度，要求用好300亿元的常备借贷便利（SLF）额度，为辖内符合条件的金融机构发放小微和民营企业贷款提供流动性支持。将未经央行内部（企业）评级的单户授信500万元以下的小微企

业贷款纳入 SLF 的合格抵押品范围。

《意见》还表示，完善宏观审慎评估（MPA），在"信贷政策执行情况"中增设临时性专项指标，引导定向降准范围内的金融机构将净释放资金用于发放小微企业贷款，并要求该类机构小微企业贷款加权平均利率不高于 2018 年第一季度小微企业贷款加权平均利率。

**二、股票、债券、票据类**

15. 中国人民银行开展首次央行票据互换（CBS）操作，鼓励购买永续债

为提升银行永续债的市场流动性，支持银行发行永续债补充资本，增强金融支持实体经济的能力，2019 年 2 月 20 日中国人民银行开展了首次央行票据互换（CBS）操作，费率为 0.25%，操作量为 15 亿元，期限 1 年。

CBS 并不是量化宽松（QE）。首先，央行开展 CBS 操作是"以券换券"，不涉及基础货币吞吐，对银行体系流动性的影响中性。虽然一级交易商可以将换入的央行票据作为抵押品，与其他市场机构开展交易或参与央行相关操作，但这并不意味着只要一级交易商换入央行票据就可以自动从央行获得资金，两者并不存在直接联系。其次，在 CBS 操作中，银行永续债的所有权不发生转移，仍在一级交易商表内，信用风险由一级交易商承担。

央行开展 CBS 操作的主要目的，是在银行永续债发行初期提高其市场接受度，改善市场预期，启动和培育市场，并不在于要用央行票据换多少永续债。通过央行担保品安排和 CBS 操作，可以推动银行间市场成员相互之间融资也接受银行永续债作为担保品，进一步提升银行永续债的市场流动性。

16. 证监会指导推出违约债券转让服务

2019 年 5 月证监会指导沪、深交易所分别联合中国结算发布了《关于为上市期间特定债券提供转让结算服务有关事项的通知》，对违约债券等特定债券的转让、结算、投资者适当性、信息披露等事项做出安排。为违约债券提供转让结算服务，有助于形成有效疏导风险的机制安排，改变此前债券到期违约后即摘牌，投资者只能被动等待兑付的情形；有助于投资者通过二级市场转让化解债券违约风险，促进信用风险出清；有助于投资者及时处置不良债券，满足产品到期清算要求；有助于促进形成有效的风险定价机制，提升交易所债券市场价格发现功能。

下一步，证监会将指导沪、深交易所联合中国结算加强市场培训和投资者教育工作，进一步提高市场参与者对违约债券转让服务机制的认知与参与度，确保相关业务平稳有序开展。

17. 中办国办：健全地方政府举债融资机制，推进专项债券管理改革，允许部分地方专项债作为项目资本金

2019 年 6 月中共中央办公厅、国务院办公厅联合对外发布《关于做好地方

政府专项债券发行及项目配套融资工作的通知》，明确要把"开大前门"和"严堵后门"协调起来，在严控地方政府隐性债务、坚决遏制隐性债务增量、坚决不走无序举债搞建设之路的同时，加大逆周期调节力度，厘清政府和市场边界，鼓励依法依规市场化融资，增加有效投资。

18. 2017 年央行发布债券通管理暂行办法

通过"债券通"平台，投资者除了在二级市场交易已发行的债券之外，还可以在一级市场参与债券发行；发行人将可以在"债券通"平台直接发行债券。

2017 年 6 月 21 日中国人民银行发出 2017 年第 1 号令，正式公布《内地与香港债券市场互联互通合作管理暂行办法》（以下简称《暂行办法》），并于发布之日起施行。《暂行办法》规定，符合要求的境外投资者可使用自有人民币或外汇，通过"北向通"投资银行间债券市场。标的债券为可在银行间债券市场交易流通的所有券种。

19. 2018 年 6 月 14 日，"CFETS – BOC 交易型债券指数"在银行间市场正式发布

该指数综合考虑了银行间各类债券的交易性因素，选取数量适中的活跃券作为样本，为境内外投资者提供了准确实用的业绩基准。

债券指数的推出为指数产品的引入奠定了良好基础，在境内外机构组合投资及风险管理的强烈需求下，2018 年 9 月 26 日，银行间债券指数产品正式推出。银行间债券指数产品是指根据标的债券指数建立投资组合或确定认购、申购及赎回价格的银行间债券市场投资工具。交易中心为其提供发行、交易和信息披露服务。

债券指数产品的构建和交易，进一步完善了银行间市场产品序列，是推动债券市场与国际接轨、中国金融市场融入国际金融体系的重要举措。

20. 民营企业债券融资支持工具

2018 年 12 月，上交所市场首单民营企业债券融资支持工具正式"落地"。继银行间债券市场之后，交易所债券市场推出民营企业债券融资支持工具，以市场化方式支持民营企业债券融资。

特点：首先，坚持市场化、法治化原则。结合前期试点经验，市场主体自愿参与、公平协商。民营企业选取、价格形成、期限安排等具体实施环节按照市场化原则运作，中证金融与市场机构充分发挥各自优势。债券融资支持工具以短期限为主，契合民营企业融资需求。

其次，健全激励约束安排和风险共担机制。中证金融和债券承销机构按照风险收益对等原则，共同出售信用保护合约，共担风险。

21. 科创板

2018 年 11 月 5 日，国家主席习近平出席首届中国国际进口博览会开幕式并

发表主旨演讲，宣布在上海证券交易所设立科创板并试点注册制。

2019 年 1 月 30 日，证监会发布《关于在上海证券交易所设立科创板并试点注册制的实施意见》。3 月 1 日，证监会发布《科创板首次公开发行股票注册管理办法（试行）》和《科创板上市公司持续监管办法（试行）》。

2019 年 6 月 13 日，科创板正式开板。7 月 22 日，科创板首批公司上市。8 月 8 日，第二批科创板公司挂牌上市。

22. 熔断机制

熔断机制（Circuit Breaker），也叫自动停盘机制，是指当股指波幅达到规定的熔断点时，交易所为控制风险采取的暂停交易措施。具体来说是对某一合约在达到涨跌停板之前，设置一个熔断价格，使合约买卖报价在一段时间内只能在这一价格范围内交易的机制。

2015 年 12 月 4 日，上交所、深交所、中金所正式发布指数熔断相关规定，熔断基准指数为沪深 300 指数，采用 5% 和 7% 两档阈值。于 2016 年 1 月 1 日起正式实施，并于 2016 年 1 月 8 日暂停。

23. 沪港通

沪港通是指上海证券交易所和香港联合交易所允许两地投资者通过当地证券公司（或经纪商）买卖规定范围内的对方交易所上市的股票，是沪港股票市场交易互联互通机制。

中国证监会与香港证监会联合公告，沪港通下的股票交易将于 2014 年 11 月 17 日开始。

24. 沪伦通

沪伦通是指上海证券交易所与伦敦证券交易所互联互通的机制。符合条件的两地上市公司，可以发行存托凭证（DR）并在对方市场上市交易。

2018 年 10 月 12 日，证监会正式发布《关于上海证券交易所与伦敦证券交易所互联互通存托凭证业务的监管规定（试行）》，自公布之日起施行。

沪伦通计划于 2018 年 12 月 14 日启动。伦敦当地时间 2019 年 6 月 17 日上午 8 时，沪伦通在英国伦敦正式启动。

25. 债转股

债转股（Debt for Equity Swap），是指由金融资产管理公司作为投资的主体，将商业银行原有的不良信贷资产——也就是将企业的债务转为金融资产管理公司对企业的股权。它不是将企业债务转为国家资本金，也不是将企业债务一笔勾销，而是由原来的债权债务关系转变为金融资产管理公司与企业间的持股与被持股、控股与被控股的关系，由原来的还本付息转变为按股分红。

从国际关系来看，债转股指债务国在面临经济困难或是信贷评级下滑时，以本国货币按市场状况以一定的折扣赎回外债。债权人随后以债务国货币投资于该国的公司，将原来的债权转换成股权。这种情形被称为债务国将债务证券化了。

2019 年 5 月 22 日，国务院总理李克强主持召开国务院常务会议，确定深入推进市场化法治化债转股的措施，支持企业纾困化险、增强发展后劲；部署进一步推动社会办医持续健康规范发展，增加医疗服务供给、促进民生改善。

26. 沪深交易所发布《关于开展"一带一路"债券试点的通知》

为深入贯彻党的十九大精神，全面贯彻落实中央经济工作会议、全国金融工作会议部署，深化交易所债券市场对外开放，引导交易所债券市场进一步服务"一带一路"建设，促进沿线国家（地区）的资金融通，在总结前期试点经验的基础上，沪深交易所制定了《关于开展"一带一路"债券试点的通知》（以下简称《通知》），并于 2018 年 3 月 2 日对外发布。

近年来，交易所债券市场在助力"一带一路"资金融通、服务"一带一路"建设方面进行了有益尝试。2017 年 3 月，俄罗斯铝业联合公司在交易所成功发行 10 亿元人民币债券，成为首单"一带一路"沿线国家和地区企业发行的人民币债券，并引起国际上的广泛关注。2018 年 1 月，红狮控股集团在交易所成功发行 3 亿元人民币债券用于老挝"一带一路"项目建设，成为首单境内企业募资用于"一带一路"项目的债券。截至目前，已有 7 家境内外企业发行"一带一路"债券的申请获得证监会核准或沪深交易所的无异议函，拟发行金额合计 500 亿元。其中，4 家境内外企业已发行 35 亿元"一带一路"债券。

《通知》发布后，相关主体可以通过三种方式在沪深交易所发行"一带一路"债券融资：一是"一带一路"沿线国家（地区）政府类机构在交易所发行的政府债券；二是在"一带一路"沿线国家（地区）注册的企业及金融机构在交易所发行的公司债券；三是境内外企业在交易所发行，募集资金用于"一带一路"建设的公司债券。

27. 2016 年中国银行间市场交易商协会发布《信用联结票据（CLN）业务指引》《信用违约互换（CDS）业务指引》《信用风险缓释凭证业务指引》

信用违约互换指交易双方达成的，约定在未来一定期限内，信用保护买方按照约定的标准和方式向信用保护卖方支付信用保护费用，由信用保护卖方就约定的一个或多个参考实体向信用保护买方提供信用风险保护的金融合约，属于一种合约类信用风险缓释工具。

信用联结票据指由创设机构向投资人创设，投资人的投资回报与参考实体信用状况挂钩的附有现金担保的信用衍生产品，属于一种凭证类信用风险缓释工具。

信用风险缓释凭证指由标的实体以外的机构创设的，为凭证持有人就标的债务提供信用风险保护的，可交易流通的有价凭证，属于一种凭证类信用风险缓释工具。

28. A 股纳入 MSCI（美国明晟公司）

2019 年 8 月 26 日，MSCI 宣布将实施二次扩容，大盘 A 股纳入因子将从 10% 增加至 15%，该调整将于 8 月 27 日收盘后生效。根据此前的时间表，预计 2019 年 11 月，MSCI 将进行第三次扩容，纳入因子将从 15% 扩大至 20%，同时将中盘 A 股（包括符合条件的创业板股票）以 20% 纳入因子纳入。据相关机构统计，如果 MSCI 将大盘 A 股纳入因子由 5% 提高到 20%，预计会带来 680 亿美元的净流入。如果富时指数将中国 A 股纳入，预计会带来 100 亿美元的净流入，MSCI 主题基金将继续表现良好。

29. 民营企业股权融资工具

2019 年中国人民银行工作会议 1 月 3 日至 4 日在北京召开。会议指出，2019 年积极推广民营企业债券融资支持工具，鼓励地方政府成立支持民营企业融资基金，推动实施民营企业股权融资支持工具。

30. CDR

中国存托凭证 CDR（Chinese Depository Receipt）是相对美国存托凭证 ADR（American Depository Receipt）提出的金融衍生品，是指存券机构将在海外上市企业股份存放于当地托管机构后，在中国大陆发行的代表这些股份的凭证。凭证的持有人实际上是寄存股票的所有人，其权利与原股票持有人相同。CDR 可在交易所或柜台市场交易。

海外上市的中国新经济企业很多是 VIE（协议方式实现海外上市主体对境内经营主体的控制权）架构，普遍存在 AB 股的安排（同股不同权），有的企业至今未能实现盈利。相比修改新股发行制度或者让企业改变股权架构，发行 CDR 可以更快、更低成本地突破障碍。

### 三、利率类

31. 贷款基础利率

贷款基础利率（Loan Prime Rate，LPR）是商业银行对其最优质客户执行的贷款利率，其他贷款利率可在此基础上加减点生成。贷款基础利率的集中报价和发布机制是在报价行自主报出本行贷款基础利率的基础上，指定发布人对报价进行加权平均计算，形成报价行的贷款基础利率报价平均利率并对外予以公布。运行初期向社会公布 1 年期贷款基础利率。2013 年 10 月 25 日，贷款基础利率集中报价和发布机制正式运行，首日 1 年期贷款基础利率为 5.71%。

32. DR007

DR007，即银行间存款类机构以利率债为质押的 7 天期回购利率。中国央行于 2014 年 12 月 15 日开始对外发布。R007 是指全市场机构的加权平均回购利率，包括银行间市场所有的质押式回购交易。央行提出把 DR007 利率培育成市场基准利率，不仅是全球货币市场上一次重大的创新，也是对反思金融危机后

LIBOR（伦敦银行间同业拆借利率）定价机制的一次非常有意义的尝试。

33. 利率市场化改革

自 2013 年 7 月 20 日起，中国人民银行决定全面放开金融机构贷款利率管制。

自 2015 年 5 月 11 日起，中国人民银行决定金融机构存款利率浮动区间的上限由存款基准利率的 1.3 倍调整为 1.5 倍。

自 2015 年 8 月 26 日起，中国人民银行决定放开一年期以上（不含一年期）定期存款的利率浮动上限，标志着中国利率市场化改革又向前迈出了重要一步。

自 2015 年 10 月 24 日起，中国人民银行决定对商业银行和农村合作金融机构等不再设置存款利率浮动上限。

**四、政策类**

34. 中国银保监会发布《关于推动供应链金融服务实体经济的指导意见》

供应链金融（SCF）指银行围绕核心企业，管理上下游中小企业的资金流和物流，并把单个企业的不可控风险转变为供应链企业整体的可控风险，通过立体获取各类信息，将风险控制在最低的金融服务。

35. CEPA 框架下对港澳金融业开放政策

2018 年 12 月，内地与香港签署了《内地与香港关于建立更紧密经贸关系的安排》（CEPA）框架下的《货物贸易协议》。《货物贸易协议》是 CEPA 升级的重要组成部分，于 2019 年 1 月 1 日起正式实施。

汇丰前海证券有限责任公司、东亚前海证券有限责任公司于 2017 年 12 月 7 日正式开业，港资合并持股比例分别为 51% 和 49%。加上已开业的广证恒生证券投资咨询公司、前海招联消费金融公司、恒生前海基金管理公司、大西洋银行横琴分行，CEPA 框架下对港澳金融业开放政策在广东全面落地。

36. 2016 年信贷资产收益权转让业务——《中国银监会办公厅关于规范银行业金融机构信贷资产收益权转让业务的通知》，随之票据收益权转让推出

（1）信贷资产收益权转让应当遵守"报备办法、报告产品和登记交易"相关要求。

（2）信贷资产收益权转让应当依法合规开展，有效防范风险。

（3）银登中心应当加强市场监督，并及时报告重要情况。

37. 定向降准

为贯彻落实国务院常务会议要求，建立对中小银行实行较低存款准备金率的政策框架，促进降低小微企业融资成本，中国人民银行决定从 2019 年 5 月 15 日开始，对聚焦当地、服务县域的中小银行，实行较低的优惠存款准备金率。央行称，此次定向降准将释放长期资金约 2 800 亿元。

### 38. 金融去杠杆

金融去杠杆，去的是无资本支撑、脱离监管的杠杆。而金融杠杆的高低，应与经济增速、资本充足和监管要求相适应，一旦超过经济发展的速度，或者脱离资本的支撑，那必将走向金融泡沫。

### 39. 推进金融市场互联互通，2019年发布《粤港澳大湾区规划纲要》

《粤港澳大湾区规划纲要》（以下简称《纲要》）提出建设国际金融枢纽，大力发展特色金融产业，有序推进金融市场互联互通。其中，要发挥香港在金融领域的引领带动作用，巩固和提升香港国际金融中心地位，打造服务"一带一路"建设的投融资平台。支持广州完善现代金融服务体系，建设区域性私募股权交易市场，建设产权、大宗商品区域交易中心，提升国际化水平。

支持深圳依规发展以深圳证券交易所为核心的资本市场，加快推进金融开放创新。支持澳门打造中国—葡语国家金融服务平台，建立出口信用保险制度，建设成为葡语国家人民币清算中心。

《纲要》提出逐步扩大大湾区内人民币跨境使用规模和范围。大湾区内的银行机构可按照相关规定开展跨境人民币拆借、人民币即远期外汇交易业务以及与人民币相关衍生品业务、理财产品交叉代理销售业务。大湾区内的企业可按规定跨境发行人民币债券。扩大香港与内地居民和机构进行跨境投资的空间，稳步扩大两地居民投资对方金融产品的渠道。支持内地与香港、澳门保险机构开展跨境人民币再保险业务。

### 40. 建立多层次资本市场

2017年10月19日，中国共产党第十九次全国代表大会中央金融系统代表团在人民大会堂召开讨论会，大会明确指出，"金融监管趋势会越来越严""探索双支柱调控框架""建成具有国际竞争力的多层次资本市场体系"将成为金融监管机构对未来一系列金融政策的核心导向。

### 41. 新监管格局

2018年"两会"通过了国务院机构改革方案，银监会与保监会整合为银保监会，且它们的拟订行业重要法律法规草案和审慎监管基本制度的职责划入中国人民银行，最终由金稳委统筹协调各金融管理部门工作。该体系参考了英国等国家的"双支柱＋双峰监管"模式，但也有所不同，适合我国国情。新体系有望针对性地弥合长期存在的宏观、微观割裂等问题，使金融体系运行更为平稳。

### 42. 双支柱调控

2015年底起，中国人民银行对金融机构引入宏观审慎评估体系（MPA），形成"货币政策＋宏观审慎政策"的双支柱调控框架。

### 43. 注册制

注册制，即所谓的公开管理原则，实质上是一种发行公司的财务公开制度，注册制还主张事后控制。以美国联邦证券法为代表，它要求发行证券的公司提供关于证券发行本身以及同证券发行有关的一切信息，以招股说明书为核心。

证券发行注册制是指证券发行申请人依法将与证券发行有关的一切信息和资料公开，制成法律文件，送交主管机构审查，主管机构只负责审查发行申请人提供的信息和资料是否履行了信息披露义务的一种制度。其最重要的特征是：在注册制下证券发行审核机构只对注册文件进行形式审查，不进行实质判断。2016 年 3 月 1 日，国务院对注册制改革的授权已正式实施。

44. 逆周期因子

逆周期因子是央行推出的由国内各报价行在报出人民币当日中间价时所考虑的参数之一，主要作用在于减少市场顺周期作用对于汇率的影响。

45. 搭建银企对接平台

为贯彻落实党中央、国务院决策部署，深入了解民营企业、小微企业金融服务情况，搭建银企之间的沟通对接平台，2018 年 9 月 4 日，中国人民银行和全国工商联联合召开民营企业和小微企业金融服务座谈会。全国政协副主席、全国工商联主席高云龙，人民银行行长易纲出席会议并讲话。全国工商联党组书记徐乐江主持会议，介绍了搭建平台、强化交流、互通有无的会议目的。人民银行副行长潘功胜出席会议并对民营企业和小微企业金融服务政策进行了解读，人民银行副行长朱鹤新、全国工商联副主席黄荣出席会议。

46. 关于改进和加强海洋经济发展金融服务的指导意见

为深入贯彻落实党的十九大关于"加快建设海洋强国""增强金融服务实体经济能力"和"十三五"规划"拓展蓝色经济空间""推进'一带一路'建设"的重大战略部署，统筹优化金融资源，改进和加强海洋经济发展金融服务，推动海洋经济向质量效益型转变，人民银行、海洋局、发展改革委、工业和信息化部、财政部、银监会、证监会、保监会八部委日前联合印发了《关于改进和加强海洋经济发展金融服务的指导意见》（以下简称《意见》）。

《意见》紧紧围绕推动海洋经济高质量发展，明确了银行、证券、保险、多元化融资等领域的支持重点和方向。在银行信贷方面，鼓励有条件的银行业金融机构设立海洋经济金融服务事业部、金融服务中心或特色专营机构，提升专业化服务水平；结合海洋经济特点，加大涉海抵（质）押贷款业务创新推广，对于海洋基础设施建设和重大项目、产业链企业、渔民等不同主体，给予针对性支持；鼓励银行业金融机构围绕全国海洋经济发展规划，优化信贷投向和结构，支持海洋经济一、二、三产业重点领域加快发展；明确加强涉海企业环境和社会风险审查，坚持"环保一票否决制"。在股权、债券方面，引导处于不同发展阶段的涉海企业，积极通过多层次资本市场获得融资支持。在保险方面，强调规范发展各类互助保险，探索巨灾保险和再保险机制，加快发展航运险、滨海旅游险、环境责任险等，扩大出口信用保险覆盖范围；鼓励保险资金通过专业资产管理机构、海洋产业投资基金等方式，加大投资力度。在多元化融资方面，支持符合条件的金融机构和企业发起设立金融租赁公司；推动航运金融发展，加快政府和社会资本合作（PPP）、投贷联动等模式在海洋领域的规范推广；积极发挥各类基金对于海洋经济发展的支持作用。

《意见》提出，要健全投融资服务体系，搭建海洋产业投融资公共服务平台，建立优质项目数据库，建立健全以互联网为基础、全国集中统一的海洋产权抵（质）押登记制度，建立统一的涉海产权评估标准。加大海洋经济示范区建设支持力度，探索以金融支持蓝色经济发展为主题的金融改革创新。鼓励海洋经济重点地区的银行业金融机构加强金融支持海洋经济发展的统计监测和效果评估。

47. 关于金融支持深度贫困地区脱贫攻坚的意见

为深入贯彻落实党的十九大精神，重点攻克深度贫困地区脱贫任务，打好精准脱贫攻坚战，按照《中共中央办公厅　国务院办公厅印发〈关于支持深度贫困地区脱贫攻坚的实施意见〉的通知》（厅字〔2017〕41号）要求，人民银行、银监会、证监会、保监会日前联合印发了《关于金融支持深度贫困地区脱贫攻坚的意见》（以下简称《意见》）。《意见》要求金融部门坚持新增金融资金优先满足深度贫困地区、新增金融服务优先布设深度贫困地区，力争2020年以前深度贫困地区贷款增速每年高于所在省（区、市）贷款平均增速，为深度贫困地区打赢脱贫攻坚战提供重要支撑。

48. 2019年6月中国人民银行、中国银保监会首次发布《中国小微企业金融服务报告（2018）》，创新模式助力小微企业

小微企业是经济新动能培育的重要源泉，在推动经济增长、促进创业就业、激发创新活力等方面发挥着重要作用。进入2018年，全球经济不确定因素增多，中国经济下行压力加大，部分小微企业"融资难、融资贵"问题有所加剧。中国人民银行、中国银保监会等相关部门深入贯彻党中央、国务院决策部署，多措并举、精准发力，按照"几家抬"的总体思路，综合发挥结构性货币政策、差别化监管和财税优惠等政策合力，组合发挥信贷、债券、股权"三支箭"作用，推动小微企业金融服务工作取得阶段性进展。

# 参考文献

［1］中国人民银行金融稳定分析小组．人民币国际化持续推进［R］．北京：中国金融出版社，2016.

［2］陈元．政府与市场之间——开发性金融的中国探索［M］．北京：中信出版社，2012.

［3］周小川．"一带一路"资金融通四大建设性想法［EB/OL］．http：//www.xinhuanet.com/finance/2017－05/15/c＿129604618.htm，2017－05－15/2020－04－28.

［4］易纲．深化投融资合作推动共建"一带一路"高质量发展［J］．中国金融家，2019（5）．

［5］张旭光．以本币合作推进"一带一路"建设［J］．中国金融，2018（16）．

［6］陈雨露．"一带一路"加快人民币国际化步伐［N］．经济参考报，2015－07－20（A08）．

［7］孟刚．"一带一路"和人民币国际化［M］．北京：中国社会科学出版社，2018.

［8］巴里·埃森格林．嚣张的特权——美元的兴衰和货币的未来［M］．北京：中信出版社，2011.

［9］米尔顿·弗里德曼，安娜·雅各布森·施瓦茨．美国货币史［M］．北京：北京大学出版社，2009.

［10］巴曙松，杨现领．货币锚的选择与退出：对最优货币规则的再考察［J］．国际经济评论，2011（1）．

［11］孙海霞．欧元国际化：历程与启示［J］．浙江金融，2011（11）．

［12］孙森．德国对外直接投资与利用外资的现状和特点［J］．国际经济合作，2001（6）．

［13］丁剑平，等．"走出去"中的人民币国际化［M］．北京：中国金融出版社，2014.

［14］范小云，等．人民币国际化与国际货币体系的稳定［J］．世界经济，2014（9）．

［15］刘越飞．货币国际化经验与人民币国际化研究［D］．东北财经大学博士学位论文，2015.

［16］黄润中．英国经济发展之路析示［J］．国际关系学院学报，2000（2）．

［17］孙海霞．美元国际化：历程与启示［J］．兰州商学院学报，2012（1）．

［18］李玫，丁辉．"一带一路"框架下的中国绿色金融体系构建研究［J］．环境保护，2016（19）．

［19］马骏．论构建中国绿色金融体系［J］．金融论坛，2015（5）．

［20］周月秋．协同推动绿色金融和人民币国际化发展［EB/OL］．http：//www. financialnews. com. cn/ll/sx/201708/t20170821_ 123054. html，2017 - 08 - 21/2020 - 04 - 28.

［21］麦均洪，等．基于联合分析的我国绿色金融影响因素研究［J］．宏观经济研究，2015（5）．

［22］喻奇．"一带一路"战略下的绿色金融体系如何构建［J］．时代金融，2016（3）．

［23］李国华．在"一带一路"中践行普惠金融［J］．中国金融，2017（9）．

［24］张光源，刘相波．为什么要在"一带一路"建设中强调普惠金融［N］．证券日报，2017 - 05 - 20（A03）．

［25］郭田勇，丁潇．普惠金融的国际比较研究——基于银行服务的视角［J］．国际金融研究，2015（2）．

［26］李均锋，等．普惠金融应用核心原则指引［J］．金融监管研究，2017（2）．

［27］李建军，等．搜寻成本、网络效应与普惠金融的渠道价值［J］．国际金融研究，2015（12）．

［28］唐斌，赵洁，薛成容．国内金融机构接受赤道原则的问题与实施建议［J］．新金融，2009（2）．

［29］［美］卡鲁潘·切提．关于对近似货币的衡量［J］．美国经济评论，1969（9）．

［30］陈元．开发性金融的思想、属性与发展［J］．经济导刊，2019（6）．

［31］郑志杰．抓住历史机遇，以开发性金融服务"一带一路"建设［N］．人民日报，2016 - 08 - 04（13）．

［32］孟刚．货币国际化经验对"一带一路"推进人民币国际化的启示［J］．全球化，2017（10）．

［33］孟刚．开发性金融制度建设的价值、路径和障碍研究［J］．开发性金融研究，2006（2）．

［34］洪邮生，等．"一带一路"倡议与现行国际体系的变革［J］．南京大

学学报，2016（6）.

［35］王军辉．人民币加入 SDR 货币篮子及其影响［J］．全球化，2017（1）.

［36］刘敏，等．"三元悖论"与人民币汇率制度改革浅析［J］．中国经济金融观察，2008（1）.

［37］孙杰．跨境结算人民币化还是人民币国际化？［J］．环球金融，2014（4）.

［38］林乐芬，等．"一带一路"建设与人民币国际化［J］．世界经济与政治，2015（1）.

［39］李巍．人民币崛起的国际制度基础［J］．当代亚太，2014（6）.

［40］乔依德，等．人民币国际化：离岸市场与在岸市场的互动［J］．国际经济评论，2014（2）.

［41］叶华．人民币国际化进程战略框架研究［D］．中共中央党校博士学位论文，2013.

［42］马成芳．论人民币资本项目可兑换渐进性［D］．吉林大学博士学位论文，2013.

［43］李继宏，等．从境外直接投资人民币结算试点看人民币国际化进程［J］．区域金融研究，2011（5）.

［44］国家开发银行．国家开发银行 2016 年年报［J］．2017（7）.

［45］文学国．建设具有全球影响力的城市群［N］．文汇报，2016 - 09 - 01（5）.

［46］孟刚．"一带一路"建设推进人民币国际化研究［J］．开发性金融研究，2017（3）.

［47］易纲．主动有序扩大中国金融业对外开放［J］．中国经济周刊，2018（39）.

［48］郑之杰．人民币国际化战略思考［J］．中国金融，2014（6）.

［49］孟刚．澳大利亚基础设施公私合营（PPP）模式的经验与启示［J］．海外投资与出口信贷，2016（4）.

［50］姜波克，张青龙．货币国际化：条件与影响的研究综述［J］．新金融，2005（8）.

［51］张双双．"一带一路"战略背景下中国对阿拉伯国家出口潜力的实证研究［D］．硕士学位论文，山东财经大学，2015.

［52］孟刚．试论国家开发银行推动人民币国际化的使命、优势和策略［J］．开发性金融研究，2017（4）.

［53］李丽丽．沙特阿拉伯经济发展现状及中沙经贸可持续性［J］．经济论坛，2015（10）.

［54］孟刚．"一带一路"建设推进人民币国际化的战略思考［J］．上海金

融，2017（10）.

　　［55］孟刚. 以绿色、普惠和本币金融引领"一带一路"金融创新［J］. 新金融，2017（11）.

　　［56］王尔德. 中东地区发展可再生能源三大原因［EB/OL］. http：//news. 10jqka. com. cn/20130924/c554898044. shtml，2013－09－24/2020－04－28.

　　［57］李鑫. 21世纪海上丝绸之路框架下中国核电走出去战略研究［D］. 中共中央党校硕士学位论文，2016.

　　［58］张琪. 阿拉伯国家能源改革在即［N］. 中国能源报，2013－08－05（08）.

　　［59］吴磊. 阿拉伯国家社会转型中经济发展面临的挑战［J］. 阿拉伯世界研究，2014（5）.

　　［60］琳娜. 中国可再生能源产业发展能力分析与评价［D］. 华南理工大学硕士学位论文，2016.

　　［61］阿布迪. 21世纪阿拉伯地区政治秩序研究［D］. 吉林大学博士学位论文，2017.

　　［62］白若萌. 经济增长、机会公平与社会动荡：包容性经济发展理念的阿拉伯经验［J］. 中北大学学报，2017（2）.

　　［63］陈杰. 浅析阿拉伯国家的失业率问题［J］. 阿拉伯世界研究，2009（6）.

　　［64］蒋传瑛. 中东剧变对变革中阿拉伯国家经济的影响［J］. 阿拉伯世界研究，2012（6）.

　　［65］金瑞庭. 节能产品技术服务如何"走出去"［J］. 中国经贸导刊，2016（3）.

　　［66］陈淼鑫. 最优货币理论及东亚单一货币区的构想［J］. 财经研究，2002（2）.

　　［67］成思危. 人民币国际化之路［M］. 北京：中信出版社，2014.

　　［68］李心印. 刍议绿色金融工具创新的必要性和方式［J］. 辽宁省社会主义学院学报，2006（4）.

　　［69］Bond Principles. 绿色债券原则2017：绿色债券发行自愿性流程指引，2017（6）.

　　［70］麦均洪，等. 基于联合分析的我国绿色金融影响因素研究［J］. 宏观经济研究，2015（5）.

　　［71］沈剑涯. 货币竞争与人民币国际化［D］. 西南财经大学硕士学位论文，2013.

　　［72］王军华. 论金融业的"绿色革命"［J］. 生态经济，2000（10）.

　　［73］孟刚. 中国在澳大利亚"一带一路"投融资合作研究［M］. 北京：

人民出版社，2017.

［74］金玲."一带一路"：中国的马歇尔计划［J］.国际问题研究，2015（1）.

［75］周小川.守住不发生系统性金融风险的底线［N］.人民日报，2017－11－12（6）.

［76］周小川.人民币资本项目可兑换的前景和路径［J］.金融研究，2012（1）.

［77］孟刚.以"一带一路"建设为契机推动人民币国际化［N］.人民日报，2018－01－17.

［78］余永定.最后的屏障"资本项目自由化和人民币国际化之辩"［M］.北京：东方出版社，2016.

［79］曹远征.人民币国际化、资本项目开放与金融市场建设［J］.金融论坛，2016（6）.

［80］叶振东.以新一轮资本项目开放推进人民币国际化［J］.全球化，2016（1）.

［81］宗良."一带一路"与人民币国际化协同效应研究［J］.国际金融，2017（3）.

［82］韩龙.人民币国际化重大法律问题之解决构想［J］.法学，2016（10）.

［83］中国人民银行调查统计司课题组.协调推进利率、汇率改革和资本账户开放［J］.金融市场研究，2012（2）.

［84］林宏山.资本项目宏观审慎管理框架设计探析［J］.福建金融，2017（7）.

［85］葛奇.宏观审慎管理政策和资本管制措施在新兴市场国家跨境资本流出入管理中的应用及其效果——兼析中国在资本账户自由化过程中面临的资本流动管理政策选择［J］.国际金融研究，2017（3）.

［86］张文中."丝绸之路经济带"金融分层合作：构建中心城市金融链［J］.新疆财经，2017（5）.

［87］张云.两会能源电力十大关键词［J］.国家电网，2016（4）.

［88］刘迪.在华法企人力资源跨文化管理探究［J］.法国研究，2012（1）.

［89］叶斌.中欧双边投资协定谈判展望［J］.国际展望，2015（6）.

［90］张小峰，吴珊.人民币在非洲的国际化：挑战与出路［J］.国际问题研究，2016（3）.

［91］吴念鲁.欧洲美元与欧洲货币市场［M］.北京：中国财政经济出版社，1981.

［92］鄂志寰．香港离岸人民币市场新动力［J］．中国金融，2016（22）．

［93］王鸿刚．中国参与全球治理：新时代的机遇与方向［J］．外交评论，2017（6）．

［94］陈植，何晶晶．汇改周年记：人民币打赢三次反击战［J］.21世纪经济报道，2016（10）．

［95］边卫红．离岸人民币市场步入阶段性调整期［J］．国际金融，2017（1）．

［96］孙少岩，石洪双．中俄跨境人民币结算研究——基于人民币国际化和美欧制裁俄罗斯的双重背景分析［J］．东北亚论坛，2015（1）．

［97］张红侠．制裁与反制裁：俄罗斯经济困局及脱困之路［J］．俄罗斯东欧中亚研究，2016（6）．

［98］徐坡岭．俄罗斯进口替代的性质、内容与政策逻辑［J］．俄罗斯东欧中亚研究，2016（3）．

［99］姜法臣．中国中车集团开拓俄罗斯市场的SWOT分析［D］．兰州：兰州财经大学，2016.

［100］蔡雨宸．欧美制裁俄罗斯对中俄贸易的影响［D］．长春：吉林财经大学，2015.

［101］朱子敬．中俄贸易的互补性及其影响因素研究［D］．北京：北京理工大学，2016.

［102］宋怡娜．跨境贸易人民币结算对涉外经济的影响浅析［J］．现代交际，2016.

［103］殷剑峰．人民币国际化："贸易结算＋离岸市场"，还是"资本输出＋跨国企业"？——以日元国际化的教训为例［J］．国际经济评论，2011（4）．

［104］殷红，崔铮．西方制裁下的俄罗斯经济形势与政策［J］．国际经济评论，2017（3）．

［105］李中海．卢布国际化战略评析——兼论中俄贸易本币结算［J］．俄罗斯研究，2011（4）．

［106］齐绍洲，付泽希．基于全球价值链视角的中俄贸易解构分析［J］．商业研究，2017（6）．

［107］张红霞．中俄贸易下滑原因和对策分析［J］．改革与战略，2017.

［108］王吉培．金砖银行发展定位［J］．金融博览，2014（9）．

［109］金鑫．中俄主权财富基金合作研究［D］．哈尔滨：黑龙江大学，2016.

［110］姜振军．中俄经贸合作中的"变"与"不变"［J］．欧亚经济，2017（2）．

［111］马芸菲．石油卢布与石油人民币——石油美元的挑战者［N］．中国经济导报，2014 - 05 - 31（B02）．

［112］王炜瀚．人民币国际化视野下中国石油进口的人民币结算探讨［J］．财贸经济，2011（1）．

［113］林楠．积极扩大石油贸易人民币结算［J］．外资经贸，2017（1）．

［114］黄晓勇．推进天然气人民币战略的路径探析［J］．中国社会科学院研究生院学报，2017（1）．

［115］王煜，等．石油人民币计价体系的机遇和挑战［J］．期货与金融衍生品，2016（5）．

［116］杜文科．人民币国际化之路：在渐行渐强中越走越宽广［N］．中国产经新闻，2019 - 07 - 02（04）．

［117］赵慧．人民币区域化问题探讨［J］．吉林金融研究，2009（12）．

［118］李翀．论人民币区域化与人民币离岸金融中心的形成［N］．中国经济问题，2004 - 11 - 20.

［119］曹红辉．人民币区域化的新进展及发展态势［N］．中国社会科学院学报，2008 - 07 - 01.

［120］周贝贝．第三方市场合作为"一带一路"注入新动能［N］．新产经，2019 - 05 - 01.

［121］胡宇婷．中日贸易现状分析存在问题及展望［N］．现代营销（信息版），2019 - 06 - 01.

［122］张茂荣，司文．博鳌论坛：探寻世界经济热点问题解决之道［N］．中国报道，2019 - 04 - 05.

［123］周东洋．中日第三方市场合作前景乐观［N］．中国贸易报，2018 - 10 - 30.

［124］江涌．中国要警惕美元陷阱——金融安全与总体国家安全［N］．中国经济周刊，2018 - 08 - 20.

［125］范一飞．中国法定数字货币的理论依据和架构选择［J］．中国金融，2016（17）．

［126］姚前．理解央行数字货币：一个系统性框架［J］．中国科学，2017（11）．

［127］姚前．法定数字货币的经济效应分析：理论与实证［J］．国际金融研究，2019（1）．

［128］金融稳定理事会．加密资产的监管方法及未来方向［J］．金融发展研究，2019（9）．

［129］刘洋，唐任伍．金融供给侧结构性改革视域下的区块链金融模式综述与合规创新探析［J］．金融发展研究，2019（7）．

［130］侣玉杰．对数字货币的法律问题的探讨［J］．法制与社会，2019
（7）．

［131］周光友，张逸佳．持币动机、电子货币替代与货币供给［J］．金融研究，2018（11）．

［132］李建军，朱烨辰．数字货币理论与实践研究进展［J］．经济学动态，2017（10）．

［133］韩裕光．互联网金融演化：比特币研究［D］．安徽大学博士学位论文，2016.

［134］彭振中．2017 年中资企业美元债券市场回顾与展望［J］．债券，2018（1）．

［135］Cohen B J. Future of Sterling as an International Currency, New York：St. Martin's Press , 1971.

［136］Cohen B J. The Geography of Money, Cornell University Press, 1998.

［137］Cowan E. Topical Issues In Environmental Finance, Economy and Environment Program for Southeast Asia (EEPSEA), 1998.

［138］Labatt S. , White R. R. Environmental Finance：A Guide to Environmental Risk Assessment and Financial Products, John Wiley & Sons, 2003.

［139］Salazar J. "Environmental Finance：Linking Two World", A Workshop on Financial Innovations for Biodiversity Bratislava, 1998（1）.

［140］Mckinnon. The Order of Economic Liberalization：Financial Control in the Transition to a Market Economy, Johns Hopkins University Press, 1991.

［141］Sachs. Understanding Shock Therapy, Social Market Foundation Occasional Paper, No. 7, 1994.

［142］Johnston. Sequencing Capital Account Liberalization and Financial Sector Reform, IMF Paper on Policy Analysis and Assessment, PPAA/98/8, July 1998.

［143］Geoffrey G. Jones, "International Financial Centres in Asia, the Middle East and Australia：A Historical Perspective", In Finance and Financiers in European History, 1880 – 1960, Edited by Y. Cassis, Cambridge University Press, 1992.